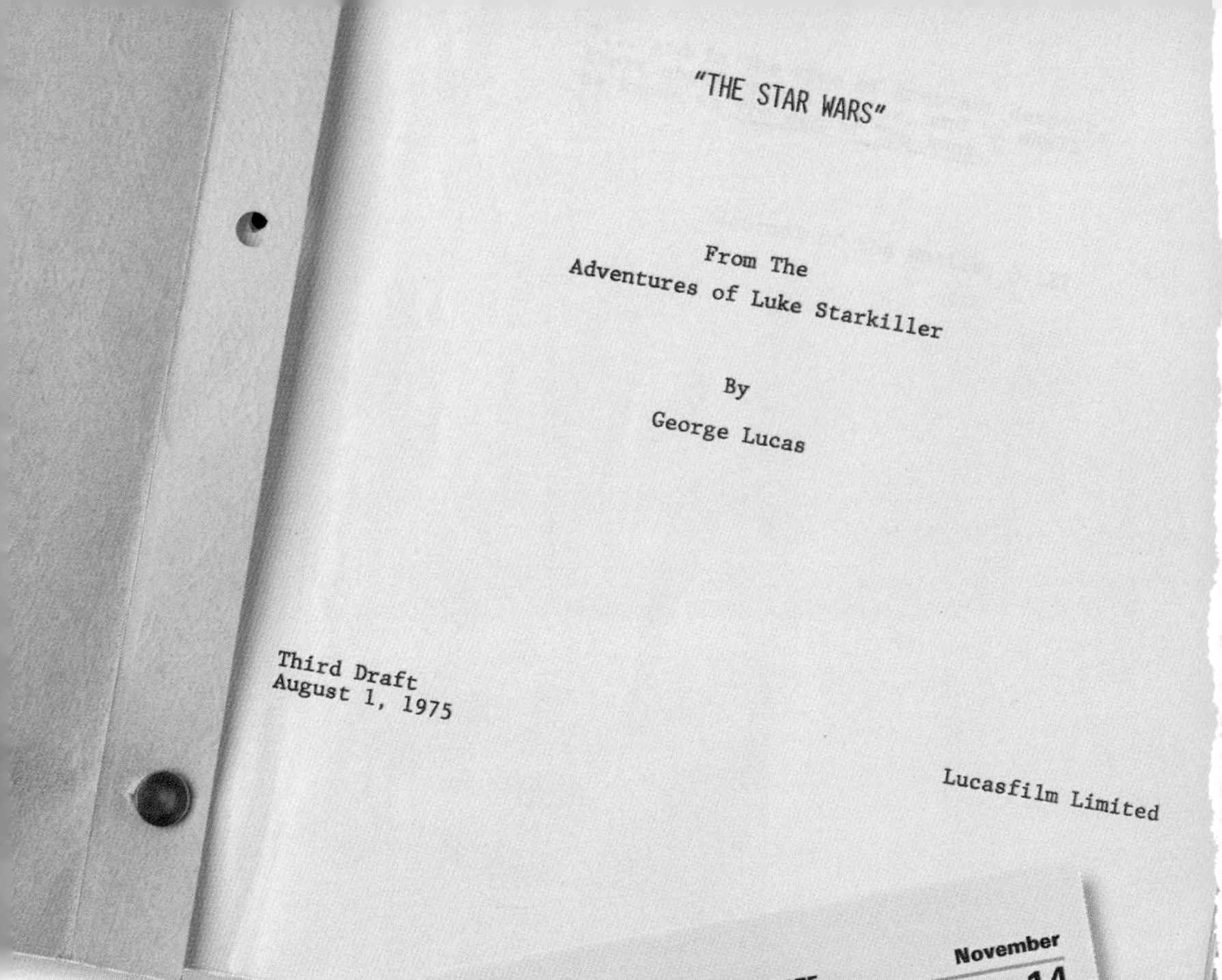
"THE STAR WARS"
From The
Adventures of Luke Starkiller
By
George Lucas
Third Draft
August 1, 1975
Lucasfilm Limited

シナリオの第三草稿の表紙

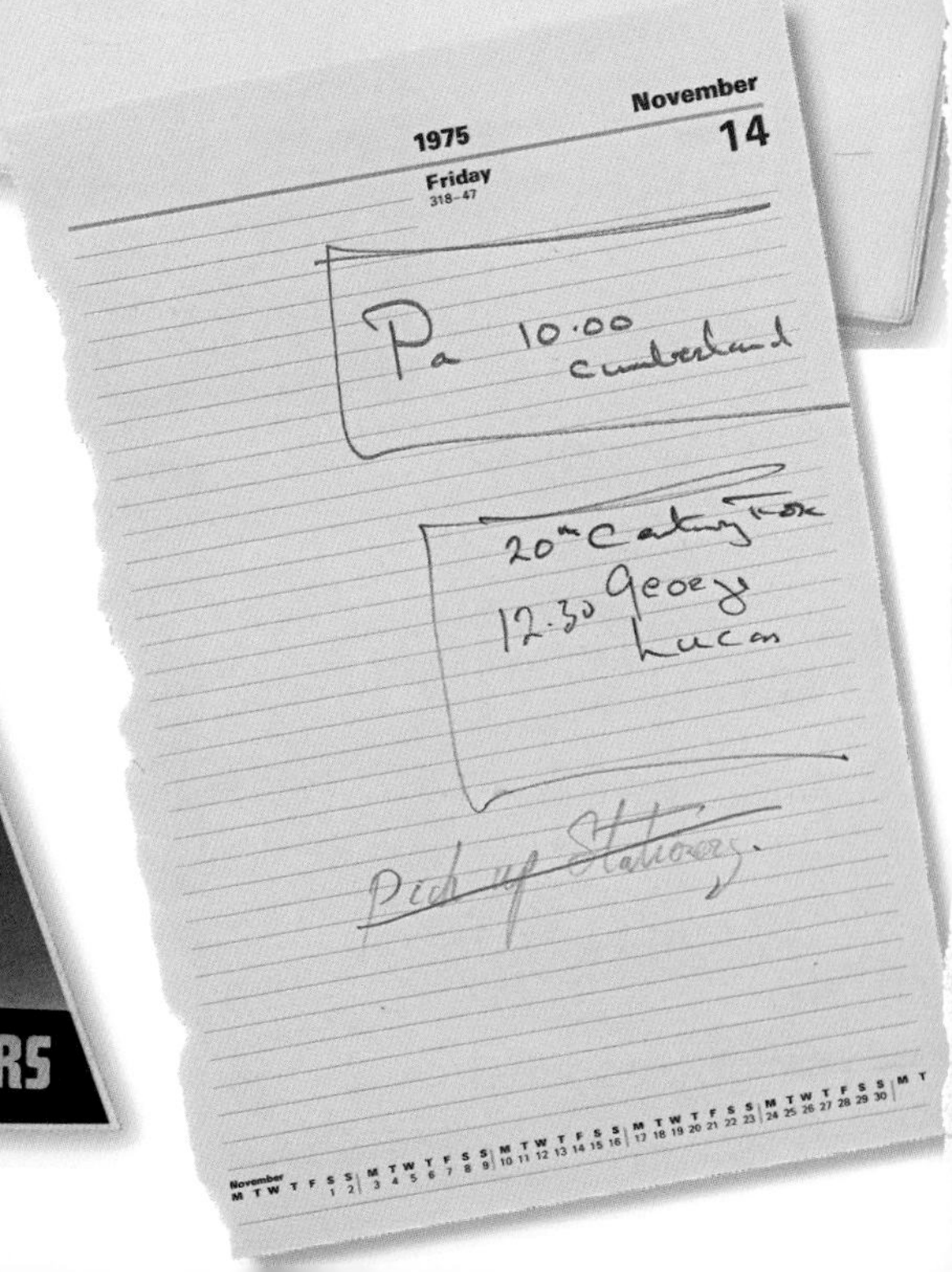
November
1975
14
Friday
318-47
Pa 10.00
cumberland
20th Century Fox
12.30 George
Lucas
Pick up Stationery.

昔々……

THE STAR WARS

アンソニーが3POに一目惚れした
ラルフ・マクォーリーのコンセプト画

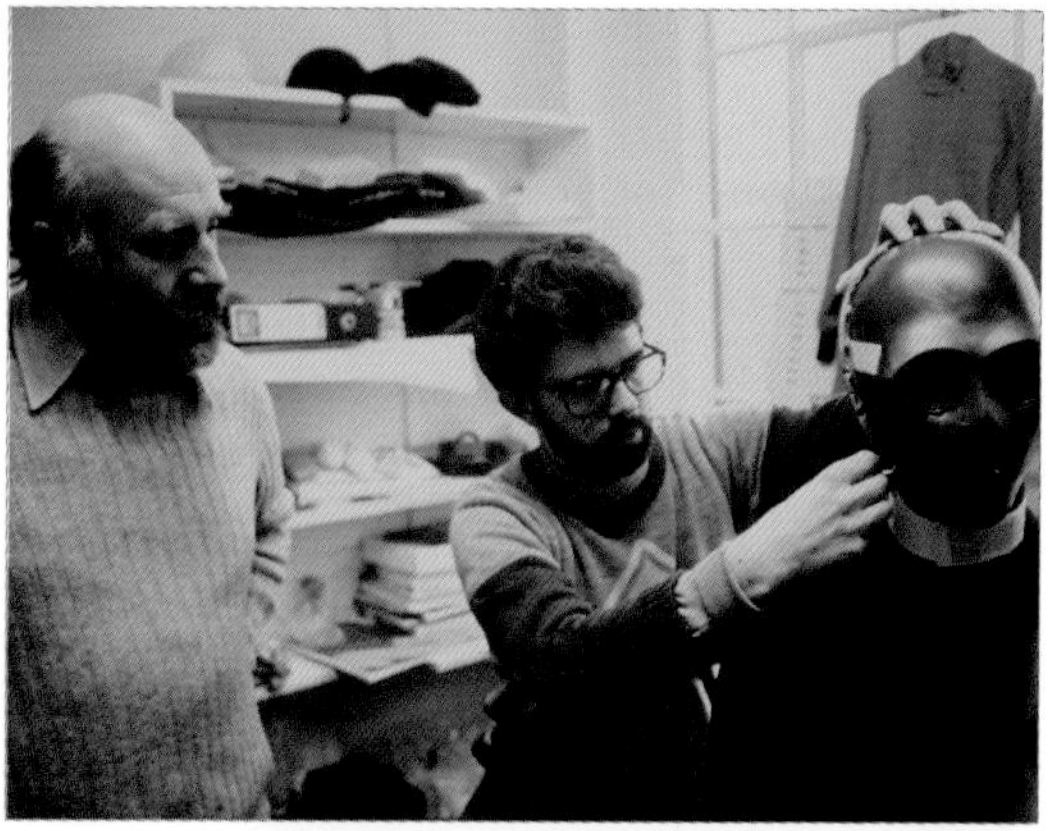

ジョン・バリーとジョージ・ルーカス

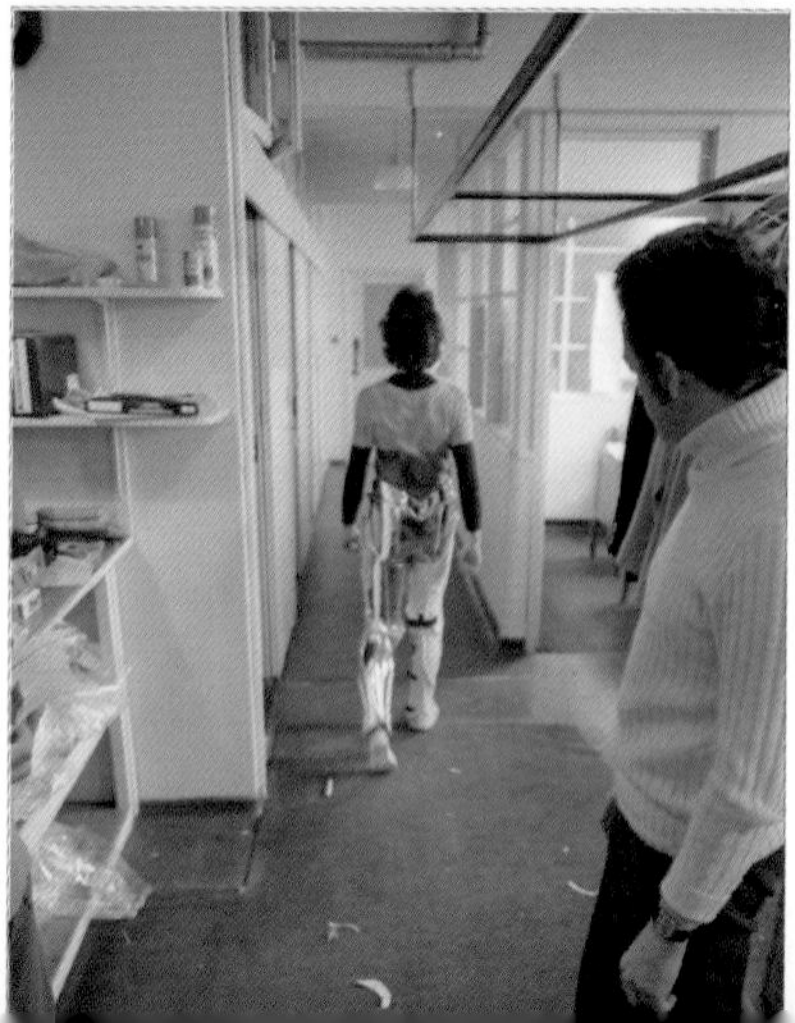

ノーマン・レイノルズ

インスピレーションとなったマリア

スカルプターのリズ・ムーア

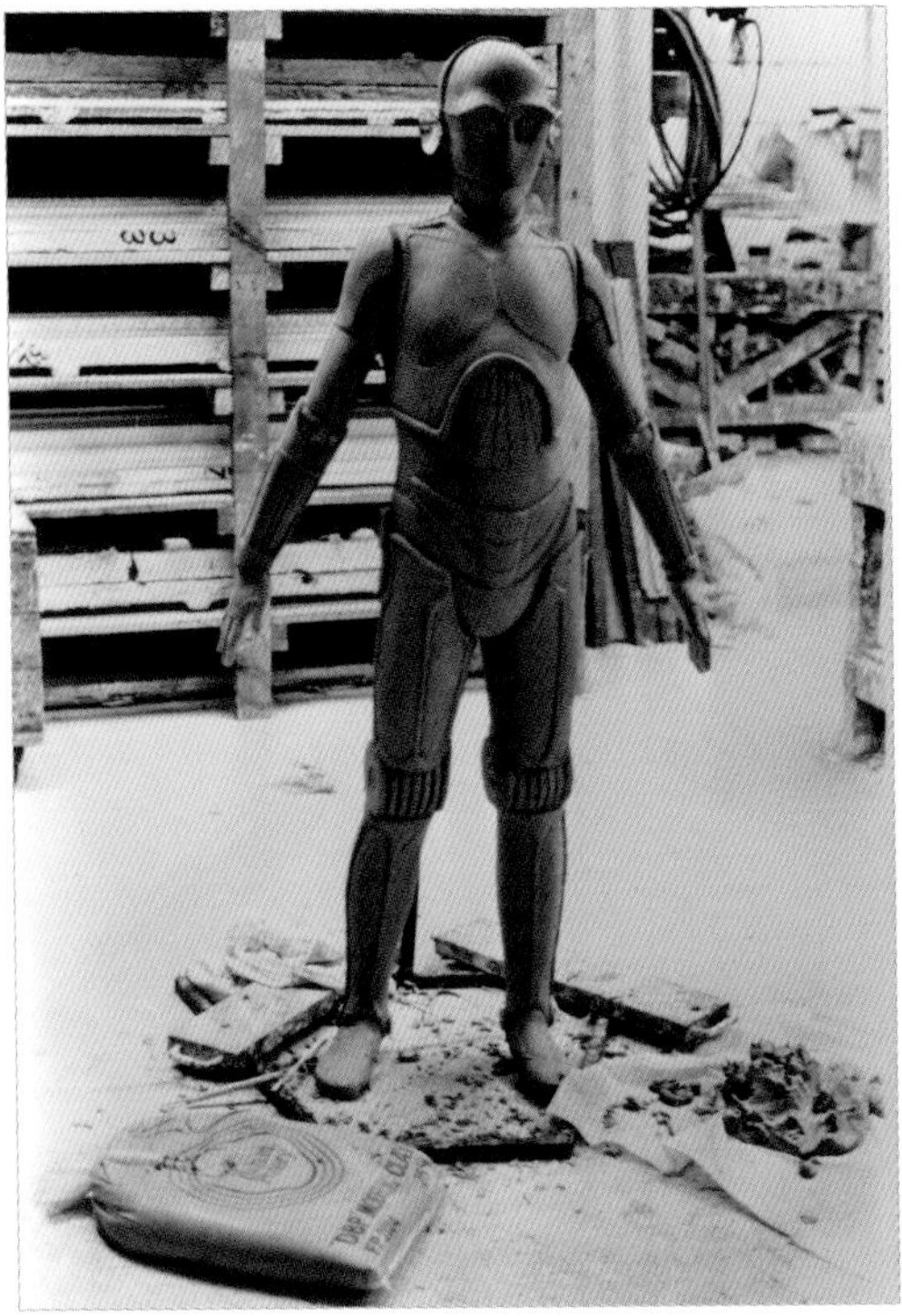

粘土の足

進歩を遂げた3PO

奮闘するマクシとジム

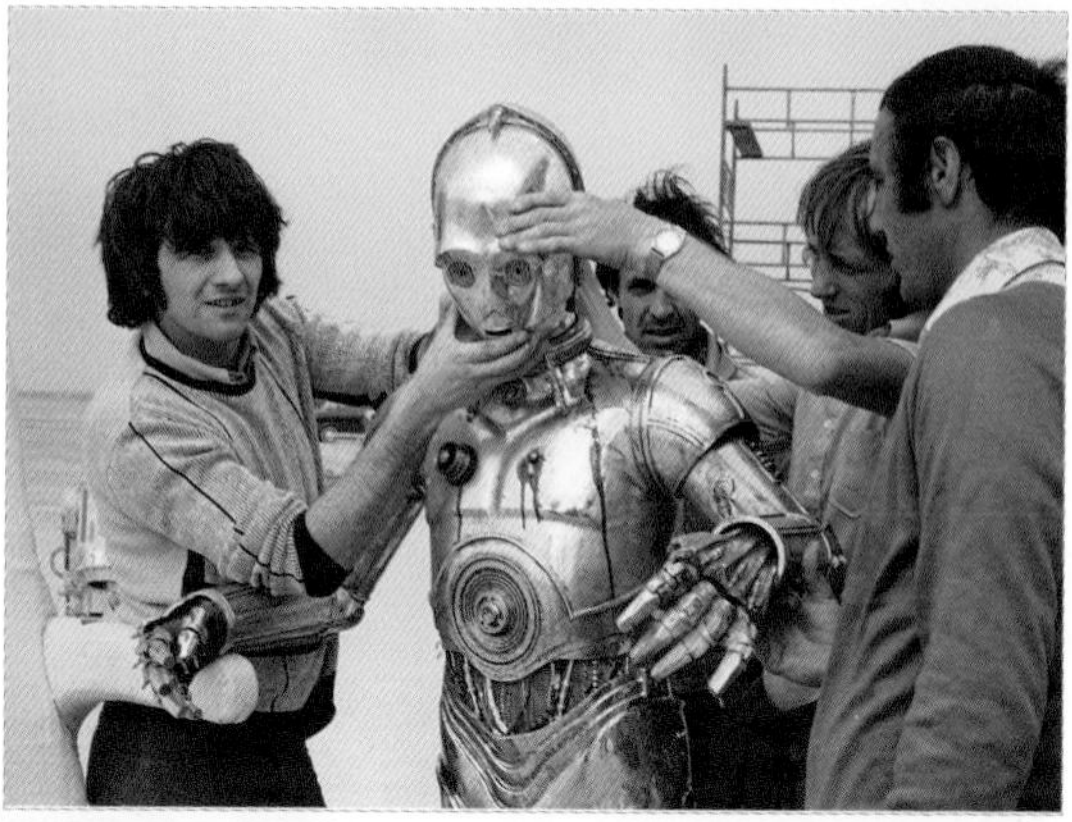

後ろにもたれてひと休み

水を飲むのも
ひと苦労

デューン・シーで迷子に

これはメッセージであって、喫煙を奨励するモノではない

ワイヤーが見える

グリーブリーと呼ばれる、宇宙線模型などの外側に使うパーツ

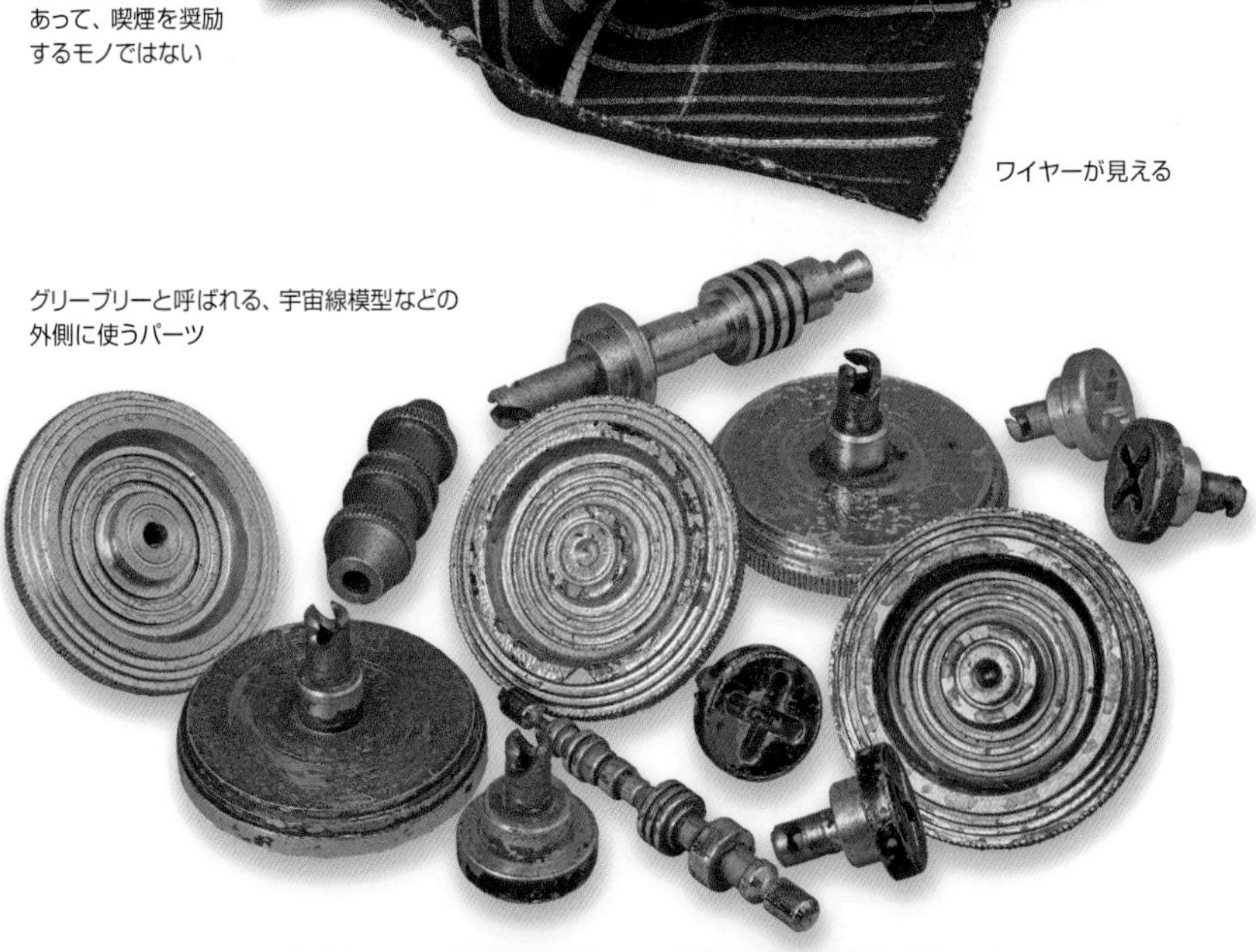

暑い日もあれば……

寒い日もあり……

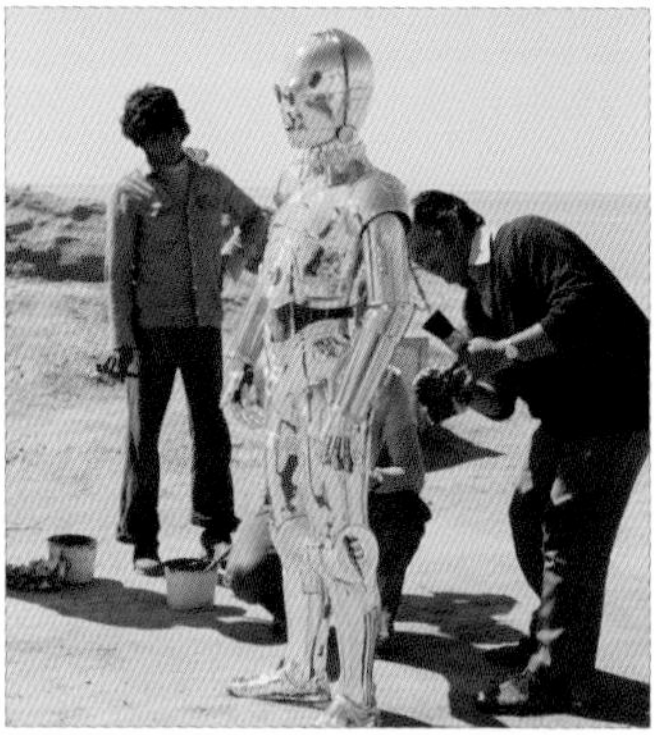

ピカピカすぎる日もあった

乗り物

死んでいるジャワたち

3P0のコスチュームを着た代役のジム

ピーター・ダイヤモンド

いててっ!

生きているジャワたち

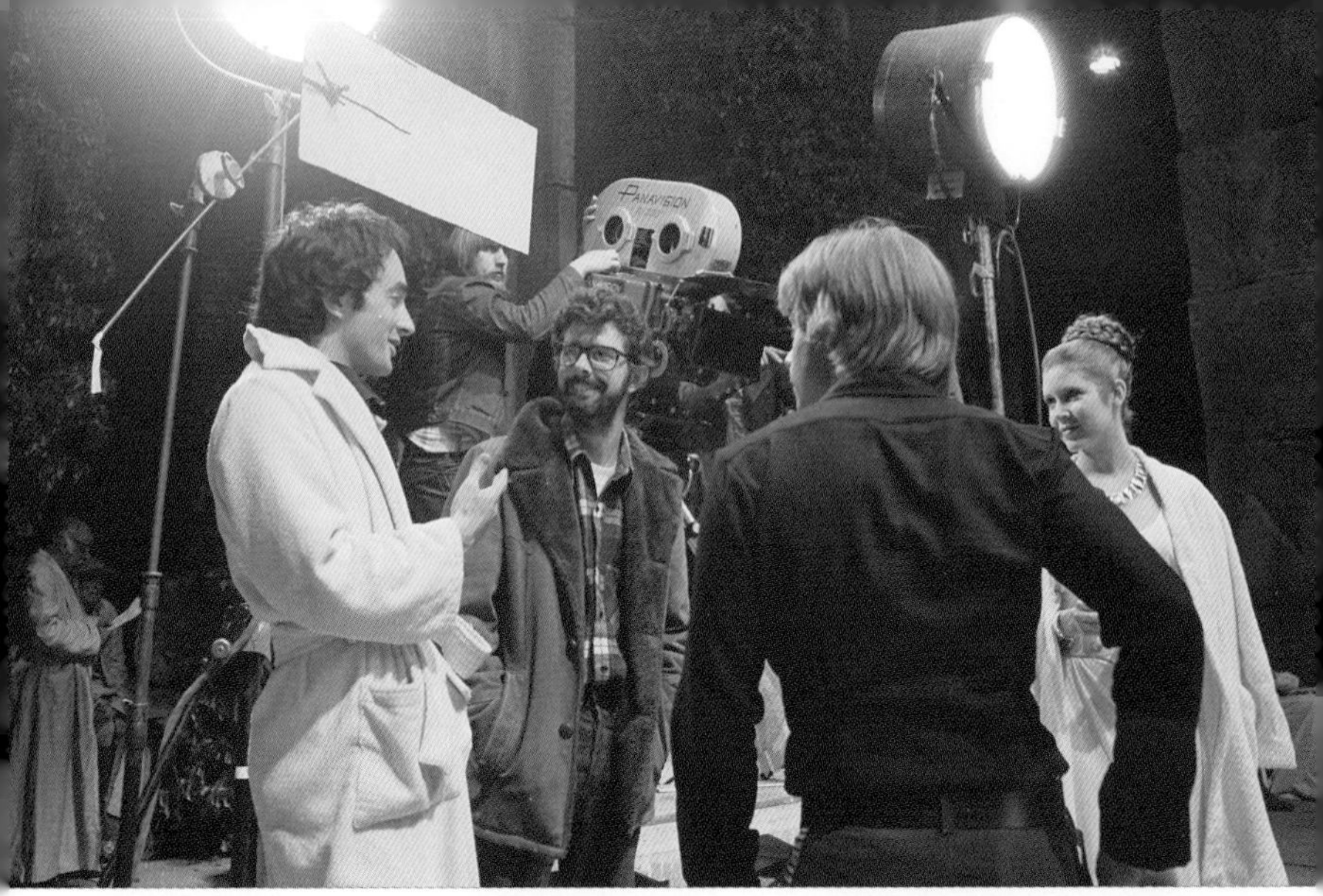

タオル

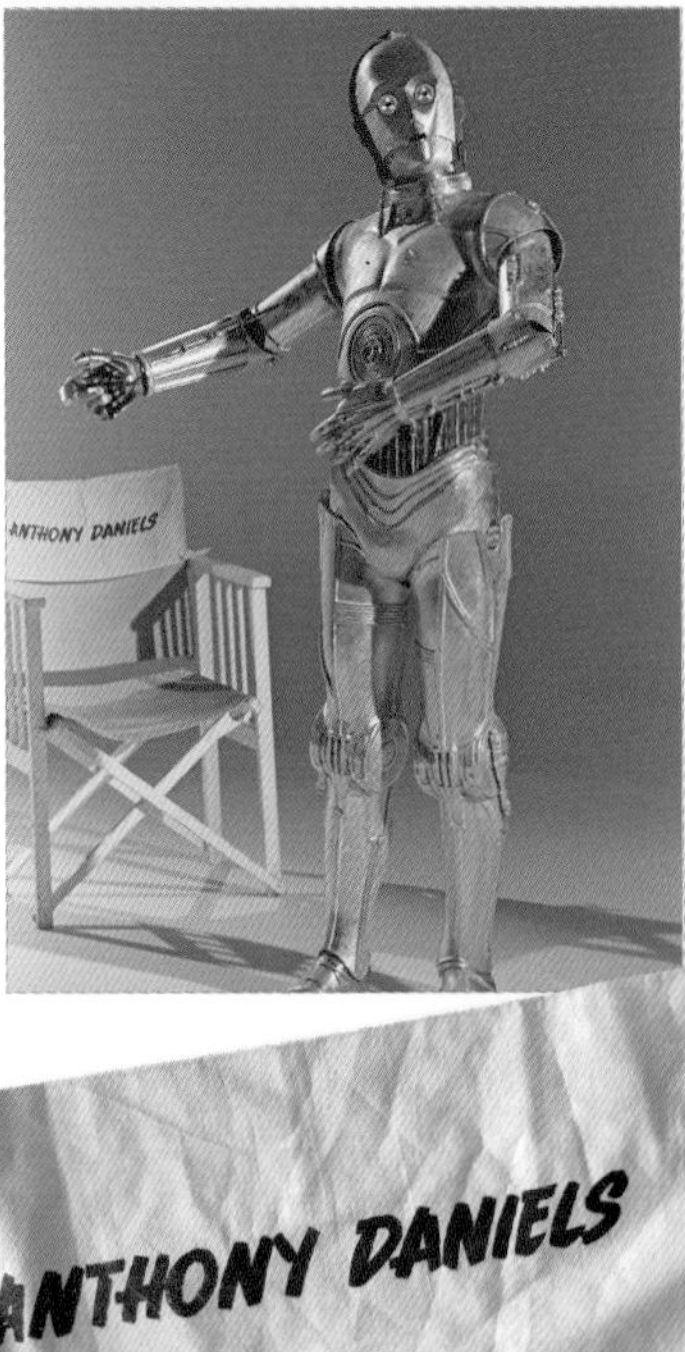


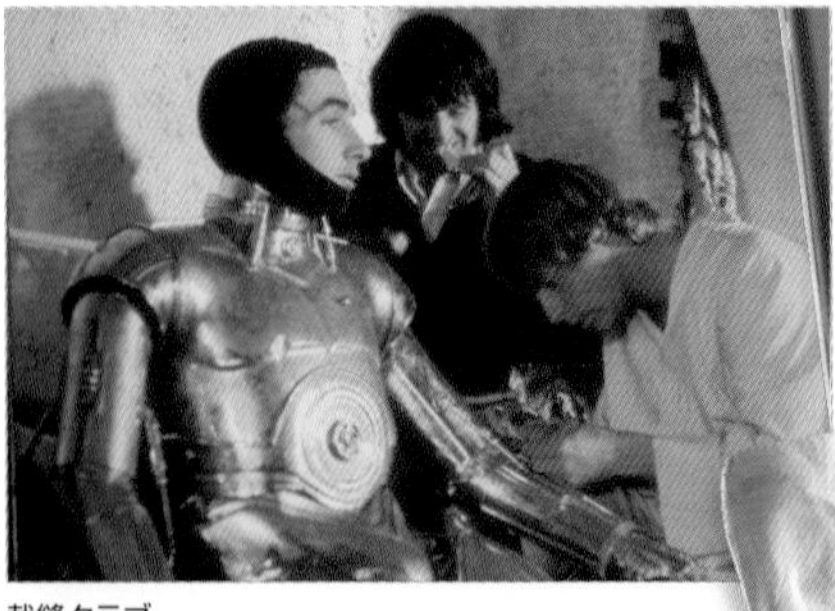

裁縫クラブ

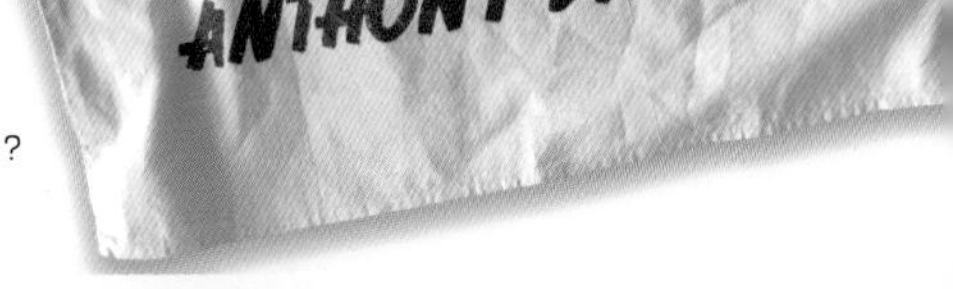


え、誰のこと？

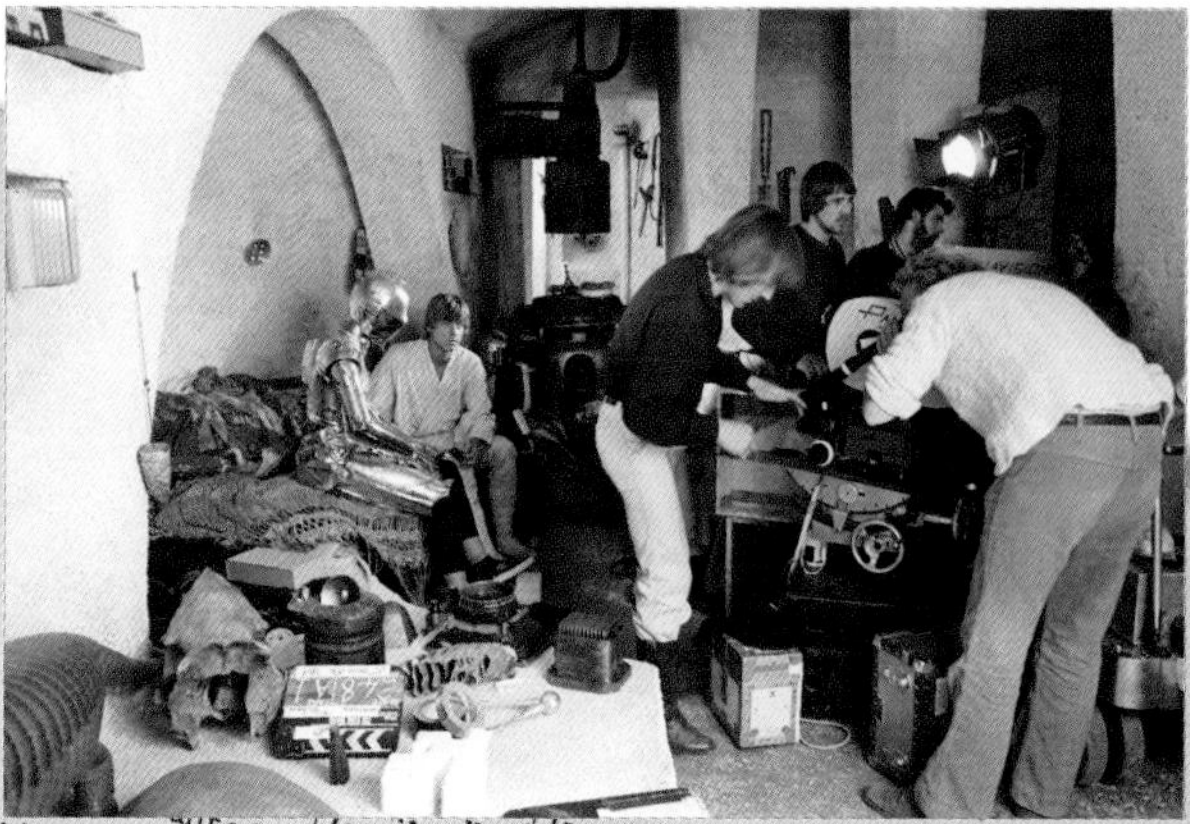

待機中

シャットダウン

デジャリク・ゲーム、世紀の対戦

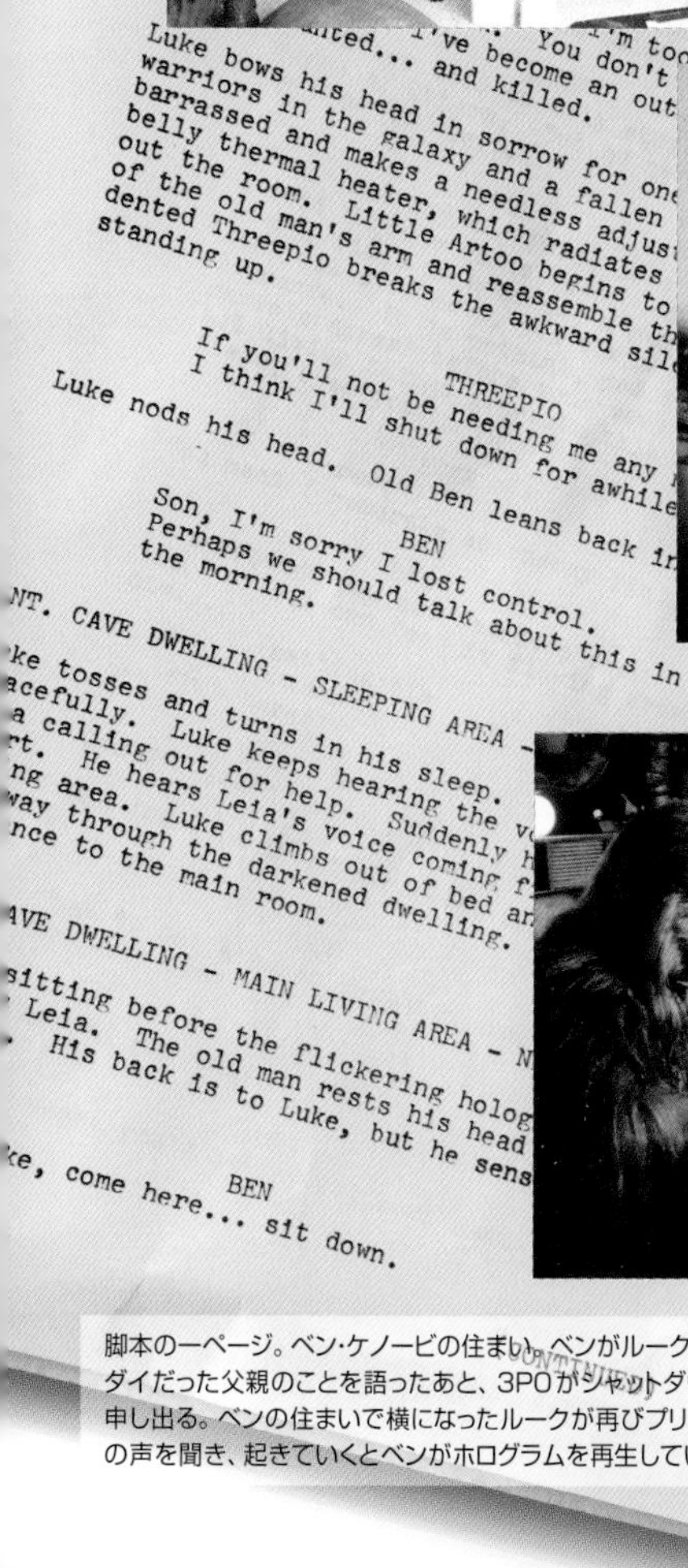
42
I'm too
You don't
I've become an out
nted... and killed.
Luke bows his head in sorrow for one
warriors in the galaxy and a fallen
barrassed and makes a needless adjus
belly thermal heater, which radiates
out the room. Little Artoo begins to
of the old man's arm and reassemble th
dented Threepio breaks the awkward sil
standing up.
THREEPIO
If you'll not be needing me any
I think I'll shut down for awhile
Luke nods his head. Old Ben leans back in
BEN
Son, I'm sorry I lost control.
Perhaps we should talk about this in
the morning.
NT. CAVE DWELLING - SLEEPING AREA -
ke tosses and turns in his sleep.
acefully. Luke keeps hearing the v
a calling out for help. Suddenly h
rt. He hears Leia's voice coming f
ng area. Luke climbs out of bed an
way through the darkened dwelling.
nce to the main room.
AVE DWELLING - MAIN LIVING AREA - N
sitting before the flickering holog
Leia. The old man rests his head
His back is to Luke, but he sens
BEN
ke, come here... sit down.
CONTINUED

脚本の一ページ。ベン・ケノービの住まい。ベンがルークにジェダイだった父親のことを語ったあと、3POがシャットダウンを申し出る。ベンの住まいで横になったルークが再びプリンセスの声を聞き、起きていくとベンがホログラムを再生している

モス・アイズリーの通
りを歩く白い尖り顔
（のちのC-Z3）

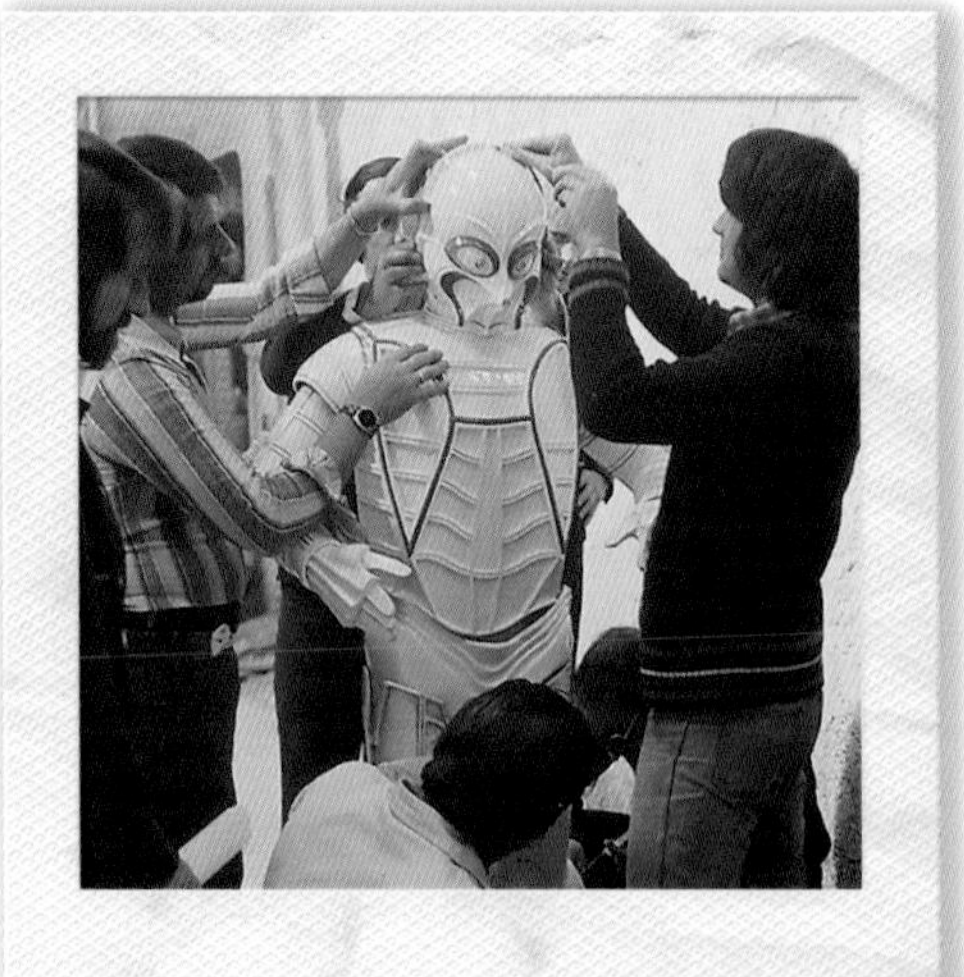

白い尖り顔に変身

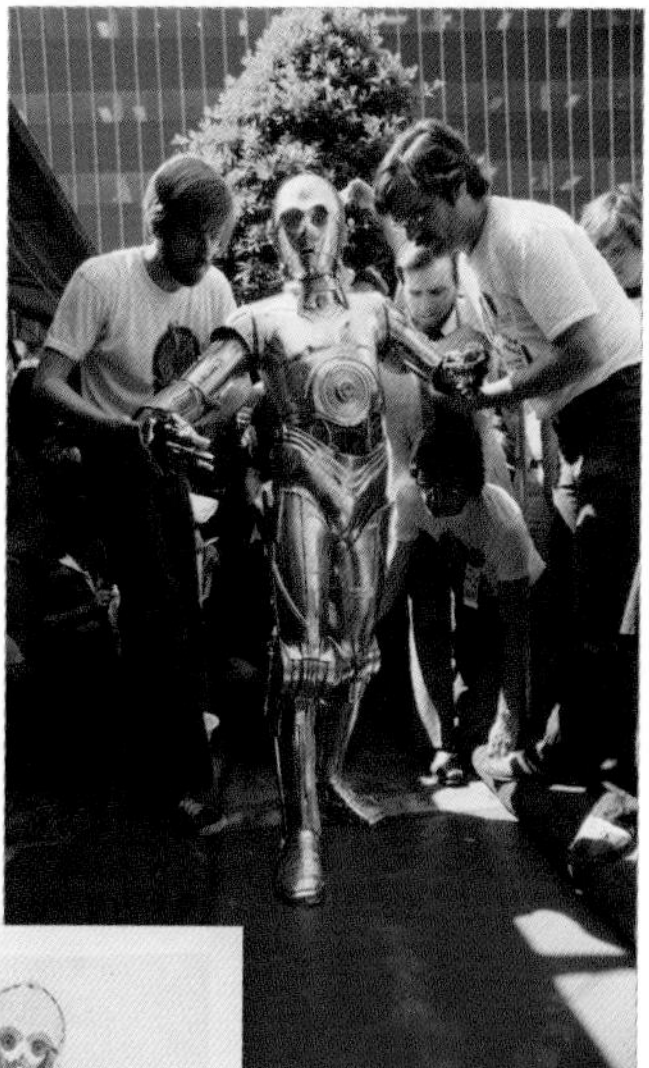

実はおニューの靴

サイン

ダニー＆マリー
（・オズモンド）

ドロイド

スペシャル

アカデミー賞を授与されたベン

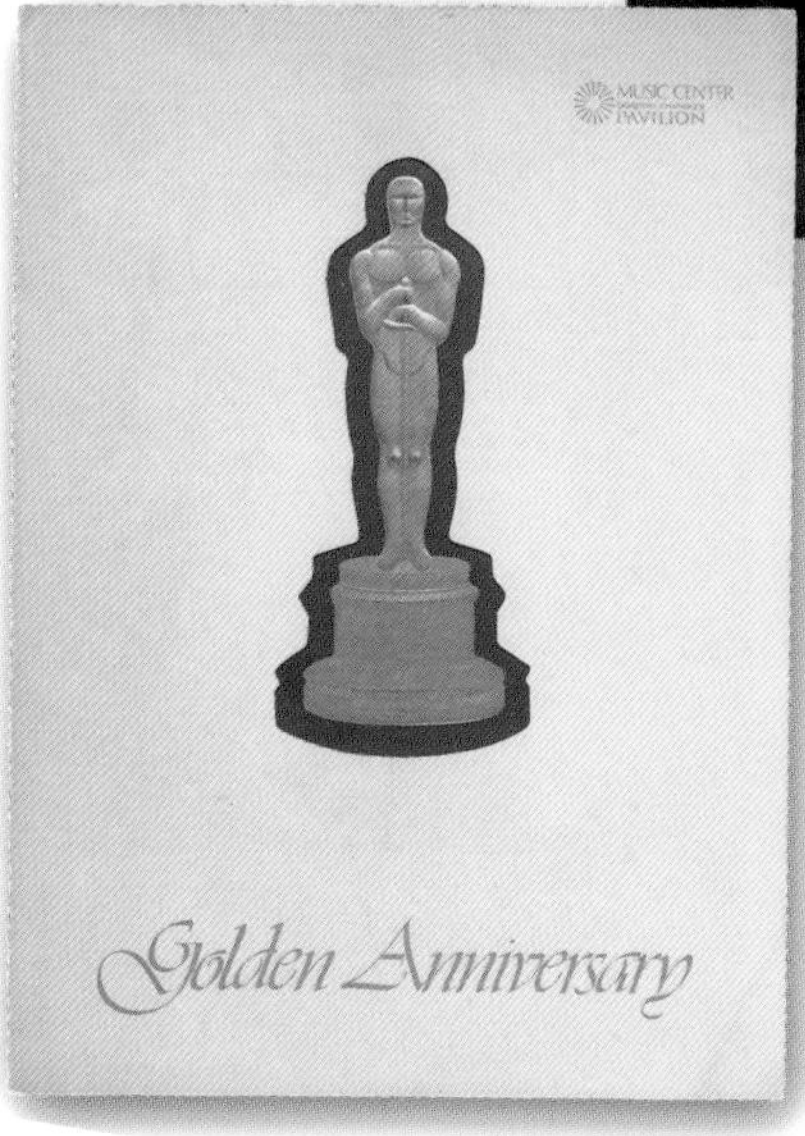

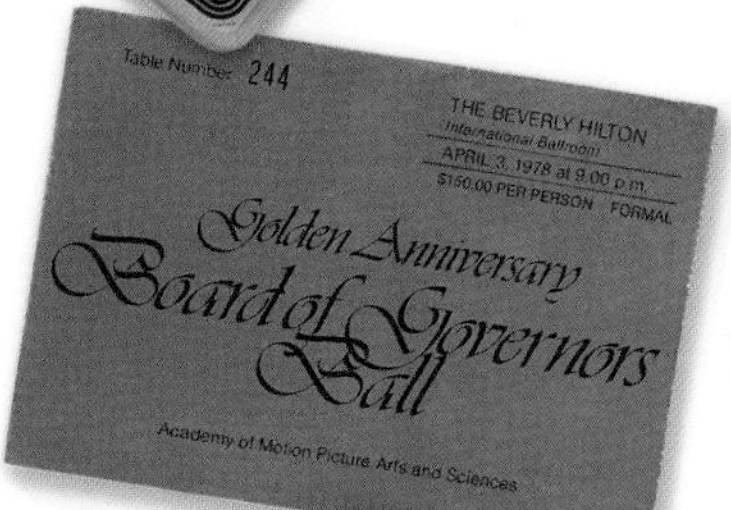

映画のワンシーン

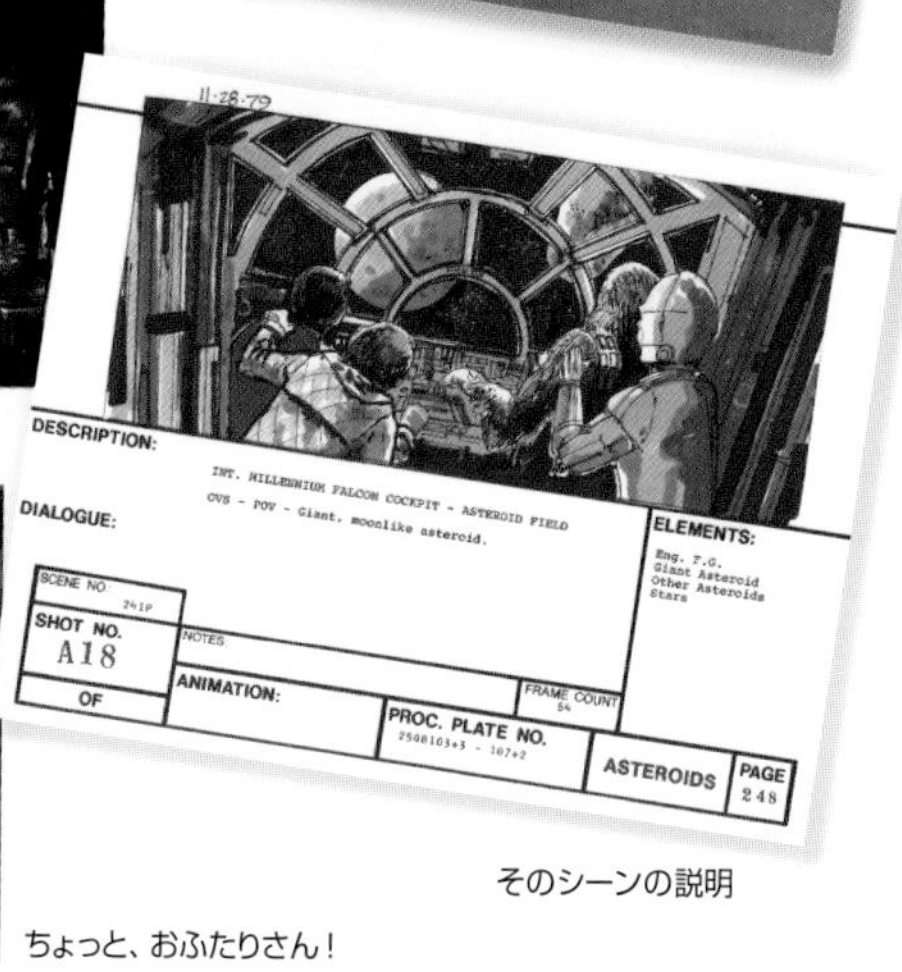


そのシーンの説明

ちょっと、おふたりさん！

ミス・ピギーと仲間たち

カエルのカーミット

セサミストリート

魔法

カーシュ（アーヴィン・カーシュナー監督）

ムググ……

クラウド・シティ

砂嵐

落下

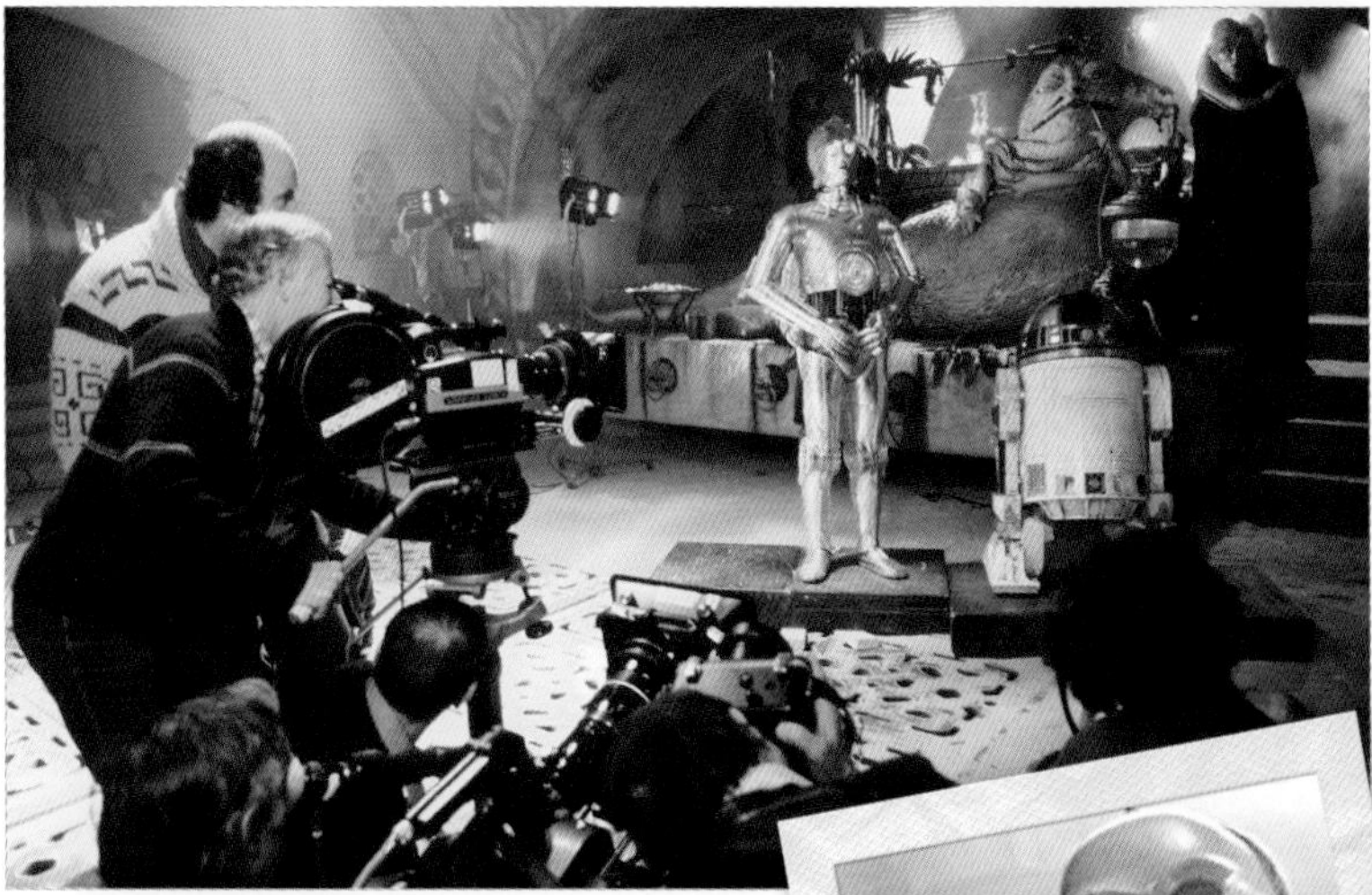

高さがリンゴ箱半分の台

ライトを付けた
ピーター・ダイヤモンド

ジャバのスライム
（おやつ）

エンドアでイウォークが
帝国軍部隊に奇襲を仕掛
ける直前のシーン

エンドアで、
友人たちと

イウォーク語

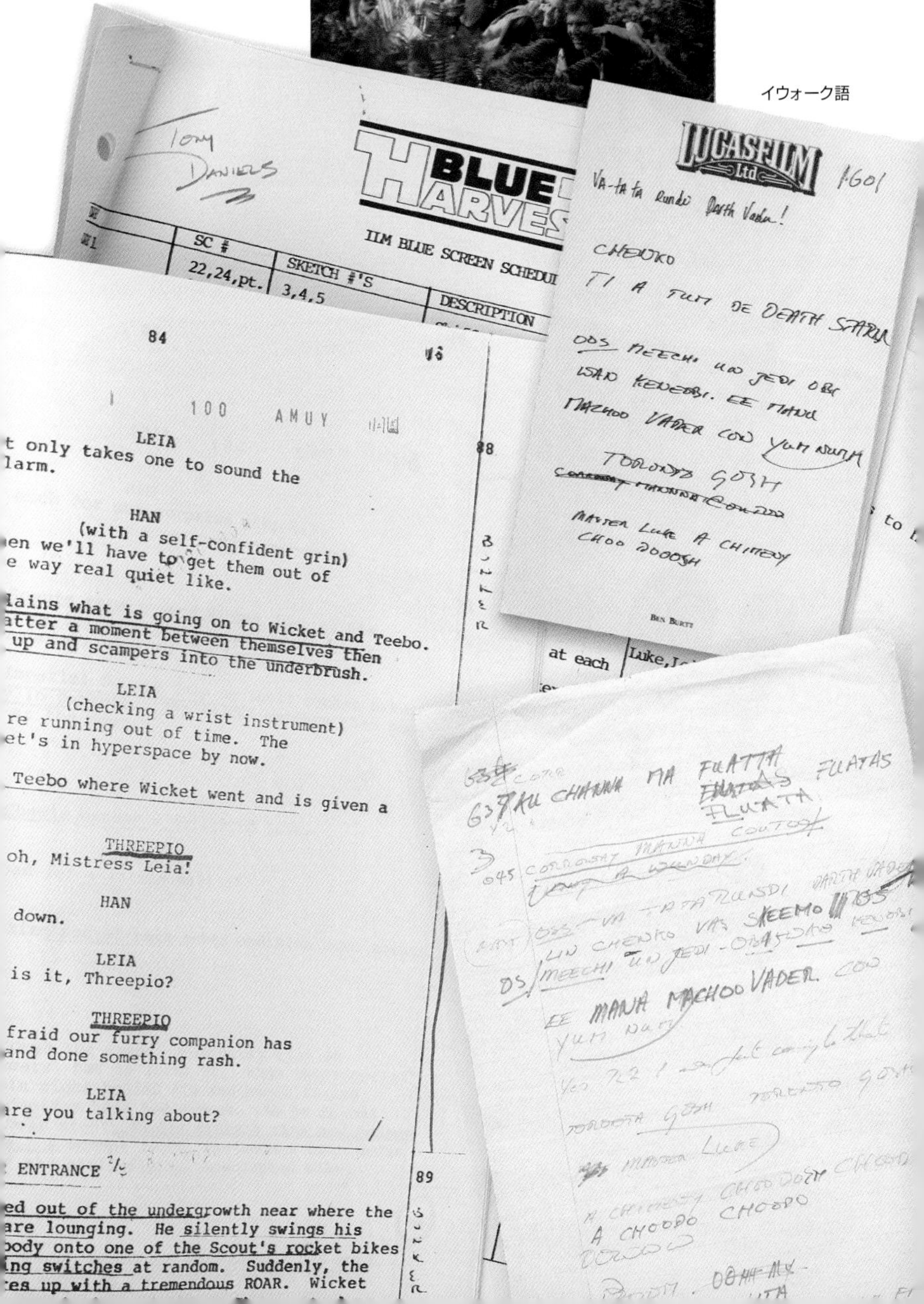

TONY DANIELS
BLUE HARVEST
ILM BLUE SCREEN SCHEDULE
SC #
22,24,pt.
SKETCH #'S
3,4,5
DESCRIPTION
LUCASFILM Ltd
1601
Va-ta-ta Rundi Darth Vader!
CHENKO
TI A FUM DE DEATH STAR
OOS MEECHI UN JEDI OBI
WAN KENOBI. EE MANA
MACHOO VADER CON YUM NUM
TORONTO GOSH
MASTER LUKE A CHITTEY
CHOO DOOSH
BEN BURTT
84
100 AMUY
LEIA
t only takes one to sound the
larm.
HAN
(with a self-confident grin)
en we'll have to get them out of
e way real quiet like.
lains what is going on to Wicket and Teebo.
atter a moment between themselves then
up and scampers into the underbrush.
LEIA
(checking a wrist instrument)
re running out of time. The
et's in hyperspace by now.
Teebo where Wicket went and is given a
THREEPIO
oh, Mistress Leia!
HAN
down.
LEIA
is it, Threepio?
THREEPIO
fraid our furry companion has
and done something rash.
LEIA
are you talking about?
ENTRANCE
ed out of the undergrowth near where the
are lounging. He silently swings his
body onto one of the Scout's rocket bikes
ing switches at random. Suddenly, the
res up with a tremendous ROAR. Wicket
88
89
at each
Luke,
CHANNA MA FLUATTA FLUATAS
CORRONSAY MANNA COUTOO
VA TATA RUNDI DARTH VADER
SKEEMO
UN CHENKO
OS MEECHI UN JEDI
EE MANA MACHOO VADER. CON
YUM NUM
TORONTO GOSH
A CHOODO CHOODO

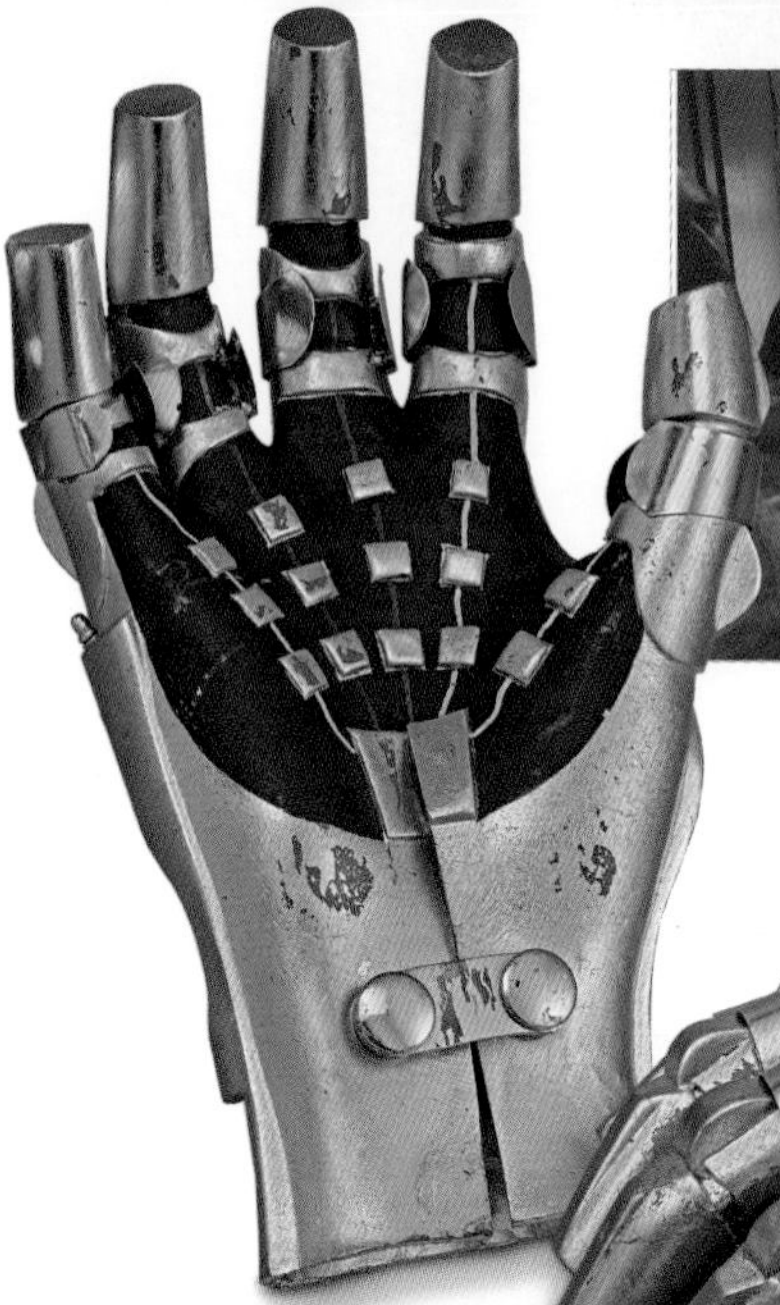

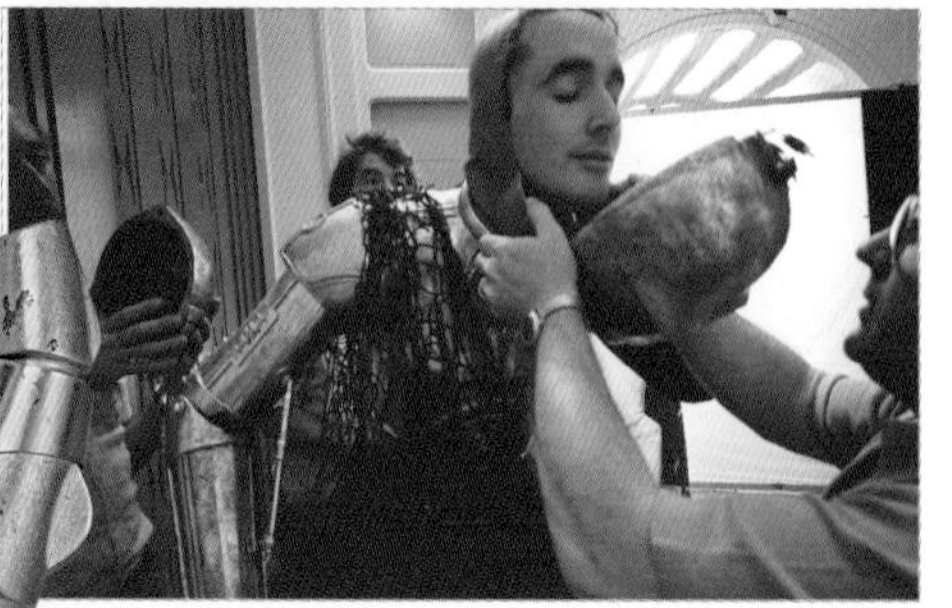

ブライアン・ロフトハウス

機能的に見える手

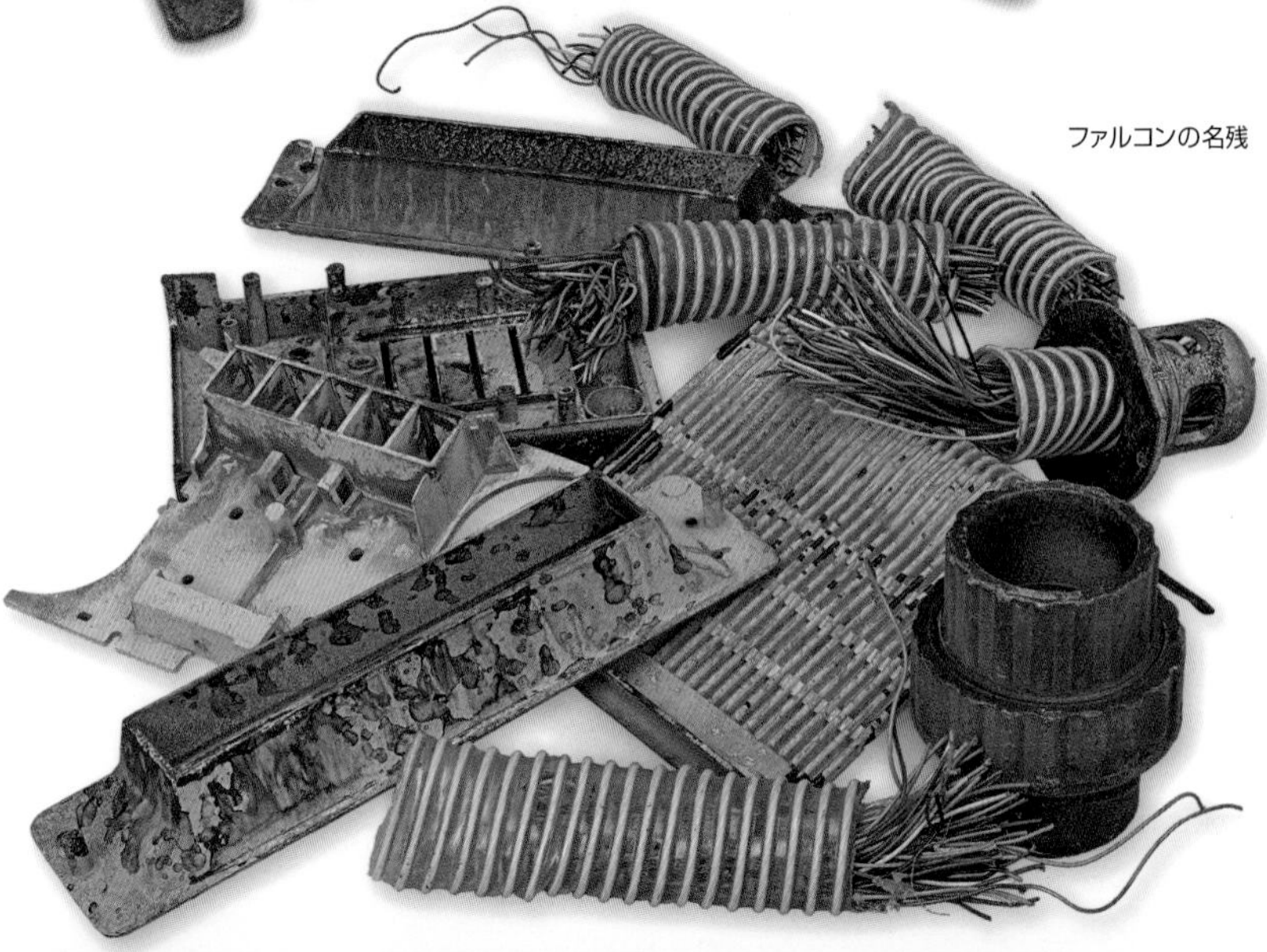

ファルコンの名残

ただいま修理中

「スター・ウォーズ」クリスマス・アルバム

ディズニーランドのライド、〈スター・ツアーズ〉

ラジオ番組

地球のみなさん、子どもに
予防接種をしていますか？

オーストラリアのタトゥイーン

チュニジアのタトゥイーン

パドメと見つめ合う3PO

ダン・マドセン

第一回セレブレーション

錆びついたボディ

詐欺師のフェイトーニ

かつてのマスター、ジョージ

新たなマスター、ジミー

まずい、
緑は透けちゃうだろ

STAR WARS
SCIENCE and ART
特別展
スター・ウォーズ
サイエンス アンド アート
協力：日本航空
公開 2004.3.20(土)
~6.20(日)
観覧料：一般・大学生／当日 1,400円
（前売り／1,200円・団体／1,200円）
小・中・高校生／当日 700円
（前売り／500円・団体／500円）
開館時間：9:00～17:00
お問い合わせ：ハローダイヤル 03-5777-8600
国立科学博物館

Powerhouse Museum
presents
STAR WARS
THE MAGIC OF MYTH

展示会

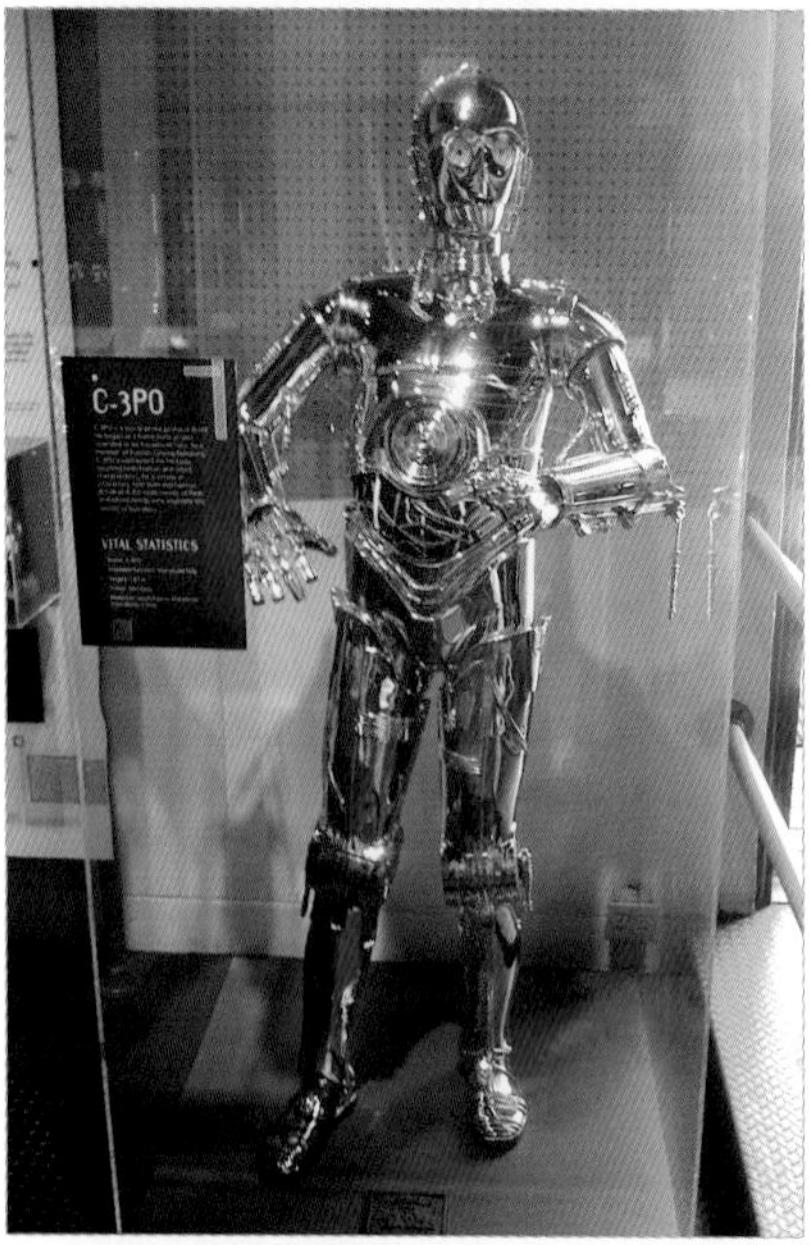
C-3PO
VITAL STATISTICS

barbican art: barbican gallery the curve art spaces
The Art of
STAR WARS
13 April - 3 September 2000
Barbican Centre
Info and booking 020 7638 8891

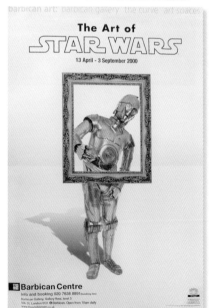

イギリスの切手

FUNKOの
首振り3PO

ANA
STAR WARS
C-3PO ANA JET

Kellogg's
C-3PO's*
CRUNCHY
HONEY-SWEETENED
*OAT, WHEAT & CORN
CEREAL

ANA
WiFi
Service

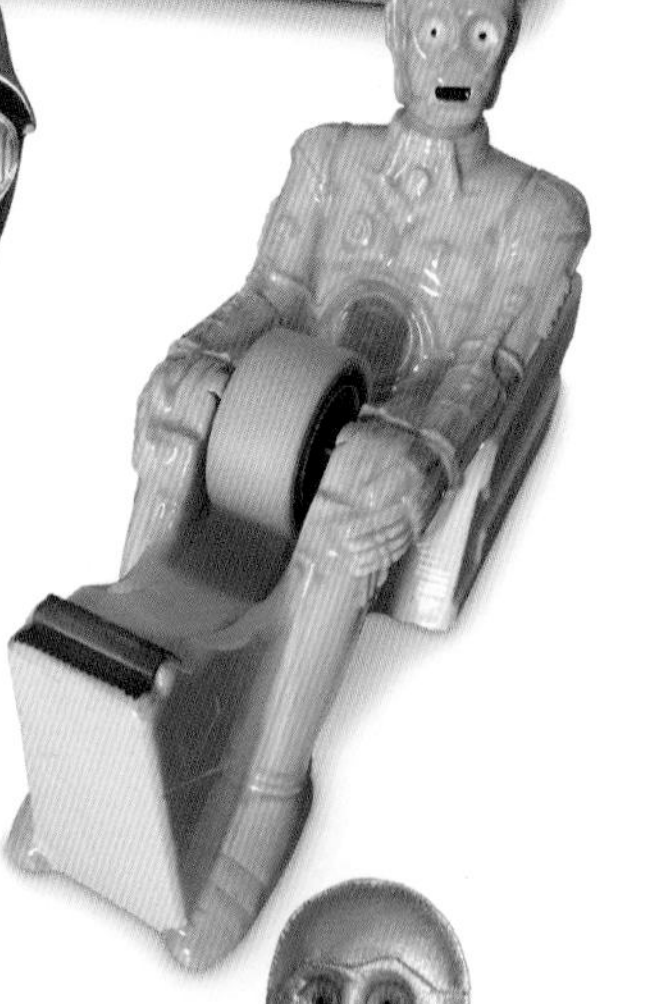

STAR
WARS
SOAP MODEL
SEE-
THREEPIO

3POグッズ

J・J・エイブラムスと仲間たち

赤い腕はいやだ

ギャレス（・エドワーズ）

ライアン（・ジョンソン）

パインウッド・スタジオの
反乱軍基地

反乱者たち

大好きなキャリーと

ドロイドの
ウェイター、
ゾール

ロンドン交響楽団

マエストロ

ハリウッド・ボウル

タックと仲間たち

旧友

新たな友

J･J（･エイブラムス）とK･K（キャスリーン･ケネディ）と
A.D.（アンソニー･ダニエルズ）

サイモンとジョー

…とソフィー

…とBB-8

# 私は C-3PO


アンソニー・ダニエルズ　著

J・J・エイブラムス　序文

私のすばらしい妻クリスティーンに愛をこめて、
そして（これまたかなりすばらしい）ハワードと、
もちろんあなたに、本書を捧げる

# 私は C-3PO

アンソニー・ダニエルズ

# 私はC－3PO　目次

# 序文

これからアンソニーは自分のことを語るわけだが、ぼくもアンソニーについて書きたいと思う。だが、そのまえに、どういう経緯でこの序文を書くことになったかを説明しよう。まず、言わずもがなだが、『スター・ウォーズ』には魔法のような不思議な力がある。ロゴのデザイン――星のちりばめられた宇宙に浮かびあがる黄色い文字――から、その美観とプロダクション・デザイン、フラッシュ・ゴードン風のスペース・アドベンチャーと黒澤明が描いた華麗なサムライ・ドラマの絶妙な組み合わせまで、『スター・ウォーズ』のすべてに魔法がある。

斬新かつ印象的な宇宙船は言うにおよばず、音響効果や、CGで魅力を高められた様々なロケ地、驚嘆に値するユニークな小道具や宇宙船のなかには魔法があるのだ。とはいえ、半世紀もまえに始まった物語の続きをぼくたちがいまも考え、作り続けているのは、その中心に力強い人間性があるからだ。ライトセーバーやウーキーのうなり声などのすばらしいアイデアがあったにせよ、ジョージ・ルーカスがここまで見事にキャラクターの個性を描きだしていなければ、『スター・ウォーズ』はとうの昔に忘れ去られていたにちがいない。彼の創案した物語を何十年も続く一大叙事詩にしたのは、主要キャラクターたちの願いや絶望、不安や恐れ、意外な真実、彼らの愛と忠誠心だとぼくは思う。

『スター・ウォーズ』が持つ最も強大な魅力は、『新たなる希望』の冒頭からはっきりと示される。これが遠い昔の物語であるという前置きに、力強い音楽が流れ、せり上がっていく文章が扇情的な内容でぼくたちの胸をときめかせる。つづいて驚くばかりに斬新なデザインの宇宙戦艦スター・デストロイヤーが頭上を通過し、小型のブロッケード・ランナーがスクリーンに登場したあと、映像が切り替わり、攻撃に激しく揺れる宇宙船の内部と反乱軍のメンバーと、忠実なドロイドたちが登場する。その瞬間から、ぼくたちは彼らから目が離せなくなってしまう。

忠実なドロイドのC-3POとR2-D2。彼らのやりとりに笑みをこぼすうち、気がつくとこのわくわくする新しい世界に足を踏み入れて、ドロイドたちの恐怖、言い争い、必死に生き延びて任務を遂行しようとする思いに引きこまれている。そうして『スター・ウォーズ』の虜となり、スクリーンで繰り広げられる冒険に恋焦がれることになるのだ。『スター・ウォーズ』は文句なしにすばらしい見せ場や芸術性にあふれた映画だが、そうした数々の魅力をひとつにまとめ、ぼくらの心をつかみ続けているのは、そのなかで生き、苦しみ、活躍するキャラクターである。そして九作すべてに登場するキャラクターはたったふたり。ぼくが十歳のときに出会ったドロイドたち、C-3POとR2-D2だけだ。

思ったとおり3POをよみがえらせるのは難しい仕事だったが、直接それを体験したことで、ぼくは金色の目を持つスーツのなかの男に新たな尊敬を抱くに至った。感覚を遮断されるコスチュームという〝殻〟のなかで演技をするのが、あれほど難しいことだったとは、正直言って想像もしていなかった。

動く、聞く、見るだけでも大変だが、これは問題のごく一部。3POを演じる俳優は、シーンのなかで様々な演技者と巧みに関わり、やすやすと見えるようにコミカルなタイミングで動き、会話しなければならないのだ。その俳優とは、言うまでもなく、鋭い知性と豊かな想像力に恵まれたミスター・アンソニー・ダニエルズである。顔は知られていないかもしれないが、彼はまさにこの惑星のスーパースターだ。最初に彼と話したのは、『フォースの覚醒』に出演を依頼する電話をかけたときだった。「よかったら、世界中のファンに愛されている人型ドロイドとして、『スター・ウォーズ』に戻ってきてもらえないだろうか？」ぼくがそう言うと、ありがたいことに彼は、喜んで戻ると快諾してくれた。とはいえ、いまの彼が３ＰＯのスーツにおさまるだろうか？　本人に会って、アンソニーがぼくには逆立ちしても望めぬほど体調も体形も万全なのを見たときは、心からほっとした。彼もほっとしたにちがいない。なぜかというと、コスチューム・デザイナーのマイケル・カプランとそのチームが、これまでよりも着心地のいい新たなスーツを作ってくれることになったからだ。

『フォースの覚醒』では、３ＰＯはほとんどレジスタンスの基地に留まっていた。おそらくアンソニーにとって最もつらかったのは、赤い腕をつけなければならなかったことではないか（このドロイドが最後にスクリーンに登場してから新しい映画までのあいだに、危険な冒険をしたことを示すため、ぼくは３ＰＯに新しい腕を与えたのだが、アンソニーはこの腕が大嫌いだった）。『スカイウォーカーの夜明け』では、３ＰＯは仲間とともに危険な旅に出る。宇宙船やスピーダーに乗り、砂漠や雪に覆われた街を訪れ、よじ登り、墜落し、恐ろしいクリーチャーに遭遇するのだ。アンソニーにはとんだ災難だったと思うが、コスチューム・チームが金色のマスクをはずすたびに、その下からは、汗ばんでいるもののにこやかな笑顔が現れた（ついでにいうと、彼はスーツを着ているときは自分でマスクをはずせない。それだけをとってみても、３ＰＯを演じるのがどれだけたいへんなことかがわかる）。彼がとても優雅かつ巧みに演じてみせるドロイドと同じで、アンソニーも再び冒険に出たがっていたのだ。

エピソード７、８、９のキャストとクルーはひとり残らず、ジョージが生みだした驚異的な物語を継続し、それに結末を与える三つ目の三部作の制作がいかに大仕事か、世界中のスター・ウォーズ・ファンが好意的に受けとめてくれることがどれほど重要かを理解していた。そうしたなかで、ぼく自身が二作のスター・ウォーズ映画を監督できたこと自体、夢のようだが、アンソニーはスカイウォーカー・サーガが作られるたびにその真っ只中にいた。九作すべてに出演するのがどういうことか、ぼくには想像もつかない。少なくとも、この洞察に満ちたすばらしい本を読むまでは、想像がつかなかった。

このあとのページで語られる話は、おそらく『スター・ウォーズ』に関して、存在しうる最もユニークな視点から書かれたもののひとつだろう。ミスター・ダニエルズの視界はかなり限られていたにもかかわらず（実際、あのふたつの細いスリットから世界を見るのは、ストローで息を吸うようなものだ！）、彼は『スター・ウォーズ』シリーズに関して、驚くほど広く深い見解を披露している。ぼくたちが3POにひと目惚れした理由はなんなのか？　二作を監督したぼくのささやかな体験が、この疑問に答えをくれた。それはあのドロイドのなかに人間がいたからだ。すばらしい男が。きみたちはその男にこれから出会うことになる。

二〇一九年、ロサンゼルスにて

J・J・エイブラムス

## 1　愛

なんとすばらしい仕事だったことか。

何千というファンの前で、『スター・ウォーズ』の物語が夜ごとよみがえった。世界中の国々や大陸で、人々が愛し続けている物語の胸躍る瞬間を伝える脚本を読みあげる——それが〈スター・ウォーズ in コンサート〉だった。

ヒューストンからハンブルク、東京からタルサへと、二〇〇九年から始まったライブ感覚でスター・ウォーズを体感できるこのイベントで、私はしゃれた黒いスーツ姿でアンソニー・ダニエルズとしてステージに立ち、そのパワーを吸収しながら、まばゆいライトとレーザー・ビームに包まれた。巨大スクリーンに映しだされる、テーマ音楽を中心に編集された『スター・ウォーズ』の忘れがたい名場面の数々を、フルオーケストラが盛りあげる。ワルにヒーロー、プリンセスに宇宙戦。様々なシークエンスで流れるジョン・ウィリアムズの名曲を生演奏で味わう、なんと壮大なプロジェクトだろう。私はオーケストラと合唱団を背にした〝特等席〟で観客の前に立ち、映像と音楽がもたらすパワーを全身で感じ、同時に別のエネルギーを感じていた。

正直に言うと、それまでの私はスター・ウォーズ・ファンの献身、とにかく『スター・ウォーズ』に関するものなら何でも大好き、という彼らの気持ちを本当の意味で理解できたことは一度もなかった。おそらく『スター・ウォーズ』のすごさを真に理解するには、このユニバースに浸りすぎていたのだろう。けれど、そこから一歩離れてみると、アリーナを埋め尽くす人々の顔に浮かぶ表情のなかに、サーガの魅力が見てとれた。会場には『スター・ウォーズ』に捧げる人々の敬意、愛着、深い愛が満ち満ちていた。テーマ曲への愛、ジョージ・ルーカスへの愛、スクリーンの俳優たちだけでなく、私自身も愛されているとたしかに感じさせてくれる細々とした要素にも注がれる愛が。そして、長いあいだつかみそこねてきたファンの心を捉えて離さない魅力の秘密を、ついに理解することができた。

〝ファン〟ではなく、もっと違う言葉があればよかったのに。〝ファン〟は〝狂信者（ファナティック）〟の省略形だが、ほとんどのファンは穏やかに作品を称えている。とくにクレイジーでもなければ、オタクっぽくもない。とはいえ、『スター・ウォーズ』を一大現象にした人々すべてを一言で表すには、〝ファン〟という言葉がいちばん適しているのだろう。ファンがいなければ、『新たなる希望』は始まりであり、終わりだったのだから。

## 2　魅せられて

私は小さい頃からずっと、役者になりたかった。

両親が私を抱きあげ、階段の上にある小窓のカーテンの紐を引っ張らせてくれたときから、私は紐を引くとカーテンが開くという単純な仕掛けに魅せられてきた。プロセニアム・アーチ（額縁舞台）の緞帳《どんちょう》のように、この仕掛けは向こう側に秘められた魔法、もうひとつの紐を引いてカーテンを閉じたときに終わる魔法を約束しているようだった。私は二本の紐を交互に引き、カーテンを開けては閉じて、飽きもせずに遊んだものだ。無意識にこれを演技と結びつけていたのだろうか？　両親が私を連れてよく芝居を観に出かけたことはたしかだ。ひょっとすると、このカーテンの開け閉めが、役者になりたいという最初の種を私のなかに植えつけたのかもしれない。

五歳の私は、クリスマスのパントマイム、『ウィッティントンと猫』に登場する猫と握手するために、大喜びで舞台へ駆けていった。そのはちきれんばかりの熱意が、やがてスーツを着けて演じる未来を予告していたのだろうか。

時は過ぎ――

幸運にも、私は情熱を傾けられる天職、どうしてもやりたいと思えるものを見つけた。それに野心もあった。自分が何をしたいかわからないという若者は多いが、私は小さいころから自分が何になりたいかわかっていた。それを決めるのは簡単だった。それが医者か弁護士、銀行家、教師などの安定をもたらすとされている職業であれば、両親も喜んで賛成してくれただろう。だが、私がなりたいものを告げると、両親は反対した。そんな危険な考えは捨てるように、とやさしく諭され、私は弁護士になろうと二年間努力した。その二十四か月を、どれほど長く感じたことか。

アマチュアの劇団に所属することで、私はかろうじて正気を保ち、自分の願いと野心の火をかろうじて灯し続けた。自主制作の小さな舞台の袖に立ち、舞台監督として紐を引き、緞帳を開けるときを待ちながら、こうつぶやいたものだ。

「プロの役者になれたらなあ」

あるとき、それを聞きつけた仲間のジョン・ロー（生業は教師だった）が私をまじまじと見た。

「そんなになりたければ、なればいいじゃないか」

そして私たちは一緒に舞台に出ていった。

なるほど。そんな簡単なことだったのか。

とはいえ、自分の夢を追わなければ生きている意味がないとついに覚悟を決め、ジョンの言葉を実行する勇気をかき集めたのは、それから三年後のことだった。

演劇学校に入ったとき、私は二十四歳になっていた。

それから三年、そこで演技のあれこれを学んだ。授業のほとんどは舞台役者の養成が目的だったが、それで十分に思えた。映画俳優になりたいなどと言えば、身の程知らずと思われたにちがいない。もちろん演技と即興のクラスもあった。即興はいまでも苦手だが、その後のキャリアには、これがいちばん役に立つことになる。マイムのクラスはとても楽しかった。体の各部分を独立させて別々に動かすアイソレーション・テクニック、想像上の強風に想像上の傘を吹き飛ばされまいとする演技、模様のない白いマスクをつけて相手に自分の気持ちを伝える訓練など。もちろん声についての授業もあった。発声練習、よくとおる声の出し方、語法、言葉遣い、早口言葉、両唇摩擦音。舞台で戦う練習、バレエ、テキスト分析、もちろん、知識や教養といったものも必要だった。

卒業と同時にBBCのラジオ・レパートリー・カンパニーに所属できたときは、心底嬉しかった。BBCのカールトン・ホブス賞を獲得するという栄誉に浴し、多くのBBCの制作番組に出演できたこともあるが、組合に所属できたことが大きかった。当時これは驚くべき快挙だったのだ。俳優労働組合のメンバーでなければ、演じることはできない。演技の仕事がなければいつまでもメンバーにはなれず、何か月も何年も必死に努力しなくてはならないからだ。いまでは思い切ってそれをつかもうとする勇気があれば、俳優になる門戸は誰にでも開かれている。あらためて言うまでもなく、視聴者数の増加にともない、才能ある俳優の雇用機会が激増し、仕事にありつけるチャンスが昔に比べると格段に増えたからだ。いまの若い人には想像もつかないだろうが、私の若いころは、テレビのチャンネルはわずか三つか四つしかなく、ケーブルテレビもインターネットもなかったのだ。

ＢＢＣとの契約が終了すると、私は舞台やテレビドラマで端役を得るところから始めた。それから二年は幸運が続き、やがてイギリスの非凡な劇作家トム・ストッパードによる『ローゼンクランツとギルデンスターンは死んだ』で、ギルデンスターンの役を射止めた。天にも昇る気持ちというのは、ああいうときのことを言うのだろう。

それから電話が鳴った。

家にいた私は、電話に応じた。留守電という便利なものが発明される以前は、留守番を置かずに外出するのは勇気のいることだった。携帯電話が普及する何十年も前のことだ。

受話器の向こうの声に耳をすましたあと、私はこう答えた。

「ありがたいが、遠慮するよ」

「ばかなことを言うな。とにかく、会いにいけよ。どんな仕事に結びつくかわからないぞ」

一九七五年のことだった。

正確には、十一月十四日、十二時三十分だ(口絵参照)。

私はジョージ・ルーカスと呼ばれるアメリカ人の映画監督に、とくに会いたいとは思わなかった。彼が作る低予算のサイエンス・フィクション映画に登場するロボット役について、話し合いたいという気もしなかった。ＳＦはとくに好きなジャンルではなかったし、舞台役者の自分には相応《ふさわ》しくない、という思いあがりもあったのだろう。実際、演劇学校を卒業してから二年、性格俳優としてずっとそういう役をこなしてきたのだ。しかし、エージェントの意向を無下にもできず、しぶしぶとソーホー・スクエアにある20世紀フォックス・ハウスに足を運んだ。このビルは、そのとき出演していた芝居がかかっているピカデリー・サーカスの劇場のすぐ近くだったのだ。

舞台で演じるだけで満足していた私は、映画出演など考えたこともなかった。映画業界はとてつもない巨大産業に思えたし、映画といえばハリウッド、つまり、私には手の届かぬところにあるように思えた。ところがどうだ、その私がフォックス・ハウスの正面扉を開け、かの有名なフォックスのロゴをくぐって、大理石をふんだんに使ったロビーに足を踏み入れていた。

受付嬢は、いかにも手慣れた様子だった。仕事にありつける望みに顔を輝かせて訪れ、がっかりして出ていく俳優を見るのは日常茶飯事なのだろう。気楽に訪問の目的を告げた私のような人間は、おそらく珍しかったのではないか。受付嬢から何階の何号室に行けばいいかを聞いて、私はその部屋にたどり着き、今度は監督がいる部屋のすぐ手前で〝見張り〟をしている、先ほどの受付嬢よりも熱意のある秘書に要件を告げた。アメリカ人映画監督は、彼女の後ろにあるドアの向こうにいた。秘書がそのドアをノックしたあと、私は葉巻をくわえ、でっぷり太った、どら声で話すハリウッド映画の大立者《おおだてもの》に会うつもりで、彼の部屋に入り――

ジーンズに格子縞のシャツ姿の、小柄でほっそりした、内気で礼儀正しい、疲れた顔の若者と顔を合わせていた。

それがジョージだった。

何百人という俳優に次から次へと会っていたのだから、疲れていたのも無理はない。

私たちは挨拶をすませ、腰をおろした。

きまずい沈黙のあと――

「すると、きみは俳優なんだね？」

「ええ、そうです」

「マイムがうまいと聞いたが？」

「まあそこそこに」

謙遜《けんそん》という無益な行為を〝徳〟として育てられ、内気な性格でもあった私は、自分にはそぐわないと思う企画に関心があるかのように、礼儀正しく当たり障りのない会話を交わしながら、ふとオフィスの壁にかかった数々の絵に目を向けた。それが映画のコンセプト画であることは、その後知ることになる。ジョージはそのうちのひとつに私を導いた。

私はそのコンセプト画を見つめた。

世界が止まったようだった。

遠慮も謙虚もどこかに吹き飛び、私はうっとりと、その絵に魅入った。

その絵から目が離せなかった。

ラルフ・マクォーリーが描いたコンセプト画が、魂に訴えかけてきたのだ。

惑星と岩だらけの景色を遠景に、砂地に立つロボット。３ＰＯはわびしげにこちらを見ていた（口絵参照）。その目を見たとき、このロボットが額縁から出て私の世界にきたがっているように、さもなければ額縁を越え、彼の世界に来いと私を誘っているように思えた。ロボットの傷つきやすさがひしひしと伝わってきた。絵のなかのロボットも私の傷つきやすさがわかっている、そんな気がした。あれはなんとも奇妙な瞬間だった。

それから私はその夜の芝居の前に休もうと家に戻った。

翌日、映画の脚本が届いた。

『ザ・スター・ウォーズ』（口絵参照）。

表紙には、剣らしきものを手にした若者の、真っ青な三角形の小さなステッカーが貼ってあった（口絵参照）。ひと波乱ありそうな内容だ。

表紙を開くと――

映画の脚本を初めて見る私には、とてつもなく複雑に思えた。ひとつずつシーンを追っていくのではなく、場面や事件があちこちに飛ぶ構成になっている。それにどのページにも不安になるほど大量のト書と、POV（視点）に関する注意書きが、びっしり書きこまれている。私に理解できたのは、C－3POはジョージと数人の脚本家が考案したロボットだということだけだった。この気の毒なロボットは、たえず〝間違った場所〟に放りこまれ、自分にはどうにもならない出来事に翻弄《ほんろう》されて、途方に暮れる。危険だらけの世界では、プログラムされた能力がめったに役立たず、ほぼ常に身近にいる愛すべき友、R2－D2の辛辣《しんらつ》さも、その苛立ちに追い打ちをかける。感情を露《あら》わにする言い訳がましい3POと、任務に献身的で好奇心の強いR2。二体のロボットが深い友情で結ばれていることは、控えめに表現されてはいるものの、きわめて明らかだ。まさに典型的な〝でこぼこコンビ〟である。ロボットどうしのやりとりはユーモラスで秀逸、何かというと無視される二体に共通する社会的弱者の立場は、典型的な悲劇だった。

私はすっかり夢中になった。

映画がサイエンス・フィクションであることなど、どうでもいい。

ルークでも、ハンでも、ベイダーでもなく――

3POこそ、私の役だと思った。

翌日、20世紀フォックスを再訪した私は、いつキャストに行けるか、と秘書に尋ねられて戸惑い、今日はそのためにここに来たのだ、と答えた。秘書は妙な顔で私を見てから、再び後ろにあるドアを開けた。

奥の部屋にいるジョージは、昨日よりもリラックスしているようだった。

反対に、私は昨日より緊張し、実はSF映画は苦手なのだと打ち明けた。何年か前に『2001年宇宙の旅』を観に行ったときは、途中で劇場を去り、チケットの払い戻しを要求したことも話した（当然ながら、映画館の支配人はぶっきらぼうに、「失せろ」とひと言吐き捨てた）。

何年もあと、この映画の主役と準主役であるキア・デュリアとゲイリー・ロックウッド（『2001年』でデビッド・ボーマン船長と、フランク・プールを演じた）に会う機会があった。ふたりによれば、あの映画は大勢の人々が途中で出て行ったらしい。とはいえ、HALの印象は強烈で、赤いライトと、人工知能（AI）が持つ危険に関する初期の警鐘とも言うべきダグラス・レインの催眠効果のある声は頭に残っていた。

それぞれ仕事があるというのに、ジョージと私は一時間も話しこんだ。

それから沈黙が落ち、ふたりとももぞもぞと動いた。

「この役を私にやらせてもらえませんか？」

ジョージは一瞬ためらったあと、静かな声で答えた。

「あー」

承諾の言葉でも、音節のある単語でもなく、たんなる音。その小さな音がロンドンの街の喧騒に混じって聞こえた。

それが私の人生を変えることになった。

## 3　石膏による型取り

肌寒い日だった。

私はロンドン北部にある、ごくふつうのオフィスビルの外に車を駐めた。エルストリー・スタジオだ。初めて入る映画スタジオに何を期待していたのかよくわからないが、地味なビルを見て少しばかり失望した。それでも、指示に従って向かった楽屋に比べれば、華やかさは欠けていたにせよビルの外観はまだまし、ロンドン・パラジウムかラジオシティ・ミュージック・ホールといってもいいくらいだった。何せ、その楽屋は殺風景で寒い、独房のような部屋だったのだから。

そこでは、つなぎの作業服を着たふたりのプラスタラー（石膏師《せっこうし》）がビニールシートとバケツと石膏の袋を広げ、陽気な声で服を脱いでくれと言った。やれやれ。どうりで、ルーカス氏の秘書がけげんな表情をしたわけだ。彼女があのとき〝キャスト〟と言ったのは、型取り（キャスト）のことだったのだ。

ふたりは石膏が体毛に及ぼす不快な作用について説明すると、私の体をキッチンで使うラップで包んだ。これも初めての体験だ。冷蔵庫の奥で忘れられ、カビがはえた残り物のように、私は立ったまま気まずい思いをしながら裸体にラップを巻きつけられ、ふたりが体の両側に細く切ったゴムを張りつけるあいだ、ユーモアでこの屈辱をしのごうと軽口を飛ばしていた。これから全身の型を半分ずつ取るのだ。まずは後ろから。

ふたりは勢いよく石膏と水を混ぜはじめ、化学反応が起こると、いっそう早く撹拌《かくはん》した。やがて石膏と水が完全に混じり合うと、それを叩きつけるように私に塗りはじめた。パシッと叩き、平らにして、また叩きつけ、平らにする。私は床に固定されている二本の柱につかまり、体を動かさないように努めた。濡れた石膏が体にはりつき、重くなっていく。クルーは、私の体を安定させるために木材をいくつも細かく切って、麻布で私にくくりつけた。まるで建設現場にでもなったような気分だ。ようやく作業が終わり、石膏が固まるのを待った。部屋の温度が上がり、蒸気で窓が曇りはじめた。

やがて彼らは、私が体をくねらせて型から出ても大丈夫だと判断した。彼らが作ったばかりの半分の石棺から体をはがそうとすると、吸引するような恥ずかしい音がした。つづいて、体の前半分の型取りが始まった。

これ以上悪くなりっこないと覚悟を決め、私はまだ湿っている冷たい背中の型に横になった。ぴしゃりと叩きつけ、滑らかに伸ばして、また叩きつける作業が繰り返される。今度は首から上だけがとびだしている状態で、体の前面に石膏を塗っているため、作業の過程がさきほどよりもよく見えた。ちょうどひとり用のむし風呂のようなものだ。化学反応が起きはじめると、首の隙間から蒸気が噴きだしてきた。これは人生で最もみっともない経験のひとつだ、と思っていると——

事態はさらに悪化した。

彼らは私の鼻に藁《わら》を詰め、死化粧に使われるワックスのかたまりに私の頭を突っこんだ。一か所はうまくいったが、別の場所がうまくいかず、やり直さなくてはならなかった。

一週間後、前回の作業が頭に残っていた私は、少しばかりびくつきながらエルストリーに戻った。すると青い絨毯《じゅうたん》が敷かれた快適な楽屋で、リズ・ムーアが待っていた。にこやかなリズは、最も才能あるスカルプターであることがまもなく判明した(口絵参照)。リズは前の週のふたりより、もう少し正確な型取りを行うことになっていた。今回はピシャリと叩きつけられることはなかった。リズは私に女性用タイツをはかせ、体の両側面に細長いゴムを注意深く張りつけた。前回と同じく半分ずつ型取りすると説明を受けて、私はソファに横になった。リラックスして話をしながら、リズは私の体の大部分にフェイスクリームを塗り、その上を石膏で覆った。まるで飾りつけられているケーキのような気分だ。自分が芸術作品になっていくような気がした。このときは工程のすべてが奇妙に穏やかで、興味深かった。

しかも、なんと嬉しい偶然だろう。『2001年宇宙の旅』の最後のシーンに登場するスター・チャイルドもリズの作品だったのだ。もっと早くそれを知っていたら、途中で席を立ったりはしなかっただろうに。

何日もあと、エルストリーに戻ると、作業場にはリズの仕事の成果である、とくに美しいとは言えない私の体に驚くほどそっくりな白い石膏の複製ができあがっていた。まもなくリズは、模型を作る灰色の粘土を使って、その裸体を隠し、ジョージが望む〝見かけ〟を注意深く達成し、ラルフのコンセプト画を立体的に再現した。

リズが作りだした塑像《そぞう》を聖典として、アート部門が実際に身に着けられるスーツを作りはじめると、私は半年のあいだ定期的にエルストリーに足を運び、ボール紙とプラスチックからなる原寸模型の脚、腕、胸、足のプロトタイプを試した。ちょうどよい具合に機能する3POの膝を考案しようと、ジョージ自身が私の前にひざまずいて調整することもしばしばあった。彼はこのロボットの少しばかり大きな股袋も、〝スペース・エロティシズム〟だとして許可した。

ほとんどのパーツはファイバーグラス製だったため、毎晩ダブレット（注：中世の衣装）とタイツ姿で舞台に立つたびに、痒《かゆ》みと化学的なにおいに悩まされた（それに懲《こ》りて、いまでも断熱材を使ったロフトには近づかないようにしている）。彼らはゴム製の腕のプロトタイプを作ったが、これは着けてみると、巨大なイカのなかに閉じこめられたみたいで、最悪だった。

それからしばらくのあいだ、私はマネキン人形になった。3POのコスチューム作りを担当するチームが私の体の各部位に言及し、そのまわりに外骨格のようなものをどうすれば作れるかを延々と検討するあいだ、じっと立ち尽くしていた。『ドクター・フー』（注：一九六三年からイギリスで放映されている世界最長のＳＦテレビドラマの主人公）の敵サイバーマンですら、彼らが作りだそうとしているものに比べれば、簡単に作りだせるように思えた。五十年ほどまえ（当時）にフリッツ・ラングが監督したディストピア（地獄郷）映画、『メトロポリス』のアンドロイド、マリアをべつにすれば、それまで誰もこの種のものを作ろうとはしなかった。３ＰＯのデザイナー・チームにとって、マリアは３ＰＯの女版らしく、このアンドロイドのなんとなく気味の悪い写真が何枚もオフィスの壁に留めてあった（口絵参照）。アート部門は、〝マリアに特有の美しさをもたらしているアール・デコ調の外見を、自分のロボットにも取り入れたい〟とジョージから要請されていた。そして彼らには自分たちの作ったものを動かすメカニズムとして、私が必要だった。それに私を呼びだしても、たいして費用はかからない。

まもなく私はジョージの手配で『２００１年宇宙の旅』を観た。彼はＨＡＬの声をもう一度聞かせたかったのだろう。自分のロボットの声を思いつく参考にしてほしかったのかもしれない。特大ピザのような35ミリのセルロイドの皿が投射機のなかで回転しはじめると、フォックスの試写室にひとりで座った私はこう思った。最初にこの映画を見たとき面白いと思わなかったのは、若すぎたせいだったのだ、と。このときですら理解できない部分があったし、いまでもまだある。しかし、最後まで席を立たずにそれを観たあと、私は数年前の自分がいかに無知だったかに衝撃を受けた。『２００１年宇宙の旅』はすばらしい映画だった。異常をきたすコンピューターの声はとくによかった。とはいえ、あの穏やかな心地よい声は３ＰＯには相応《ふさわ》しくない。

エルストリーで、デザイナー・チームに囲まれて立っているあいだ、私は脚本の草稿を読んで時間をつぶした。３ＰＯの役割は書き直されるたびにどんどん大きくなっていく。私は映画作りに参加している、という気持ちになりはじめた。このころスタジオにいる俳優は私だけだったから、特別な存在になったような気分だった。アート部門の3PO担当チームはみな有能で腕利きばかりとあって、彼らの注目を受けている自分が重要人物に思えた。もちろん、彼らが注目しているのはスーツだったが、私自身のことも気にかけていてくれるようだった。だが、やがて彼らがチュニジアの砂漠の暑さと、プラスチックの融解度について話しているのを耳にすると、少しばかりショックを受け、とんでもない仕事を引き受けてしまった、と思った。

まもなくスタジオにいる俳優は私だけではなくなった。私の新しい〝ご主人〟とついに顔を合わせたときには、どれほど興奮したことか。じっくり読みこんでいた脚本のなかで、ルーク・スカイウォーカーはずば抜けて存在感のあるキャラクターだったからなおさらだった。マーク・ハミルはかの有名なカリフォルニアから飛んできた。それだけでも、アメリカに行ったことのない私の目には、ある意味、特別な存在に映った。マークはあっというまにみんなを魅了した。彼の素直で明るい性格は、私にとってはとにかく新鮮だった。少しばかり遠慮がちな私とは対照的に、彼の口からは言葉がこぼれ出てくるかのようだった。スタジオのあちこちで顔を合わせるたびに、この映画に彼が抱いている熱意に感化されたものだ。うっとうしい天候にもかかわらず、彼はイギリスが気に入ったようだった。彼がスタジオのどこかにいるとわかっているだけで、こっちも楽観的になれる。彼がいると、自分もチームのひとりだという気がした。私とはまるで違うコスチュームだが、マーク・ハミルも衣装の仮縫いをしていた。

灼熱の砂漠でこのスーツを着るには、内蔵できる冷房装置が必要だ。そこで、技術者がミニチュアの空調システムを持ってきた。が、その男は体にぴったりした完成品に近いスーツを着けた私をじっと見たあと、部屋を出ていき、それっきり戻ってこなかった。彼らが暑さの解決法と呼べるものをようやく見つけたのは、それから四十年もあとのことだ。当時の私の〝エアコン〟は郵便受けみたいな3POの口だけだった。のちに私はこの口の内側に唇をつけたまま、目の穴と口の穴から空気を吸いこみ、顔の内側に吹きつけるコツを身につけた。

リズはデザインを決めるため、いくつも3POの頭部を作り、中世の戦いで落とされた名将の首よろしく棚に並べた。宇宙人っぽいもの、無表情なもの、平坦なもの、奇抜なもの……。粘土で作られた空洞の平たい顔が、ずらりと並んで無表情に宙を見つめている。私はいちばん端の顔以外はすべて気に入ったが――ジョージが選んだのは、もちろん、その端っこの顔だった！　言い訳をさせてもらうと、リズの作った淡色の粘土の顔に黒いガスマスクの目を持つ頭は、暗がりではまったく違う顔に見えたのだ（口絵参照）。それの金ぴかバージョンが到着すると、私はひと目で魅せられた。リズは魔法のような頭部を作りだしていた。それは静止している状態でもすばらしかったが、どこか空っぽだ。私が生命と感情を加える余地が、そこにはあった。

3POは美しかった。

## 4　約束

私は3POの目に魅せられた。

人間の目と同じように、3POのフォトレセプター（光受容器）は彼の表情豊かな顔に欠かせないものだ。鏡面に蜂の巣状の反射面を張りつけ、極小の豆電球をいくつもネジで留める。なんという斬新なアイデアだろう。

内側に差しこまれた一枚の黒いプラスチックがその光を遮断してくれるおかげで、私は目がくらまずにすんだ。豆電球から伸びた細いワイヤーの先のプラグを、３ＰＯの背中にあるバッテリー・パックに配線されたソケットに接続するのだ。頭を完全に覆った状態だと、中央の穴からまっすぐ前方しか見えず、ほとんど目隠しされたも同然だ。立っている位置を調整し、体の向きを変えれば別だが、さもなければ上下、左右のものはまったく目に入らない。このとき初めて、これまでどれほど周辺視野に頼っていたかを思い知らされた。

私はてっきりスーツを着てリハーサルができるように、鏡付きのスタジオや、録画した映像を再生する施設を用意してもらえると思っていた。３ＰＯのスーツがもたらす制限にどう対処すればいいか知りたいと思うのはあたりまえのことだ。合計三十キログラム近い金属とゴムとプラスチックを身に着けて動きまわりながらこのロボットの個性を出すには、たしかにジョージが思ったとおり、マイムの心得のある役者が必要だ。言うまでもなく、最高の結果を得るには何度もスーツを着けて稽古《けいこ》しなくてはならない。私がそう言うと、反応や感情を作りだすのに、どの程度動けるかを知る時間はたっぷりある、と彼らは請け合った。

ようやく試着できるスーツが完成し、私たちは雑然とした特殊効果ユニットへ移動した。そこのテーブルには、私の着付け師であり、補佐であり、保護者である〝マクシ〟ことフィル・マクドナルドの手で、３ＰＯスーツのあらゆるパーツが順序よく並べてあった。このとき、私はちらっと不思議に思った。ほとんどの俳優にはワードローブ部門のアシスタントがいるのに、マクシは小道具部門のスタッフだ――まるで3ＰＯが〝道具〟であるかのように。

３ＰＯのスーツを完成させるには、全部で十九個のパーツを組み合わせなくてはならなかった。黒い綿製のボディスーツ姿でアーサー王の騎士のように立っている私に、マクシとその同僚が少しずつパーツを着けていく。

やがて私は、初めて華麗なスーツを丸ごと身に着けて立っていた。

それは、おぞましい経験だった。

まるで自分の体を失くした――、世界との接触を断たれたような気がした。私はあちこちにぶつかりながら、作業場をよろよろと動きまわった。すべてのパーツをはずしてもらったときには、どれほど深い安堵を感じたことか。スーツを着けていたのはたった十五分だったが、はるかに長く思えた。それはともかく、このスーツを持ちだし、稽古をしてもかまわないだろうか？

それはできない、と彼らは言った。

3POのスーツは大急ぎで航空貨物便に載せなくてはならないから、と。私がはるか彼方の銀河にあるチュニジアの砂漠でこのスーツを再び目にしたのは、それから数週間後のことだった。

## 5　レディたち

それはちょうど、修学旅行か――自分の過去を例にとれば――劇団の巡業に出かける気分に似ていた。

私たちはチャーター機でチュニジアのスースへ飛んだ。チャーター便で飛ぶのはなかなか特別な経験だったが、もっとすばらしいことに、通路を隔てたすぐ横の席には、サー・アレック・ギネスと、その夫人が座っていた。何十年もスクリーンで観てきた偉大な役者、あのサー・アレックだ。私がいちばん好きなのは『マダムと泥棒』の紳士的な銀行強盗だが、彼が演じた魅力的で愉快で、ドラマティックな役はほかにもたくさんある。『アラビアのロレンス』のファイサル王子も忘れがたい。まさかこの出会いから四十数年後、サーガの九作目、『スター・ウォーズ／スカイウォーカーの夜明け』の撮影で、彼が演じたファイサル王子と同じ、ワディ・ラムの流砂を踏むことになるとは！　いま思えば、アレック・ギネスは私が実際に会った有名人第一号でもあった。しかも、手を伸ばせば届くほど近くで。私は畏敬《いけい》の念に打たれながら迷った。挨拶の言葉をかけるべきだろうか？　そんなことをしては、プライバシーを侵害する無作法なやつだと思われるだろうか？

長時間の空の旅だった。アレック・ギネスが《タイムズ》紙を折りたたむのを見て、私はようやく勇気をふるいおこし、通路に身を乗りだして名乗った。彼は即座に魅力的な笑みを浮かべ、おなじみの豊かな声で夫人を紹介してくれた。〝レディ・ギネス〟ではなく、メルーラとして。彼女はとにかく美しい女性で、称号など必要ない本物のレディだった。サー・アレック――数日後に、〝アレックでかまわないよ〟と言われた――は、私がロボット役を演じることにたいへん興味を持ち、通路を往復するサービス・トロリーに邪魔されながらも話がはずんだ。

いよいよチュニジアに到着だ。

土壇場で詰めこんだグリーブリー（注：ディティールをメカニックに装飾するもの）の数々を疑わしげな目で眺める税関職員に、マクシは、ノブやフィニアル（注：家具の先端装飾）はロボットのコスチュームのパーツだ、と説明した。〝グリーブリー〟というのは、興味深く見えるが、実際にはなんの目的も役目もないパーツのことだ（口絵参照）。税関職員は、なるほど、というようにうなずき、貴重な荷物を持ったマクシを通した。

それから、手続きが止まった。

仲間うちで〝スパークス〟と呼ばれる照明係のひとりが持ちこんだ《プレイボーイ》誌を見て、税関職員たちは恐怖を浮かべた。中央見開きのヌード写真に激怒する職員もいれば、ぱらぱらめくった後、九ページ目の若い女性こそ風俗を乱す元凶だと非難した職員もいた。いま思うと、不埒《ふらち》な雑誌を没収したのは、あとで細部にわたってじっくり〝批判〟するためだったかもしれない。

ちょっとしたハプニングで少々遅れたあと、冷房のきいた到着ホールを出ると、じりじりと焼けるような暑さのなか、私たちは太陽の照りつけるコンクリートの上に立った。クルーが乗るバスは、すぐそばに停まっていた。黒いリムジンはもっと近くに停まっていたが、それが私のためでないことは、サー・アレックとその夫人が乗りこむのを見るまでもなくわかっていた。彼は頭を下げて車のドアをくぐろうとしながら、私のほうを振り向いてポケットに手を入れた。

「失礼。きみは〝今日の分〟をまだもらっていないのかね？」

私は驚いた。映画の仕事は初めてだったから、彼が何を言っているのか理解できなかったのだ。

「小遣いだよ」彼は親切に説明してくれた。「私は使いきれないほどもらったから、きみにいくらか渡しておこう」

## 6　犬

まさか、この乾燥した土地に戻りたいと思う日がくるとは。だが、思いもしなかったことが、やがて現実になる……。

そこはハエが飛びまわり、砂塵《さじん》が吹きつける暑い砂漠、文明の一歩手前にある場所だった。とはいえ、それは何十年も前のことだ。私たちが撮影したというだけで、奇妙にも観光地として人気を博し、いまでは昔よりもはるかに基幹設備が整っている。だが、一九七六年には……。

マクシと私はチュニジアの砂漠を何時間もかけて移動した。エルストリーで最初に私にスーツを着せて以来、彼は3POのパーツの手入れと私の世話係になっていた。このときはまだわからなかったが、小道具部門に所属していたマクシの創意と工夫、献身、忍耐は、私がこの仕事を乗り切るのに欠かせないものとなる。

私たちは車の後部座席で揺られていた。ぎりぎり車が通れるだけの幅しかなさそうに見える舗装道路の端は、すぐ横の砂と小石のなかに崩れている。運転手は前方からトラックが走ってくるたびに、度胸試しとばかりクラクションを鳴らすだけで避けようとしない。トラックのほうもクラクションを鳴らしてくる。見ないほうがよかったが、つい目がいってしまう。するとスローモーションのように、石が飛び散り、フロントガラスに当たった。バシッ！　そのあとは……少しばかり風通しがよくなった。トズールは本当の意味の〝目的地〟ではなかったが、ようやく到着したときには、安堵のため息がもれた。

最低限の設備しかないホテルが格安であることは一目瞭然だった。それでもこの町では、いちばん上等な宿らしかった。サー・アレックとその奥方は、少し離れたところに、彼らの地位に多少とも相応しい部屋を割り当てられた。〝実用的な〟狭さの私の部屋はアリだらけだったが、青と白に統一された浴室のシャワーは水もお湯も出た。私は砂糖の袋から少しずつ中身を振りだし、アリの群れを首尾よくベッドから遠ざけ、廊下に追いだした。

ここでは、すべてがうっすらと砂塵に覆われていた。どこもかしこも砂埃だらけ。砂があらゆる場所に入りこんでくる。食べ物も例外ではなかった。夕食のメニューは、今日は魚、翌日はチキン、それからまた魚、とまったく変わりばえがしない。おそらく一泊しかしないふつうの観光客はそれで満足だろうが、私たちは二週間ここに滞在するのだ。

翌日から撮影が始まるというのに、3POのスーツはまだできあがっていなかった。3POには手がなかったのだ。そこで頭上の電球のぎらつく光のなか、マクシと私はシングルベッドに座って、手の作成に取りかかった。彼が持ってきた箱には、黒い綿の手袋と、ワイヤーと、奇妙な形の金属パーツが入っていた。マクシは再び私をマネキン代わりにして、手袋の上に、各々の指、関節、指先、親指といったパーツを載せ、たっぷり糊を絞って各箇所に張りつけていく。シンナー中毒者が大喜びしそうな臭いが立ちのぼり、あちこちべたべたになった。夜が更け、外の闇がしだいに濃くなっても、マクシは黙々と作業を続けた。

糊付けは終わった。ところが、今度は私の手と3POの手が離れなくなった。糊が綿の手袋を浸みとおり、3POの金属の指を手袋ごと私の指に貼りつけてしまったのだ。マクシはそのまま寝てほしそうだったが、とんでもない。やがて彼は私の皮膚からすべてをはがし、それを抱えて自分の部屋に戻っていった。私はベッドに入ったものの、疲労困憊し、神経が昂《たかぶ》ってなかなか眠れなかった。

どこかで犬が遠吠えのような声をあげていた。すべてが現実離れした奇妙な感じだった。

ようやく眠ったと思ったら、たちまち起きる時間になった。私たちはそれぞれの車に導かれ、セットへ向かった。肌寒い夜明け前の薄闇のなか、私はマーク（・ハミル）と同じ車に乗りこみ、睡眠不足のしょぼつく目で窓の外を眺めた。私たちはところどころに小さな明かりがついた村を離れ、砂が積もる細い道路に出た。道端の小さな砂丘やヤシの葉が、車が通り過ぎるたびに動く。動物たちの眠りを妨げながら走る車のなかで、私たちはひたすら前方を見つめていた。

犬の死骸を通り過ぎたあと、別の砂丘が見えはじめた。

私たちは走りつづけた。

## 7　アクション

なるほど、映画のセットは実際にはこんなふうに見えるのか。

まだ夜が明けないうちに、私たちは塩類平原にあるロケ地、ルークが育ったラーズ家に到着した。セット自体はとくにどうということはなかった。見渡すかぎりどこまでも平らな平原のほうがずっと印象に残っている。ロケ地の手前のほうに、下り階段のあるドーム屋根の住まい、古びた機械、深さ一メートルほどの大きな穴、少し離れたところにがらくたや水分凝結機、近くにサンドクローラー――大きな〝車体〟のキャタピラ部は、高さ十メートルもあった――と足場があるだけ、残りは〝映画の魔法〟でひねりだされたものだ。

これらはみなカメラの前に置かれていた。カメラの背後にはドリー（注：車輪の付いたカメラ移動台）やレールや、私にはなんだかわからないものがあった。誰かが指さし、一か所にかたまったテントやトラックのなかにある私用の小さなトレーラーを教えてくれた。少しぐらつくトレーラーに入り、なかの臭いを嗅いだとたん、プラスチックの壁とトイレの臭気が漂う子どものころの貧乏旅行を思い出した。私はすでに広げられてあったボディースーツに着替えた。黒いタイツと背中にファスナーの付いた黒いフード付きのレオタードだ。膝と肘の黒い部分には、色を塗ったワイヤーが貼りつけられ、金色のスーツのそれぞれのパーツの隙間を埋めるとになる。私は青と白のゴムのデッキシューズをはき、頭にぴったりしたフードをかぶると、クリーム色のタオル地のローブをはおり、少しばかり不安を感じながら外に出た。

私がロボットに変身するテントは近くにあった。ボーイスカウトのキャンプ大会で使われるようなキャンバス地の、見栄えより実用性に重点を置いたテントだ。そこの架台式テーブルふたつに、まるで解剖医が必要な器具を用意するように、ロボット・スーツのパーツがきちんと並べてあった。それを見たとたん、エルストリーで体験した、短いとはいえ、拷問のような試着を思い出した。幸い、マクシはすべての状況を把握し、スムーズに進むよう手配していた。それに助手もひとりいた。ほどなく助手はさらにふたり増えた。どうやらこれは、私たちが想像していたよりも難しい仕事になりそうだった。

スーツの着用はこんなふうに始まった。

まず、ワイヤーが貼りつけられたゴムのガードル。脇のジッパーを上げるタイプのこのガードルが、湾曲可能なコルセットになるのだ。次は前後に分かれた細いプラスチック製の金色のパンツを着ける。〝スペース・エロティシズム〟のパーツが金色のテープでそれに留められた。そこまではまずまず。次ははるかに難しい。

右脚の装着だ。

太腿と脛《すね》のパーツは、パーツどうしが繋がったまま動くように、一種のゴムロープで取りつけられた。私は靴を脱ぎ、マクシが考案した奇妙な動きで、後ろ向きに置いたパーツに足を入れて下へと滑らせた。マクシはそのパーツを回して、パーツの反対側から突きだした足にデッキシューズを戻し、薄いプラスチック製の金色のカバーを滑らせてそれを覆い、テープで留める。それからふくらはぎのパーツを脛にぎゅっと押しつけた。いてて！

右脚の装着だけなのに、すでにかなりの時間がかかっていた。

まもなく私は腰から下だけロボットになり、二本の脚で立っていた。そこでもうひとり助っ人が呼びこまれた。

胸と一体になった肩の部分が差しだされ、私が腕を入れる。チームが背中と一体のもうひとつの肩をそっと取り付けて私の体をなかに挟みこみ、前後に分かれたふたつの上半身のパーツを合体させた。首の肉を挟まれ、私は悲鳴をあげた。が、これは序の口だった。

しだいに増える助っ人たちが、上半身を苦労して合わせようとするあいだ、私は肉をはさまれても、ファイバーグラスの縁でひっかかれても、できるだけ声をあげないように努めた。彼らは私を痛めつけようとしているわけではないのだ。そういうコスチュームなのだから仕方がない。

ようやく胸と背が所定の位置で固定され、四つのネジが文字通りそのなかに私を閉じこめた。もしもクルーがエイリアンに誘拐されれば、このスーツから逃れるには岩に体当たりして叩き壊すしかないだろう。まもなく両腕のパーツが着けられ、それがずり落ちてこないように、新たに作られた手袋で留められた。首が上半身の襟のなかに挿入されると、マクシが顔のパーツをフードにテープで留めた接続ワイヤーごと私の顔に当てた。背中のバッテリー・パックから伸びたそのワイヤーで、３ＰＯの目に電流を送るのだ。助っ人が後頭部を掲げる。ここからが正念場だ。

胸と背中を合わせるのも難しい作業だが、頭を留めるのは、それとは比べものにならないほど厄介だった。頭自体はイースターの卵のようにふたつのパーツに分かれていて、比較的簡単にはめられる。だが、このふたつのパーツの左右にある穴に通したボルトを首のパーツに留めるのはそうはいかなかった。ボルトを留めるには、顔の前部、後部、首という三つのパーツの穴がぴたりと重ならなくてはならないからだ。チーム全体が、必死にその作業に没頭した（口絵参照）。

彼らは私がなかにいるのを忘れたように、３ＰＯと私の頭を押したり引っ張ったりした。誰かの手に口のところを覆われ、私はくぐもった声をあげて呼吸ができないことを知らせた。「悪い」というつぶやきが聞こえ、その手が移動する。ちっともひとところに留まらないプラスチックのなかの〝突起〟の位置を突き止めるのは、まさに悪夢だった。そのなかにいる私にとってはとくに。けれども、ようやくカチリと満足のいく音がした。やっとのことで、ボルトが留まったのだ。テーブルに並んでいたパーツは、きれいになくなっていた。3POのスーツを初めて着せるのに数人がかりで二時間、頭をつけるだけで二十分かかった。スーツの準備には半年かかったが、それでもまだ十分ではなかったようだ。言うまでもないが、実際の撮影が始まる前に試す期間があれば、こうした不具合のいくつかは解決されていただろう。それはともかく、マクシがバッテリー・パックの下にある小さなスイッチを弾くと、視界の端に光冠が見えた。テントのフラップが横に押しやられるのが見え、私はよろめきながら歩きだした。

3PO誕生の瞬間だった。

昇ったばかりの太陽の光にスーツがきらめいているにちがいない。周りにいるクルーが目を丸くして、うっとりと崇《あが》めるように見つめ、ベテランのクルーすら感動していた。地元の人々はあんぐり口をあけている。私はそこに立ち、全員の注目を浴びるというめったにない経験を楽しんだ。しかし、その栄光の瞬間は長続きしなかった。

ただ立っている分にはそうでもないが、歩くのはとてつもなく難しかった。セットへと歩きだしたとたんに、左足にのこぎりで切られるような痛みが走った。原因はいまやくしゃりと潰れたデッキシューズを覆う金色のカバーだ。一歩進むたびに、ファイバーグラス製の脚の重みで金色のカバーが足に食いこむ。マクシに足首を発泡スチロールで保護してもらい、私はどうにか指定の位置にたどり着いた。行く手に待ち構える苦難を告げる不吉な前兆だ。しかも、私の受けた屈辱はこれで終わりではなかった。

定位置に立っていた私は、体が揺さぶられ、小突かれるのを感じて、できるかぎり頭をひねった。

「少し汚れをつけるよ。いいね？」

撮影中待機しているペインターが、私のまっさらなスーツに汚れを塗りつけているのだ。彼は刷毛とぼろきれであちこちに靴のクリームやワックスをつけ、手際よくジョージの望む使い古された外見を作りだしていった。できたてほやほやの美しいスーツを汚すのは、あまりにもったいない気がするが、もちろん反対する権利はない。それに、少なくともコスチュームを汚される理由はわかっている。カメラのクルーがやってくると、もっとひどいことになった。彼らは私が金ぴかすぎると判断したのだ。

「息を止めてくれ、トーンズ」（注：日本ではアンソニー・ダニエルズと表記されているが、正しくはアントニー・ダニエルズで、トニーとかトーンズと呼ばれることが多い）

シュッという音がして、彼らは私の顔に何かを吹きつけた。それほどきつくはなかったが、あのときの艶消しスプレーの薬品のにおいはいまでも忘れられない。

カメラが回るまえに、私はスクリプターのアン・スキナーに、私の、というか3POのポラロイド写真を撮ってくれと頼んだ。3POの外側は内側から見えるのとはまるで違うため、どう見えるか確認しておかなくてはならない。アンは私の前に小さな写真を掲げた。それを上下左右に動かしてもらうと、ようやく限られた視界のなかにそれが見えた。私は無表情な目で見つめ返してくる多くを物語る顔を凝視した。用意は整った――そう思ったが、早とちりだったようだ。

## 屋外　タトゥイーン――砂漠――ラーズ家――午後

アクション！

「私の初仕事は、バイナリ・ロードリフターをプログラミングすることでした」

セリフを口にするのはこれが初めてではないのに、とんでもないコスチュームに気を散らされているせいか、昏と記憶がきちんと働いてくれない。脚本にある通りに言おうとして三度目も失敗したあと、私が時間をむだにしていることに苛立って、ジョージが近づいてきた。

「間違ってもかまわないよ。セリフはあとでどうにでもなる。好きなように言えばいい」

脚本にあるセリフをそのまま言う稽古を積んできた私は驚き――少しばかり混乱した。とはいえ、映画制作は未知の世界だから。

ジョージはカメラの後ろに戻った。

アクション！

「はい、ご主人様、私の初仕事はビワワ・ビワワ・ビワワワ」

カット！

「すばらしい」

俳優はよくセリフを忘れるが、リズムはめったに忘れない。

「いいぞ！」

私は映画スターだ。わお！　多くのクルーがやってきて、私の洒落たコスチュームを賞賛した。彼らは満面の笑みを浮かべて３ＰＯを見た。目を見つめるつもりが、鼻か耳を見て話すはめになったとしても、彼らの善意は伝わってきた。彼らはみな３ＰＯに感銘を受けたのだ。そうした注目が、これから十二週間閉じこめられることになる孤独な世界から気をそらしてくれた。

撮影も私の気をそらしてはくれたが、セットアップの合間の数分間、ときには数時間、まったく孤立していることを無視するのは難しかった。撮影が行われていないとき、私は周囲のどこまでも平らな景色を眺めて過ごした。笛が鳴り、音がしたほうに顔を向けると、昼食の時間だった。大勢のクルーが一斉にテーブルと椅子、熱い料理や冷たい料理のビュッフェが用意された木陰に向かう。私のいる場所からは少し離れている。マクシがこちらにやってくるのが見えた。

「何か持ってこようか？」

コスチュームにすっぽり包まれた状態で、何を食べろというのか？　私はみんなのところに行きたいと、もごもご告げた。マクシは遠くの木陰に集まっている人々のほうに危ぶむような視線を向けたが、それにはかまわず、私はよたよたと彼らが集まっている場所へ歩いていった。彼らは座り、私は立っていた。クルーが食べるあいだ、私は平原を眺めていた。撮影は太陽が沈むまで続いた。

それから彼らはそっとスーツのパーツを私から取りはずしはじめた。撮影の初日に八時間着けどおしだったあと、それを〝剥《は》がされた〟ときは、膝の力が抜け、ほとんど倒れこむようにその場にしゃがみこんだ。コスチュームを着けているあいだは、座ることはもちろん、小用を足すこともできない。汗をかいても顔を拭くこともできなければ、ふつうに呼吸することもできない。一日中、そうした単純な行為が何ひとつできなかったのだ。忘れもしない、自分が体と心に受けた精神的かつ肉体的な暴力に耐えきれずに、私は人知れず静かに涙を流した。

控えめに言ってもきわめて珍しいキャラクターを、何ひとつ指導も助言もなしに演じなくてはならなかったのだ。おそらくひどい演技をして、笑いものになったにちがいない、私はそう思った。まったくフィードバックがないとあって、自分の演技がひどく滑稽《こっけい》に見えた気がして仕方がなかった。しかも、意図的にではないにせよ、人間社会から閉めだされ、拷問のようなスーツを着けたままでいなければならなかった。シャワーを浴びながら、体中――とても敏感な場所にまで――に残る切り傷や引っかき傷、あざを見て、私はショックを受けた。せめてこの独房のような部屋にバスタブがあれば、ひりひり痛む体をゆっくり浸せただろうに。

朝食をとってから長い時間が経っていたが、その夜何を食べたか思い出せない。チキンだったか？　魚だったか？　たいして食欲があったとは思えない。

しかも、撮影はまだ始まったばかり。

もしかしたら、弁護士になるべきだったかもしれない。

## 8　物扱い

私たちはでこぼこの道を走る車に揺られながら、夜明けまえの暗がりを再びセットへ向かっていた。

昨日見た犬の死体が、同じ場所で少しずつ腐っていく。マークと私は昨日の経験を報告しあった。どうやら彼の部屋にはバスタブがあるようだ。今夜はそれを使って一日の疲れを流すといい、彼はそう言ってくれた。ふたりで互いのセリフをリハーサルするうちに、周囲の薄闇がしだいに明るくなっていった。いったいマークはどうやったらこんなばかげたセリフを、くそまじめな顔で言えるのか？

「きみのセリフだって、同じようなものだろ」

「でも、ぼくの顔はマスクで隠れている。あれを言っているのがぼくだってことは誰にもわからない」

まさかその後、実際にこの言葉どおりになるとは、そのときの私は思ってもいなかった……。

昨日と同じトレーラーで、看護婦がひどい傷に絆創膏をはってくれた。それから３ＰＯのチームと私はコスチュームを着けるという苦行にとりかかった。すっかり終わるまでには、昨日とほぼ同じ時間がかかった。私が訴えると、昼食のときには、コスチュームを脱がせてもらうことができた。そのあとに再び苦行のような支度が待っているとはいえ、昼食のあいだだけでも休めたのはありがたかった。

半年かけて作ったはずのコスチュームは、パーツどうしがぴたりと合わず、私の体にも合わなかった。しかし、すでに撮影期間中の契約は済んでいる。それにマクシがテープと詰め物でできるかぎり工夫してくれた。日が経ち、苦痛が増していくにつれ、痣《あざ》だらけ、傷だらけの皮膚を守ろうとする私の気持ちも強くなった。だが、マクシは終始落ち着いて、忍耐強く、親切だった。私は相当扱いにくかったと思うが、彼はコスチュームだけでなく、私のこともとても注意深く扱ってくれた。

彼らは私が寄り掛かる板を作った(口絵参照)。これは歴史映画の撮影で、大きく膨らんだドレスなどを着た俳優の足の負担を軽くするため考案されたもので、早く言えば、足台から後ろへと傾いた、肘掛け付きのクッションの効いたアイロン台のようなものだ。彼らの親切はありがたかったが、それを使っても、まだくるぶしにかなりの重みがかかった。セットの準備を待つ間コスチュームを脱がせてくれるほうが、はるかに親切だったが、それでは支度に時間がかかりすぎるのだろう。このころには、３ＰＯの物珍しさはすっかり失われ、私はもはや賞賛の対象ではなく、たんなるモノになり果てていた。撮影のとき以外はほとんど動かないことも、おそらくこの現象に輪をかけた。私は体を痛めつけないように黙って佇《たたず》み、撮影に備えてエネルギーを温存していたから、みんなが私を忘れ、３ＰＯを動かない物体のように扱ったのも無理からぬことだ。何週間もあと、スタジオのパーティで、私はつややかな黒い紙マッチを配った。喫煙を奨励したかったわけではない。マッチは私のメッセージを伝えるための手段。そこにある金色の文字はこう叫んでいた（口絵参照）。

　　３ＰＯは人間だ！

彼らはそれを手に取ったが、何ひとつ変わらなかった。
皮肉にも、私はのちにアメリカの保険省がテレビ番組の合間に流す禁煙のコマーシャルを書くことになる――隠れてタバコを吸うＲ２を咎《とが》める３ＰＯ。よくある図だ。
だが、そのまえに……。

**屋外　サンドクローラー――昼間**

カット！
またしてもジョージが近づいてきた。怒りに燃える目がまっすぐ３ＰＯの目――私の目を見てくる。彼ににらまれると、どうしても怒りが私本人に向けられているような気になるが、彼が怒っているのは私ではなく、３Ｐ

Oの目が点滅することだった。肩の下にある六パックのバッテリーとの接続が不安定なのだ（このパックは何年もあとにもちょっとした問題をもたらす）。余談だが、３ＰＯの目はマスクの顔の部分に取り付けられていたから、それをバッテリー・ワイヤーについている小さなプラグに接続するのは仕上げの段階になる。このワイヤーはマクシたちが背中のパーツと胸のパーツを閉じるまえにセットしておかなくてはならない。完成した映画の数ショットで、このワイヤーが３ＰＯの頭の外に垂れさがっているのを見たときは、少しばかりショックだった。

３ＰＯはサンドクローラーの横に立ち、自分はボッチ語を話せるし、水分凝結機にも詳しいと売りこんでいる。ルークはトシ・ステーションに行きたがっている。マクシは私に早くコスチュームを着せろとせかされていたにちがいない。急いだせいで、きちんと背中の内側にワイヤーを隠さず、３ＰＯから突きだしている茶色いワイヤーなど誰も気づかないと考え、外側で繋いだのだった。そのころの観客は次々に移り変わるシーンについていくのが精いっぱいで、映画のひとコマひとコマをじっくり観ている時間はなかった。何回映画館に足を運んでも、あらゆる細部を注意深く観るのはまず不可能だ。ビデオはまだ存在しないのも同じ、ブルーレイなんて、〝なんだそれ、ＳＦか？〟という時代だったから。

ジョージは３ＰＯのフォトレセプターの中心にある、私の目をまっすぐに覗きこんできた。またしてもテイクが無駄になり、予定が遅れる。彼の苛立ちをひしひしと感じた。それは私個人に向けられたものではなかったのだが、そう思えた。

その後も、腕からパーツが落ちたり、突然脚がぱかっと割れて、私がよろめきながら止まったり、と撮影を中断しなくてはならない事故が何度も起きた。３ＰＯのコスチュームは彼らが意図したよりももろかったのだ。けれど、私ほどもろくはなかった。腕は私より硬いものでできていたし、手は中世の手甲のように手打ちの金属で作られていた。動力ピストンを備えた手は、完全に機能するように見える。が、もちろん、腕やそのほかのパーツを動かしているのは私だった。痛みをもたらす原因は肘とわきの下にあった。皮膚が金属の端ではさまれてしまうか、その上にあるチューブと肩の穴のあいだにはさまってしまうのだ。いてて！　そのせいで、大きく腕を動かすたびに、痛みを先取りしてたじろぐことになった。

もちろんそれで実際の痛みが軽減されるわけではなかったが。

## 9　R2の操作

サンドクローラーの外の撮影は終わった。

ジャワに売られた3POは、新しいご主人のルーク様に従っていく。つまり、私はスーツを着たまま初めてある程度の距離を歩かねばならない。それもリハーサルなしの、ぶっつけ本番で。回るカメラの前でスーツの限界と可能性を探りながら、私は即興で演技しなくてはならなかった。稽古を重ねて徐々にスーツに慣れながら、自分の演技を探っていくことはできないのだ。初日から水分凝結機に関するセリフをトチり、さっそく監督を怒らせてしまったとあって、私はすっかり自信を無くしていた。真新しいプラスチックのパンツを着けて転び、頭からばったり倒れることだけは避けたかった。

どうにか無事にオーウェンおじのドーム型の家にたどり着くことができた。マークが跳ねるように階段を下りてなかへ入っていく。セットの家のなかは、外観とはかなり違っていた。実は砂地の表面からほんの一メートルほど下は、自然に生じた広い貯水池になっていたのだ。そこには立つスペースもないため、カメラに映らない場所に出たとたん、マークは足が濡れないように気をつけながら、すのこの上にしゃがみこんだ。

ルークとオーウェンが青ではなく赤いドロイドを買ったとき、3POは落胆した。R2を動かすシーンのために雇われた小柄な俳優ケニー・ベイカーが、赤いドロイドの回路がショートした直後、R2ユニットのなかにもぐりこんで、体を揺らす。3POはすかさず、あの青いドロイドがお買い得だとふたりの人間に勧める。ケニーが入ったR2に代わり、機械のR2が遠隔操作で前進し、ラーズ家の入口にいる3POのところにやってくる。R2はごろごろと近づいてきた。

**屋外　タトゥイーン――ラーズ家――午後**

アクション！

「いいか、この恩を忘れるなよ。なんだっておまえのためにうとまれる危険をおかしたのか、さっぱりわからない」

私は階段を下りて家のなかに入るかのように向きを変え、一番上の段の停止線で止まった。3POは階段を下りられない。そのまま進めば、膝がしらやほかの箇所にけがを負う可能性が高い。

カット！

五十メートル近く離れたカメラのほうから大きな声が響いた。そこではクルーのひとりが立ったままR2のリモコンを操作している。ひょっとすると、彼の位置からは私たちの位置関係が見えなかったのかもしれない――

このあと、クルーに頼んで試しにR２ユニットを操作してみると、ドロイドを操作するのは思っていたよりもはるかに難しかった。だから、次に起こったことも納得できる。何かが後ろからドスンと脚にぶつかってきた。私は突然〝相棒〟に追突されたのだ。初めて共演するシーンで、相棒に殺されかけるとは。私はかなり強力なモーターの力に逆らい、必死に足を踏ん張った。Ｒ２が階段から落ちてばらばらになってはまずいし、それ以上に私自身が怪我をしたくない。クルーが駆け寄ってきて、Ｒ２のスイッチを切った。もう一度、やり直し。

アクション！

「なんだっておまえのためにうとまれる危険をおかしたのか、さっぱりわからない」

向きを変え、一歩踏みだして、そこで止まる。Ｒ２は止まらなかった。

カット！

またしても足を踏ん張り、むなしいモーター音をあげるR２もろとも階段を転がり落ちるのを防ぐ。クルーが走ってきてスイッチを切った。そのとき、妙案が浮かんだ。三度目に同じセリフを口にしたあと、私は階段のほうへと一歩踏みだし、向きを変えて、お先にどうぞ、とR２に前を譲った。Ｒ２は……停止すべき場所でぴたりと止まった。

カット！

## 10　羨望

サンドクローラーのそばに立っているのは、とくに難しくない。

だが、そこから歩きだすのは難しかった。新しいご主人のあとにいそいそと従う私は、まだ学習モードだったのだ。〝いそいそ〟というのは、少しばかり言い過ぎかもしれない。三十キロ近いスーツの重みが加わっただけでなく、重さが不均衡なため妙な力が加わる。胴体パーツのせいで、とくに上半身がアンバランスに重い。コスチュームと体重を足した重さの配分に慣れる工夫が必要だった。ふつうに上半身の重さを左右に移しながら歩くと、ドスドス歩く怪物が威嚇《いかく》しているように見えてしまう。何年もあと、『禁断の惑星』に登場するロビー・ザ・ロボットを五〇年代にデザインしたロバート・キノシタに会ったとき、彼は自分の作りだしたロボットがフランケンシュタインの怪物のような歩き方になったことに失望したと打ち明けてくれた。キノシタのようなすばらしいアーティストに、私が3POの動き方をいかに工夫したかを理解してもらえたのはとても嬉しかった。

撮影が進むうち、歩き方をもっと工夫すればこのキャラクターに個性を加えられると気づいた私は、前腕を前に突きだし、日本の芸者のように小股のすり足で歩くことにした。これには、両足が常に地面に接しているという利点もある。おかげで多少なりとも安定感を得ることができた。幸い、もともと体幹が強かったおかげで、重いスーツを着けていても背筋を伸ばした姿勢を保つことができる。突きだした腕で重心を前へ移し、足のほうへと移すことも、バランスを保つ助けになった。この姿勢はまた、服従しているような印象を与える。ひと言でいうと、3POは常にお茶を載せたトレーを持っているようなスタンスになったのだ。

まもなく、中心から二十度ぐらいしか頭を回せないことがわかった。腰からひねらずに、さもなければ足の向きを変えずに、顔だけで横を見るのは至難の技——いや、不可能だった。横を向くために前もって上半身を回しておけば、さらに二十度顔を横にひねることができる。左右合わせて合計八十度の視野。これは選択肢を増やしてくれた。

完成した映画では、ベン・バート（注：音響デザイナー）がさらなる要素を加えている。３ＰＯの動く音だ。撮影中、私のスーツはきしんだり、うめくような音をたてたりと常にやかましかった。外に大きな音が聞こえるということは、なかにいる私はその何倍もの騒音に耐えなくてはならない。私は自分が出している音を無視するようになった。私のたてる音がほかの俳優のセリフをかき消しても、大した問題ではないのだ。のちにスタジオで、セリフを再録するのだから。

ジョージはセリフがかぶらないようにしておきたがった。そのほうがあとで調整しやすいからだが、実際の人生では、私が何か言いおわるまで黙って聞いてくれる相手などどこにもいない。私もそんなことはしない。ポストプロダクションで、私はオーウェンおじのセリフの途中に、「黙ります」というセリフを入れたいと申し出た。それが正しいことのように思えたのだ。

同じくポストプロダクションで、ベンは３ＰＯにサーボモーターの音をつけた。彼のチームのひとりが３ＰＯが登場するシーンのすべてをチェックし、ひとつひとつの動きに特有の効果音をつけた。歩くときにはザー、ザー、ザー。頭が回るときはジ、ジ、ジ。手が動くと——映画を観て耳をすませば、聞きとれる。どの音もベンが作りだし、ひとつひとつ加えられたのだ。そのすべてにより、３ＰＯはさらにリアルで現実味のあるキャラクターになった。

ルーク・スカイウォーカーの後ろで、スーツをカシャカシャいわせながら歩いていた私は、彼がいい靴をはいているのに気づいた。柔らかい鹿皮で手作りされたその靴は、砂が入りこまないように細い綿のひだに覆われていた。マークは肌に優しいクリーム色のパンツとチュニックを無造作に着て、ブロンドの髪を風になぶらせ砂地をやすやすと横切っていく。なんとリラックスして――心地よさそうに見えることか。私とは大違いだ。

羨《うらや》ましさがこみあげてきた。

## 11 トリックの数々

そこは町とも呼べないところだった。

プロダクションの面々は、侵略軍さながら、〝20世紀〟をこの古代世界にもたらすのに必要な、クルーや機材を次々に下ろしていく。ぎらつく太陽から私たちを守るパラソル、太陽光をあちこちに偏向する反射板、影を照らすライト、道を歩きやすく平らにする板。ドロイド。カメラ。食料。水。発泡スチロールのカップ。チョコレートバー。そのほとんどが忍耐強くおとなしいロバたちの背中に積まれて運ばれた。ロバの一隊は私たちを乗せて、はるか下の〝モス・アイズリー〟を見下ろす山に登り、山を下ったあと、モス・アイズリー・セントラルに到着した。ロバと、その背に積まれた荷物――そこには、古代と近代がふつうなら考えられないような形で並存していた。素朴な村に、突然テクノロジーが出現したのだ。その対比は、スクリーンでもストームトルーパーに対するイウォークの勝利で描かれることになるが、これは何年もあとのこと。当時、イウォークはまだ存在していなかった。

しばらくのあいだ出番のない私は、埃《ほこり》だらけの通りをぶらついた。ここは本物の村だが、私のようなよそ者の目を引くようなものは、ほとんどなかった。埃っぽい日用品を積みあげた雑貨屋。商品の周りをハエが飛び交う肉屋。何日か前はラクダに乗ってみたが、私にもラクダにも、とても楽しい体験とは言えなかった。ラクダは唾を吐いた。目の前のラクダは、あまり怖くない。フックにかけられ、窓の向こうにずらりと並んでハリウッドの映画スターが羨みそうな長いまつげをふせ、のんびり休んでいるように見えた。私は頭部だけのラクダの前を足早に通り過ぎた。

真っ青な空を背景に、オアシスを囲んで、雑然と店が並び、人々がにぎやかに生を営んでいる。いまは私たちもその雑然とした光景にひと役買っていた。強烈な陽射しのなか、じっと動かない奇妙なプラスチックのクリーチャーは——私たちが持ちこんだデューバックだ。カンティーナはアーメドのものだった。

それはハエが飛び交う通りのはずれにあった。この地域の建築様式にのっとったドーム型の建物で、風雨にさらされ強い日差しに白く焼かれている。同じく強い日差しでなめし皮のような肌になったアーメドは誇らしげに外に立っていた。これからこの建物の外側が撮影されるのだ。いつもはアーメドと彼の家族が暮らしている家だが、この日は、私たちのためにカンティーナの外観になる。

われわれは笑みを交わした。アーメドは人気者らしく、笑顔の友達に囲まれていた。片言の英語と仕草でどうにか意思の疎通ができた。私はアーメドのことを理解できたと思う。ほかの惑星から私たちがやってきたことに、彼が興奮し、魅了されているのは明らかだ。夢見ることしかできないハイテクの世界と、じかに接触しているアーメドは、とても嬉しそうだった。自宅の使用料をもらうのだから、よけいに嬉しかっただろう。この撮影で、制作側はロケーション料を支払っていた。一日八ドルを地元の貨幣で。私はそれを聞いてショックを受けた。ひどい搾取《さくしゅ》だ。

とんでもない。

プロデューサーのゲイリー・カーツは否定し、ロケーション料を地元の相場以上に支払うことが地元の社会経済にどんな悪影響を及ぼすか、忍耐強く説明してくれた。まず、インフレーションが起こり、村人の貯金が目減りする。さらに、この国の収入源である今後の映画ロケに悪影響が生じる。

第三に、西欧のレートで賃料をもらえば、私のにこやかな新しい友は『スター・ウォーズ』の制作陣が滞在中は裕福な男になるし、社会的地位も格段に向上するだろうが、地元社会の自然の序列のなかで自分の居場所を失う危険がある。私たちがここを立ち去り、収入が途切れたあと、もとの正常な状態に戻ることが困難になるかもしれない。だから、搾取でも金を出し惜しんでいるわけでもなく、地元の相場、つまり一日八ドル支払うことが、アーメドにとっては親切で、寛大なことであり、私たちにとっては責任ある行為なのだ、と。

通りの反対側のはずれでは、かの有名なランドスピーダーが太陽に焼かれていた。指定された位置に立ち、後ろの座席に腰をおろすと、スーツを着けていない尻が即座に熱くなり、私はあわててスピーダーを降りた。発泡スチロールを敷くと少しはましになった。私は同じ後部座席にベルトで固定されたR2の隣に浅く腰掛け、手袋をしていない左手でつかまった。右手は金色のパーツを着けているから、ほとんど使い物にならない（口絵参照）。

スピーダーに乗るのは、これが初めてだった。車体を支えている脚が、R2の後ろか都合よく置かれた岩に隠れているため、興味深いことに、停まっているスピーダーは地面から浮いているように見える。安物の遊園地のメリーゴーラウンドに乗っているように、マークが足場の腕木に載ったスピーダーで颯爽と飛びこんでくる（反対端でせっせとそれを押すクルーは、もちろんカメラには映らない）ショットはもう見ていた。でも、これは実際に私たちを乗せ、〝馬〟力――まあ、ある意味では――で動くのだ。

前の座席にはサー・アレックとマークが乗っていた。私たちは、改造された三輪の車に座っているのだった。かつて〝ボンド・バグ〟と呼ばれた一九七〇年代の格安個人輸送車だったこのスピーダーは、軽量の車体を頑丈な外殻に変えられていたが、シャーシは以前と同じように華奢《きゃしゃ》だった。スピーダーの乗り心地はどんなものか？私は期待で胸を弾ませた。後部の下には絨毯《じゅうたん》の切れ端が留めてある。この映画に登場するほかのものすべてと同じで、古い敷物も古ぼけた外見を出すために使われているにちがいない、私はそう思った。それとは対照的に、細長いミラーはぴかぴかだった。ミラーは、運転席側、つまり私の右手にあるカメラの側、車体の右側の下端に取り付けられていた。

ようやく全員の準備が整ったようだった。私はサングラスをはずし、究極の日焼け止めである3POの頭をかぶって、それをスーツに留めてもらった。エキストラが自分たちのスタート地点にいる。カメラ・クルーはじっと待っていた。古代世界の住人が立ちどまって、こちらに目を向ける。アーメドもテクノロジーの魔法がいまにも始まることに興奮し、にこにこしながら見ている。サー・アレックがジェダイのマインド・トリックをやってのけると、私たちは動きだした。

**屋外　タトゥイーン――モス・アイズリー――通り――昼間**

アクション！

マークがハンドルをつかんだ。それは右側にある。結構。もっとも、この車が再びイギリスの道路を走ることは、まずありえないが。

いよいよスピーダーが地面から荒々しく持ちあがり、うなるような音をたてた。交通渋滞に巻きこまれたときの車のように。古い絨毯の切れ端を通して立ちのぼる排気ガスが、3POの小さな細長い口に入りこむ。私はむせた拍子にいまや傾いているスピーダーの後ろから落ちそうになった。マークがギアをセカンドに入れたのだ。急いでオビ＝ワンの座席の後ろをつかんだが、マークが間違ってブレーキを踏んだため、今度は体が前に飛びだし、ジェダイ・マスターの膝に飛んでいきそうになった。必死に自分を座席に固定しているあいだに、マークはセカンドのままで角を曲がり、勢いよく通りを走っていった。

彼らはそこにいた。カメラ、クルー、エキストラ、地元の人々、アーメド。全員が、スピーダーが走っていくのを驚嘆して見つめている。私は、脈打つ排気装置の上に、浅く腰掛けていた。地上から浮いて走るのは、想像していたようなスムーズな経験とはほど遠かった。〝スピーダー〟の不良サスペンションは、通りの表面のあらゆる穴やこぶをそのまま伝えてくるし、排気が鼻の奥をつんと刺す。埃のなかを引きずられていく古い絨毯の切れ端が、タイヤの跡を消していく。それでも私たちは進んでいたが、それも長くは続かなかった。

どうやらマークがまたブレーキを踏んだらしく、スピーダーは通りの真ん中で速度を落とした。しかし、これは脚本にはない。私たちはまだ酒のにおいすらしないほどカンティーナの手前にいるのだ。マークは静かに咳込む乗り物と格闘し、ガックンとそれを止めた。私の肺は澄んだ砂漠の空気を吸いこんだ。静寂。チャーリーがガソリンの入った携行缶を手に走ってきた。スピーダーはどうやらガス欠を起こしたらしい。

もちろん、うまくいくまで撮り直しされた。見物人が見守るなか、〝映画の魔法〟はやがて少しずつ薄れていき、乗り物のタイヤを隠していたミラーがはずれると、完全に消え去った。このミラーは古い舞台演出のテクニックで、前の砂を映すためにある。観客はそれが後ろにある砂だと思いこみ、ランドスピーダーは重力に逆らって浮いているように見えるのだ。単純な仕掛けだった。

太陽が見る間に沈んでいくなか、パラソルや反射板や金色のパーツがまとめられた。住民は、私たちがテクノロジーの仕掛けとともに立ち去るのを見守っていた。私たちはすでに、彼らの言い伝えの一部になっているのかもしれない。私はアーメドに手を振った。彼は笑顔で送ってくれた。会えて嬉しかった、と。八ドルの収入はもっと嬉しかっただろう。

## 12　涙

**屋外　タトゥイーン――モス・アイズリー――通り――昼間**

アクション！

「ジャワには我慢できない。なんとおぞましいクリーチャーだ！」

とはいえ、私自身が抱えていたコスチュームの問題から気をそらしてくれたのは、ジャワの一隊だった。小さなジャワは、僧侶のような姿でせわしなく動きまわり、意地悪く見えるように演じようとしていた。が、目が動くせいで、それがうまくいかないこともあった。

深いフードで隠された顔にワイヤーで取りつけられたふたつの電球を、腰の周りにつけられたバッテリー・パックが光らせる。これがジャワの目の仕組みだったが、厄介なことに、細いワイヤーがしょっちゅうずれるため、彼らの目もずれてしまう。ジャワ5号の片目がずれて鼻の先から光っているせいで、多くのテイクが中断された。その様は愛らしくて、ちっとも恐そうにも意地悪そうにも見えない。3号はなぜかワイヤーが片方はずれてしまい、片目しか光っていないし、1号は電池切れのため静かに居眠りをしているように見える。だが、本当のジャワの問題は、別のところにあった。

ジャワに扮しているのは体の小さな人たちと子どもたちだった（口絵参照）。子どもたちはコスチュームを着て演技をすることにすっかり興奮して、大喜びでバッテリー・パックをつけ、僧侶のような外套《がいとう》を着て、弾薬帯、ウールのフェイスマスクと豆電球の目を付けた。そしてどんな演技でもどんとこい、と言わんばかりに、フードを目深にかぶった。

そのシーンを撮りはじめたときには、すでに太陽が高く昇っていた。ジャワ3号の露骨なウインクを避けるために撮り直し、私のコスチュームの一部がはずれて落ちたせいで撮り直した。さらに、急に前が見えなくなったために位置からはずれたジャワに私がつまずき、その上に倒れそうになって撮り直し。このシーンは何度も撮り直すはめになった。いつものように、私は暑くてひどく不快だった。と、テイクの合間に近くから妙な音がした。鼻をすする音、すすり泣きのような音だ。ぎくしゃくと音のするほうに近づくと、思ったとおり、ジャワが泣いている。金属とプラスチックのパーツをいくつも着けたままで泣いている子を慰《なぐさ》めるのはひと仕事だが、放ってはおけない。

「どうしたんだい？」

私は、弱々しく光る電球をつけた布マスクの顔があるほうに、やさしくつぶやいた。まるで深い悲しみに沈んでいるように、電球がときどき点滅する。くぐもった声が返ってきた。

「暑いよ！　もういやだ！」

私はじりじり近づき、私も同じ気持ちだと告げた。でも、もうすぐ終わるよ、と。金属の腕で震えているウールのかたまりを抱き、慰めようとしたが、その子がいる場所がほんの少し低すぎて、立ったままでは届かない。しかも限られた視界のせいで、やさしい仕草のはずがジャワの左耳を空手チョップするような具合になった。たぶん、大した慰めにはならなかっただろう。

「もうジャワなんかやりたくない！」そのジャワは泣きながら訴えた。

でも、私にはただ見守ることしかできなかった。

ジャワたちはＲ２に電弧《でんこ》を浴びせたあと、棺を担ぐようにＲ２を担いで（一風変わった葬儀だが）、サンドクローラーに運んでいく（口絵参照）。最初にいたジャワたちに仲間が加わった。まだ何人か子どもも混じっていたが、残りはそれ以上成長しない年上の俳優たちだった。いちばん小柄なのは、十六歳のムスタファだ。彼は一生その大きさで過ごさなくてはならないが、とても明るい、愛嬌のある青年だった。彼がみんなと同じ僧侶のような外套を着ると、衣が地面にこすれ、小さな足が隠れた。

リハーサルどおり、ジャワの一隊がＲ２を担ぎあげ、運んでいく。ひとり残らず手を貸したが、ムスタファだけは貸せなかった。移動する荷物に向かって精いっぱい両手を伸ばしても届かないのだ。彼はみんなのあとに従いながら、再び手を伸ばし、自分も参加しようと元気に行列についていった。そのとき、私は奇妙なことに気づいた。ムスタファが縮んでいくのだ。ほかのジャワたちが進んでいくのに、彼はまるで見えない力に留められているように、体を揺らして立ち止まった。

彼の小さな足が、コスチュームの裾を踏んでしまったのだ。それでも長いローブを内側から踏みながら、そのまま歩きつづけていたが、とうとう腰につけていた電池のパックに達し、それ以上踏むローブがなくなって、進めなくなったのだ。ムスタファはどうしていいかわからず、置いてきぼりになり、しゃがみこんだ。豆電球の目が、傷つき、混乱しているように瞬く。

正直な話、私はかなりジャワが好きだ。

**屋外　タトゥイーン――荒れ地――昼間**

だから、死んだジャワを火のなかに投げこむのは、少しばかり苦痛だった。もちろん、偽物の死体だ。それに、苦痛を感じたのは、狭い視界で足元が見えないため、炎のなかに入ってしまったからだ。幸いマクシがいつものようにしっかり見ていて、私を救いだしてくれた。

## 13　ダメージ

**屋外　タトゥイーン――ロックキャニオン――リッジ――昼間**

３ＰＯとルークは農場を逃げだしたアストロメク・ドロイドを探しにいく。３ＰＯが双眼鏡で荒れ地を見渡すルークの後ろから覗きこんでいると、突然、恐ろしいマスクをしたタスケン・レイダーが視界をふさぐ。ルークはぎょっとする。３ＰＯも驚いて崖から落ちる。取り残されたルークは、ガッフィ・スティックを手にした恐ろしいタスケン・レイダーを相手に、ひとりで戦わねばならない。彼は生き延びたが、何かが足りなかった。金色の新しい友だちが。

**屋外　タトゥイーン――砂の穴――ロック・メサ――昼間**

マークとカメラは砂地に倒れている私を見つける。すぐれた観察力を持つ観客は、３ＰＯの頭の新しいディテールに気づくはずだ。人間ならひどいこぶができているだろうが、３ＰＯの左側のこめかみは痛々しくへこんでいる。へこみは顎《あご》のところにもひとつ。下顎の輪郭沿いには同じく痛々しい引っかき傷もある。すべて、アート部門のすばらしい思いつき、見事な手腕の賜物だった。

とはいえ、ダメージを受けたのは、３ＰＯの頭だけではなかった。左腕が完全にもげ、少し離れた砂の上に転がっていた。

私の体には首のリングが半分付いた金色の胸がストラップで留めてあるだけで、背中のパーツも、リングの残りもない。私はカメラに入らぬように片方の腕を背中にねじりあげて隠し、残った手で胸のパーツのストラップをつかんでいた。

3POの左腕があった箇所には、小道具の義腕が付けられた。3POの内部の仕組みがすべて明らかにされるのは三十年ほどあとだが、観客はここでその一部を垣間見ることができる(口絵参照)。この時点で見えるのは、胸のパーツの肩のところに取り付けられた、重い金属球とソケットとワイヤーのかたまりだけだ。肩からほんの少しだけの義腕は信じられないほど重かった。その重みで胸のパーツが左下へと引っ張られるため、私と半分だけの首のパーツのあいだに隙間があく。首の残りははずされた背中のパーツに付いているのだ。頭にかぶった黒いフードが見えないように、彼らはこの隙間に砂を詰めてごまかした。彼らがさらに砂を入れる。その一部がボディースーツのなかに入りこみ、ひどく不快だ。

このショットでは、腹筋運動よろしく上半身を起こそうとする私にマークが手を貸してくれる。カメラに見えないところでは、マークは私の足を抑えつけていた。上半身が重いせいで、両足が持ちあがってしまうからだ。とはいえ、いちばん気をもんだのは、私を砂地から立たせるためにサー・アレックが近づいてきたことだった。勲爵士《くんしゃくし》であり、あらゆる意味で偉大な人物が、私が立つのに手を貸してくれる？ 彼は3POの右腕をつかむ危険をわかっていないかもしれない。私のコスチュームのぎざぎざの縁で指をはさんだらどうする？

私はまず足を交差させて上半身だけ起こし、マークとサー・アレックに手伝ってもらいながら両脚をはさみのように開いて立ちあがった。ジョージは最後の編集段階で、左、右、斜めと、多くのシーンにやや古風なワイプ(注：映画・テレビで、一つの画面を片隅からふき取るように消していき、そのあとに次の画面を現していく場面転換の方法。また、画面上に別の場面を重ねること)を使ってトランジション(注：映像作品における画面を切り替える際の継ぎ目の処理)を行った。このシーンは私のウエストバンドから上へとワイプされ、おかげで、決してエレガントとは言えない黒いタイツに包まれた細い脚がスクリーンに映らずにすんだ。この日の私は、上半身だけドロイドだった。

実は撮影前、落下シーンのために、彼らが代わりの人間に金色のスーツをそっくり着せたがったとき、役割の一部を取りあげられるのではないか、と私は少々不安になった。しかしそうではなく、これは私を危ない目に遭わせないための用心だった。私自身がスタントを行えば、ひどい怪我をして、撮影を続けられない可能性がある。もちろん、彼らは私の身も案じてくれたのだろうが、事故が起きて撮影のスケジュールがずれることのほうがもっと心配だったにちがいない。私はこのスタントに志願した小道具部門のジム・マーロウがコスチュームを着けるのに手を貸した。ジムは志願したのだと思う。彼は体形がほぼ私と同じだったし、勇敢でもあった。

**屋外　タトゥイーン――ロックキャニオン――リッジ――昼間**

アクション！

タスケン・レイダーのコスチュームを着けてサンドピープルに扮したピーター・ダイヤモンド(口絵参照)が、攻撃してきた。マークがそれを受ける。私の代わりに３ＰＯに扮したジムが後ろに落ちた。ところが、落ちたら死ぬような何十メートルもの高さから落下したのに、すさまじい悲鳴はまったく聞こえず、もつれた関節から血も滴らず、不気味な静寂も訪れなかった。ジムはたんに二十度ばかりのけぞって、カメラフレームの範囲から出ると、両足のそばに置かれた箱と柔らかいマットレスに倒れこんだだけだった(口絵参照)。当然、怪我などしなかった。あれなら私にもできただろう。とはいえ、彼らが私を守ってくれたのはありがたいことだ。まあ、たんにもう少し長く無事でいてもらう必要があっただけかもしれないが。

私はタスケン・レイダーの頭の部分をまじまじと見た。ゆがんだレンズ付きのチューブのようなアイ・ピースをつけたピーターは、陽射しさえほとんど見えない状態だったのだ。ぼやけた輪郭が見えるだけ。それなのに彼は荒々しく獲物に襲いかかり、ガッフィ・スティックを振りまわした！ マークはごつごつした岩の上に敷かれたマットレスの上に倒れた格好で、身をよじり、スティックを受けとめた。ピーターの攻撃は荒っぽく見えたが、腕のいいスタントマンであるピーターは、実際にマークをめちゃくちゃに打ちのめすことはなかった。

どんな離れ技を使ったのか、私には永遠にわからないだろう。

## 14 脱出

私は、墜落したと思われる乗り物――つまり、脱出ポッド――のそばで、砂丘の真ん中に立っていた。

小道具チームがシャベルで、ポッドから下のくぼみへと遠ざかる私の〝足跡〟をつけ、マクシたちがいつものように私にコスチュームを着せた。それから、私を残し、自分たちの足跡を消しながら、ずっと離れた場所にあるカメラへと後ろ向きに遠ざかっていった。私の横には、小道具係が前もって置いた、中身がからっぽのR２の殻がある。そこからは、もやのかかったクルーの待機場所のほうへとピアノ線が延びていた。

私はひとりぼっちだった。が、すぐそばに親友の相棒がいると信じなくてはならない。本人が信じなければ、観客も信じないからだ。しばらくして、まだカメラの準備をしているクルーから目を離し、どこまでも続くこのわびしい砂漠の光景を見まわした。かすかな風が音もなく周囲を吹きすぎる。私は孤立し、見放されたような気がした。

突然、すぐ近くに、ぼろをまとった人間が現れた。ぎょっとした顔で私を見つめている。

太陽に焼かれた驚くほどごわごわの皮膚。これぞ本物のサンドピープルだ。つかのま、私は不安にかられた。だが彼はすぐに砂丘のなかに吸いこまれ、消え去った。この遭遇は私だけでなく、あの地元民にとっても恐ろしいものだったにちがいない。振り向くと、カメラのところでクルーが手を振り、叫んでいた。

**屋外　タトゥイーン――砂漠**

アクション！

誰かがピアノ線を引っぱる。R2は少し動いたものの、すぐにスキーの先端が柔らかい砂地にめりこんだ。ピアノ線が切れ、R2が止まる。私は何歩か進んだ。さきほどの地元民はあの〝出会い〟をどう思っただろうか？いまごろは仲間のところに戻って、金色の神と遭遇した話をしているかもしれない。仲間は彼の頭がおかしくなったと思うにちがいない。

カット！

# 15　ガン！

## 屋外　タトゥイーン――砂漠

アクション！

「ばらばらになるまえに休まないと。寒くて死にそうだ」

大げさに言ったわけではなく、これはほぼ事実だった。本当に長い撮影だったから。砂漠のロケでじりじり焼かれることになるのは覚悟していたが、この日は身が縮むほど寒かった。冷たい風が金属とファイバーグラスのパーツを通して入りこんでくる。下着代わりに着ているボディスーツは、寒さを凌《しの》ぐ役には立たない。クルーはアノラックとゴーグルを着けていたが、私が身に着けているのはタイツと薄い金属だけだ（口絵参照）。

二体のふらふら進むドロイドが積みあげた砂の陰から出てくるところを撮るのが難しかったため、撮影のスケジュールは遅れていた。私はなんとかやってのけられそうだったが、Ｒ２はお手上げだった。彼が通過するところにはカメラに映らない板が敷かれていたが、それでもＲ２のモーターには砂丘を登る力はなく、ゴムの滑車ではその板すら捉えられないのだ。周囲や足の下、空中を渦巻く砂で、頼みの滑車もたちまち詰まってしまう。

私とＲ２はどうにかこのシーンを撮り終えた。問題を解決してくれたのは、このときもやはりピアノ線だった。自力で必死に砂丘を登る私の横で、Ｒ２が彼らに引っ張られて進む。砂丘のてっぺんに着くと、そこにはすでに別のＲ２が私の右手で待機していた。私は少しばかり混乱したが、考えてみれば、モーター付きのＲ２を上まで登らせるよりもはるかに簡単だ。

そのあいだもずっと、風が刻々と砂丘全体の形を変えていく。空には灰色の雲がたれ込めていた。撮影には困難な状況だ。が、ひとりで会話するのはもっと難しかった。脚本ではR2と3POは常にしゃべっている。だが、モーターのうなりを別にすれば、このR2ユニットは沈黙していた。ひと言もしゃべれないのだ。私は、砂丘のまっただなかで親友であるはずの物体と一方的な会話を続けるのは難しい、とジョージに打ち明けた。ほかの誰か、誰でもいいから、私のセリフに返事をしてくれるわけにはいきませんか？　このさい電子音でも、なんでもいい。私が会話をしている気になれる音を。どうでしょう、ジョージ？

「そうね。ああ、いいとも」

そして撮影が再開された。

**屋外　タトゥイーン――砂漠**

アクション！

「どこへ行くつもりだ？」

長い間。ジョージ。

「おっと、そうだな……ビーッ」

これでは頼んだかいがない。私はあきらめた。

そのあとは、R2との会話のすべてを、相棒の答えを勝手に想像して書いた。一年後に完成した映画を観たときは、まさしく雷に打たれたような気がしたものだ。歴史が書き直され、事実が変わっていた。スクリーンのR

２は実にかしましく、電子音や、さえずりや、うめき、はては屁みたいな音まで発して、当意即妙な答えを返していた。

いまでは古いなじみのベン・バートは、私にＲ２の人工音を作りだした安価な電子キーボードを見せてくれた。すごい閃《ひらめ》きだ。しかも、輪をかけてすばらしいことに、彼は自分の口笛と、当時まだ幼かった息子がこぼすため息や喉を鳴らす音を付け加えた。そうした人間の出す音が、Ｒ２が活発な個性を持つ生きた存在だという印象を強めている。これがセットで一緒だったあの相棒とは。私は観客に混じって座り、まさに本物としか言いようのない会話に聞きほれた。これも〝映画の魔法〟だった。ベン・バートがオスカーを勝ち取ったのも当然だろう。

寒くてざらつく砂丘に話を戻すと、あのショットの準備をするには長い時間がかかった。凍えるほど寒い砂漠で立ちつくす私のなかで、怒りがどんどん膨れあがっていった。まるで脚本家がこうなることを予測していたかのように。あの場面でＲ２の脛を蹴ったとき、私の蹴りには本物の怒りと苛立ちが込められていた。いい気分だった。大した音はしなかったが、あとでベンがガン、という溜飲が下がる音を入れてくれた。

ここで悲しい報告をしなくてはならない。

翌日、私たちはリズ・ムーアが交通事故で死んだという知らせを受けとった。何ともやりきれない死だった。リズが自分の創作物が映画で生き生きと動き、世界中でこよなく愛される存在になったのを見ることもできずに死んだことを思うと、深い悲しみを感じる。私たちはみな、いつかこの世を去る。アーティストは自分たちが残す仕事のなかに生きつづけることを祈るしかない。宇宙の魂を持つ者《スター・チャイルド》。３ＰＯ。彼女も３ＰＯも不滅だ。

リズ・ムーアは、誰よりも美しく、思いやりがあり、創造的な人物として私の心のなかに生きつづけるだろう。

# 16　緊張

私たちは過酷な砂漠をあとにして、比較的正常なイギリスのスタジオへ戻った。チュニジアのロケは、私だけでなく、制作チーム全体にとって苦難の連続だった。あまりに多くのハプニングが起こった。私たちを悩ませた要因のひとつはめまぐるしく変わる天候だった。今日は灼熱の地獄かと思えば、翌日は震えるほど寒く、その翌日は風が吹き荒れる。あるときスーツを着けて立っていた私に、彼らは大きなパラソルをさしかけてくれた。ありがたいが、暑くない、と私が言うと、雨が降っているという。３ＰＯの頭をかぶっていた私は、雨が降りだしたことすらわからなかったのだ。

雨は本降りになった。私はその場にいなかったが、チュニジアの軍隊が私たちの乗り物をぬかるみから引っ張りださなくてはならなかった。三十年に一度の豪雨に見舞われた砂漠は、あちこちぬかるみだらけになり、当然、セットも風雨でめちゃくちゃになった。

砂はいたるところにあるから、辛抱しなくてはならない。けれどその砂のせいで機械類がしょっちゅう故障した。モーターで動くドロイドたちはとくにその被害を受けた。デザインは美しいが、砂漠で使うようには作られていない機械がうまく動かないせいで、頻繁にテイクをあきらめねばならない。しかも撮影全体が異常な天候に振りまわされ、スケジュールは遅れる一方。だが、問題はそれだけではなかった。

撮影陣の意思の疎通がうまくとれず、問題が生じていた。クルーにはジョージの持つビジョンがうまく伝わっていないようだった。映画の仕事は初めてとあって、私は期待も予想もとくに抱いていなかった。いずれにしろジョージは、どんなシーンかを説明したあとは、カメラの横に立っているだけで、すべて私に任せてくれた。けれど、カメラの後ろ、つまり制作陣のあいだでは、しだいに緊張が高まっていった。

ギルバート・テイラーは非常にイギリス人らしい撮影監督だった。照明とカメラ・クルーに指示を与え、映画の見栄えや外観を作りだすのが仕事とあって、セットでは重要な人物だ。映画界で長い経験を積んできた彼は、ロマン・ポランスキーやスタンリー・キューブリックの撮影監督を務めた経験もあるほど有能で、たいへん好感のもてる人物、いわば古きよき時代の紳士だった。けれども、この映画の撮影では、何かが彼の思うように運んでいなかった。少しまえからジョージは彼に対して苛立ちを募らせていたが、そのうち、映画全体のデザインに関してけんか腰の議論が聞こえてきた。監督はジョージなのだから、重要なのは彼が何を望んでいるかではないか？　だが、ギルはそう思わなかったようだ。

ジャワがR２をサンドクローラーのなかへと吸いこむショットでは、驚いたことに彼らはR２のユニットを吸い込む代わりに落とした。あとでフィルムを巻き戻すのだ。なんと独創的な方法だろう。だが、私が薄暗いライトのなか、クローラーの下に立っていると、耐えがたいほど緊張が高まっていった。そして突然、ギルが爆発した。彼は自分よりはるかに若いアメリカ人、ゲイリー・カーツからの指示と助言が気に入らないのだった。会話が口論に発展し、とうとうギルが、映画の照明を受け持っているのは誰だ？　私かゲイリーか、と詰め寄った。もしも私なら、どうかプロデューサーには立ち去ってもらいたい、と。私はそれとなく脇に移動した。罵倒《ばとう》を含んだあの言い争いは忘れられない。プロデューサーに向かってあんな口がきけるとは、思ったこともなかった。

何年もあと、ゲイリーに自分の仕事のやり方について口出しされるのが気に入らなかったのは、ギルだけではなかったことを知った。

ほかの〝緊張〟は、ほとんどの場合、紳士的な物腰の助監督、アンソニー・ウェイがうまく和ませていた。彼はイギリスの上流階級の学校を首席で卒業したような雰囲気を漂わせた男だった。とはいえ、イギリス人のクルーは明らかにジョージの監督方法に戸惑っていた。アメリカ人たちはどうやら別のやり方に慣れているようだった。まあ、私も異なるやり方をする。

ショットに応じて私の身長を調節する必要があったため、クルーは私がその上に立てるように、小さな木の箱――リンゴ箱の四分の一の高さの箱、あるいは半分の高さの箱――を持ってきた。カメラの位置から覗くと、どの高さが必要とされているかわかる。わたしはすぐにコツをつかみ、ある日、四分の一の箱を持ってきて、撮影している場所の近くに置いた。

アンソニー・ウェイが私を見て、微笑した。

「きみは芝居に出ていたんだね？」

大きさに関わらず、リンゴ箱を運ぶのは私の仕事ではなく、組合のメンバーであるクルーの仕事だ、と彼は説明した。そう言われて、ふと私は思い出した。ドルーリー・レーン劇場で裏方として巨大なステージの半分を掃除していたとき、そんなに早くモップをかけるな、と仲間の組合員に注意を受けたことがあったのだ。ゆっくりやらないと残業手当が入らない、と。いまスタジオで、私は再びショックを受けた。自分でもできるこんなに簡単なことで、なぜ人の手をわずらわせる必要があるのか？　私が出演していたような小規模な舞台では、ちょっとした雑役は出演者がこなしていたのだ。次のときはアンソニーの助言に従ったものの、自分でやりたい気持ちを抑えねばならなかった。

　私たちはみな、見も知らぬ場所からイギリスに戻り、３ＰＯが誕生したエルストリー・スタジオに戻った。私は砂漠をあとにできたことが嬉しかった。スタジオが我が家のように思えた。ところが、またしても天候の問題が生じた。

　チュニジアから戻ったばかりのときは、砂のないイギリスの冷たい空気は新鮮だった。それから、突然、状況ががらりと変わった。イギリスが地獄の窯のように暑くなったのだ。一九七六年は、史上二番目に暑い年になった。撮影はサウンドステージ内で続けられたが、来る日も来る日もぎらつく太陽が照り、冷房などないに等しいとあって、前日の熱をため込んだ建物のなかは、まるでオーヴンのようだった。道路はアスファルトが溶けだし、貯水池が干からび、ロンドン市は通りに配水塔を設け、水を配給制にしなくてはならなかった。そして私は、エアコンのないサウンドステージで、太陽も顔負けの熱を発する巨大なライトに照らされていた。それも、きついファイバーグラス製のスーツを着て。まるで拷問のようだった。

　ワードローブ部門が私のドレッシングガウンを返してくれたのはありがたかった。感じのいいクリーム色のタオル地の長いローブだ。体を温めるためにそれが必要な状況ではなかったが、黒いタイツとワイヤーの切れ端模様の継ぎ当て姿で歩きまわるよりは、このローブをはおったほうが目立たない。

　少なくとも、私には座る場所があった。映画のセットでは、通常プロデューサーか監督かスターでないかぎり、椅子はなかなか手に入らないのだが、彼らは私に椅子を用意してくれた。撮影の様子を撮った様々なドキュメンタリー映像を見ればわかるが、ハリウッドのスタジオのセットでは、脚が交差したキャンバス地の折りたたみ椅子が使われる。誰の椅子かは、背もたれのキャンバス地に書かれる。そのひとつに私の名前が書かれていたのだ。

そこにある自分の名前を見たときは、すっかり驚き、感動した（口絵参照）。なんという名誉だ！　ところが、座ったとたんジレンマに陥った。座ることで名前が隠れ、自分が匿名になってしまう。かといって、椅子の横に立ったままでは、本来の目的が果たされない。しかしまあ、結局そのジレンマに悩まされることはなかった。セットで椅子に座ったとたん、コスチュームを着けるために呼ばれ、一日の大半を3PO姿で過ごすはめになる。金色のスーツを着た男に、椅子は用無しなのだ。それでも、自分の名前が書かれた椅子を見るのは嬉しかった。ところがある日、それが突然消えた。

裏方に尋ねると、彼は喜んでこの謎を解くために立ち去り、まもなく戻ってきてこう報告してくれた。アンソニー・ダニエルズは一度もセットに姿を見せないから、あの椅子はほかの者に割り当てた、と。その後の調べで、イギリスのクルーはアンソニー・ダニエルズが金色のドロイドを演じている男、つまり私だと知らなかったことがわかった。彼らは3POのなかにいるのが私だと気づかなかったのだ。私のドレッシングガウンがオビ＝ワンのローブと少しばかり似ていたためか、私をサー・アレックの代役だと思っていたのだった。

マークと私は、砂漠のロケ地ではよく一緒に過ごしたが、ここには、ほかの名前の、ほかの椅子があった。ハリソン・フォードとキャリー・フィッシャーの椅子が。ふたりともアメリカ人だ。私は彼らのことをまったく知らなかった。けれどもふたりともとても友好的で、この仕事に慣れているらしく、驚いたことに、カメラの前に立っても実に自然体だった。私はといえば、カメラの前でかまえないように学んでいる最中だ。彼らの役についてはすでに脚本で読んでいたが、いまや彼らが演じるキャラクターがセットで命を吹きこまれ、おたがいと、そして私――3PO――や、もちろんチューバッカとも、生き生きとやりとりするのをこの目で見ることになった。

ピーター・メイヒューも同じくキャストに加わった。ヤク毛でできた手作りのコスチュームは、見るからに柔らかく着心地がよさそうだが、毛とラテックスでできたものを頭にかぶるのは決して楽しい体験とは言えないはずだ。あの毛皮のなかはまるでサウナのようだったから、目の周りの黒い縁取りのメーキャップには汗で落ちないものを使う必要があった。

　私もコスチュームのなかで、ゆっくり流れるお湯を浴びているようだった。汗が滝のように流れ、つま先へと滴っていく。マスクをはずす許可をもらうたびに、私は恥ずかしいほどひどい顔をさらすことになった。柔らかい、ふつうのコスチュームを着て、人間を演じているキャストがどれほど羨ましかったことか。マークはコットンのチュニック、キャリーは涼しげな白、ハリソンはシャツ。しかも彼らはたえず服装の乱れを直してもらい、髪をセットしてもらって、一日中すっきりして見えた。私は暑いし疲れているしで、ぼろぼろだというのに。

　それはともかく、私たちのほとんどは古巣に戻っていた。

　けれども、砂漠からイギリスへ戻るチャーター機で、いくつか問題も持ち帰ってしまったようだ。

　クルーの人数が砂漠での撮影時よりだいぶ増え、緊張があっというまに膨れあがった。〝プラグを抜け〟という言葉は聞いたことがあったが、いまや、それがセットで実行されるのをこの目で見ることになった。ふだんの撮影は、片付けも含め、午後五時には終わる。しかし、ひとつのシーンを撮るのに何時間かかるか判断するのは難しいとみえて、ときどきは五時を過ぎることもある。ところが、それには組合のメンバーが大半を占めるクルーの同意を取り付けなくてはならない。しだいに険悪になっていく雰囲気のなかで、クルーは必ずしも協力的とは言えなかった。

　ある日、驚いたことに、撮影中に突然照明が消え、やりかけのままセットを出なくてはならない事態が生じた。それも、ほぼ完成し、あと数分で終わる、というときに、〝プラグが抜かれて〟しまったのだ。おかげでセットの暑さは和らいだものの、夕方、家に帰るときにも、まだ外は暑かった。スーツもガウンも着ていないのに、である。

## 17 ドア

**屋内　デス・スター――前部ベイ――指令室**

脚本にあるように、ドアが勢いよく上がり、オビ＝ワンとルーク、ハン、R2、私はすばやくその部屋に入る。少しばかり趣味の悪いサクランボ色に塗られているが、それ以外はなかなか立派な部屋だ。コンソールにノブ、スイッチ、戸棚がひとつ。これはあとに二体のドロイドが隠れるのに役立ってくれる。が、そのまえに、ちょっとした事故があった。

不幸にも、ドアが勢いよく上がったとき、相棒のアストロメクがさっと部屋を横切り、コンソールに激突したのだ。コンピューター端末機をへこますのではなく、それにプラグを差しこむことになっていたのに。制御コンソールは頑丈な合板でできていたから、いきなり正面攻撃を受けてもびくともしなかったが、R2のほうはそうはいかない。

おそらくR2の威勢がよすぎたのは、バッテリーが過剰に充電されていたせいだろう。理由はともあれ、この

R2ユニットで撮影を続行することはできなくなった。前部パネルが大きくへこんでしまったため、代わりのモデルを探さなくてはならない。アカデミー賞を受賞した特殊効果の第一人者であるジョン・ステアーズたちが、急遽、別のR2ユニットを準備するあいだ、私たちはひと休みしていた。まあ、実際には、速攻用意する、というわけにはいかなかった。ついさっきセットからがたがた出ていったユニットを修理するほうが、むしろ早かったかもしれない。しかしまあ、そういうことは、ジョンのほうがよくわかっているはずだ。そもそもR2を作りだしたのは彼なのだから。それにR2に技術的な問題が起きたのは、これが初めてではなかった。とはいっても、私自身R2の遠隔操作を試して、もう少しで衝突させそうになったことがある。あれを思い通りに動かすのは簡単ではないのだ。

時間が過ぎ、そのシーンをじりじり撮り進めていると、突然面白い箇所に差しかかった。オビ＝ワンが雄々しくも難しい任務を遂行しようと立ち去るために、再びドアを開ける必要が生じた。〝ドアが勢いよく上がった〟というのは、少しばかり大げさかもしれない。それにしても『スター・ウォーズ』には、どうしてこんなに色々なドアが登場するのか。サーガに登場するドアを実際に数えたことはないが、上がるドア、下がるドア、左右に開くドア。ときには、四つに分かれ、ハサミ攻撃のように閉まってくるドアもある。しかし、考えてみると、あれだけ大量のフィルムに収まった数多くのシーンのなかで、取っ手を回せばふつうに内側か外側にあくドアはひとつもない。

## 屋内　デス・スター——前部ベイ——指令室

アクション！

そのドアはシルバーグレーの表面を振動させ、それからしぶしぶ上がりはじめた。

カット！

セットの後ろを覗きこむと、ドアを上げているのはチャーリーだった。彼は滑車の上を走るロープの端をつかんでいた。反対側の端は銀色に塗られた合板――つまりドア――に繋がっている。がっしりしたチャーリーの力をもってしても、ジョージのビジョンを満足させるだけの速さで合板を上げることができなかったのだ。そこでジョージは考えた。その結果どうなったか？　オビ＝ワンがようやくこのシーンを立ち去るときによくわかる。

アクション！

オビ＝ワンがドアに近づき、ドアの開閉ボタンに指を置く。

そこで止まれ！

ジェダイ・マスターはぴたりと止まる。

ドア！

ドアが上がり、ようやく天井の収納部におさまる。

アクション！

オビ＝ワンが指を放し、向きを変え、壁にできた隙間から出ていく。

ドア！

ドアが落ちてきて元に戻る。これにはエルストリーの重力が大いに貢献してくれた。やがて私は、その後どんなトリックが使われたかを知ることになる。まさしく映画の魔法だ。標準的なフィルム・ストックには一秒に二十四コマある。何か月もあと、ジョージのチームはこの露出されたフィルムをひとコマ置きに削除した。そこで最初の二十四コマは十二コマになり、撮影したドア、つまりふつうの速さで上がったドアが、その二倍の速さで上がったように見える。実に賢い方法だ。が、完璧ではなかった。実は、思いがけない落とし穴があった。

ジョージがこのトリックを使った手掛かりが、オビ＝ワンの顔に残っているのだ。ドアがすばやく上がるとき、オビ＝ワンは完全に静止している――が、目は違う。このシークエンスのさなか、イギリスの最も優れた俳優のひとりであるサー・アレックはまばたきをした。それだけなら、問題ない。しかし、ジョージがひとコマ置きにカットしてドアの速さを増したときに、彼のまばたきも半分カットしてしまったのだ！　そのため、サー・アレックの威厳に満ちた顔に、まるで見えないものに尻を突かれたかのような表情が浮かんだ。取っ手のあるドアなら、あんな表情は生まれなかっただろう。あとずさりして、どしんとぶつかればべつだが。

## 18　恥ずかしいこと

**屋内　ラーズ家――ガレージ――午後遅く**

コスチュームの重さに耐えながら、私は落ち着かない気持ちで小さなエレベーターのプラットホームに立っていた。緑色の植物油が入った大きな桶のなかへとおろされるのは、どちらかというと奇妙な体験だった。まだ年の始めとあって、エルストリー・スタジオは肌寒かったため、クルーは油をほんの少し暖めておいてくれたが、植物油のなかへとさらに沈められると、コスチュームのなかにじわじわ入ってくる温かい油が不快な部分にまで滲《し》みてきた。

あのシーンで蒸気が立ちのぼっているのは、油の温度が高いからではなく、私の後ろに隠されたふたつの電気ケトルで湯が沸騰しているからだ。観察力の鋭い観客なら、さっと油に浸けられたあと、ヴィーナスのように上がってくる3POの左脚が、前後のパンツから奇妙に離れていることに気づくかもしれない。前のパーツを後ろのパーツに留めていた粘着テープが、油のなかではがれてしまったのだ。困ったことに、あらゆるパーツがばらばらになりかけていた。それも恥ずかしかったが、それだけでは収まらなかった。

何年もあと、思いがけないコレクター・アイテムが売りにだされた。奇妙な状態で油から上がってくる3POのカードだ。茶目っ気のある裏方のひとりが、腿のパーツの先端のすぐ上のプラスチックのパーツのなかに、盛りあがっている箇所を見つけたのだ。テープがはがれ、腿が下にずれたせいだった。その裏方は、趣味は悪いかもしれないが、非常に賢く、そこが〝本物〟に見えるように色をつけた。3POがこんなに〝興奮した〟のは後にも先にもこのときだけだ。私はこの改変されたバージョンには終始異を唱えてきたが、どういうわけかこれが世間に出回った。もっとも、違反行為が明るみにでるとすぐに回収されたが。品のなさはさておき、この銀河で自分を弁護できない親友が侮辱され、品位を貶《おとし》められたことに私は腹が立った。

同じく観察力の鋭い向きは、ガレージの奥の演技から、周辺視野のないことが演技にどんな影響を与えているか気づくかもしれない。埃《ほこり》の汚染が徐々におさまるなか、私は独白を続けた。最初は私の右に立っている同僚のマークと実際に言葉を交わしている。だが、突然、彼が忽然《こつぜん》と姿を消し、自分が何もない壁に向かって話しているのに気づいて、私は混乱した。彼はどこへ行ってしまったのか？　が、大きなセットではなかったから、セットを横切って左側にいる彼はすぐに見つかった。一瞬ドキッとさせられたものの、これも大きな恥とは言えない。腕から油を流しながら無事にオイルバスから上がると、編集でルークにショットが切り替わるあいだに、私は大桶から出され、床におろされた。そのあとで、思いがけない瞬間が訪れる。私は魔法のようにどこからかタオルを手に入れ、それをつかんで、温かいオイル風呂のあとで体をふく。そのシーンを観たのは、のちのことだ。視界が狭いため、体をふく演技は私が意図したようには見えなかった。さきほどの熱心な観客は、3POが礼儀正しい社会では通常容認されない行為をしていることに気づくはずだ。新しいご主人様に話しかけながら、3POは自分の〝スペース・エロティシズム〟をタオルでせっせとこすっているのだ(参照口絵)。

## 19 魔法

少なくとも、私は座っていた。

しかし、スクリーンで私が立っている姿勢から座るところを観た人はいないはずだ。あのスーツでは、これは不可能だから。そこで常にカメラは私が座ろうとするところで切り替わり、その後すでに座っている私に戻る。そのあいだに何が起こったかは、観客の想像力で埋めてもらうのだ。

たまにこうして座り、自分の体重プラス3POの重みを支えずにすむのはありがたかった。マクシがスーツの上半分を着ける。私は腰をおろす。ふだん使っているものよりも薄いパーツも含め、彼はボディのパーツをたくさん持っていた。それにハサミと金色の紙と粘着テープも常に携帯していた。粘着テープはどんな映画制作にも欠かせない糊、万能薬なのだ。マクシは注意深くテープを切り、私の背中や胸、脚のパーツに金色の紙を貼りつける。いつものように裁縫クラブの気の合う仲間よろしくマークが手を貸し、テープをちぎってマクシに手渡す。私はおとなしく座ってただ待つだけ。その応急処置の結果は、カメラから見れば十分本物らしく見えた。重要なのは、カメラを通してそれらしく見えることだけだ。

**屋内 タトゥイーン——ケノービの住まい**

アクション!

「ご主人様、ご用がなければ、しばらく休ませていただきます」

マクシが最初のころに取り付けた外部スイッチを弾き、3POの目が暗くなる。どうやら私は午前中休みをもらったようだ。

「これがそのメッセージだな」

彼らは何もない空間を凝視している(口絵参照)。その少しまえ、小道具部門はテーブルに小さなオイルの缶を置いた。サー・アレックとマークが目線を定めたあと、それはさっと取り除かれた。ふたりの俳優は缶があった一点を見つめながら、それぞれのセリフを口にする。最終的には、ジョージがキャリーのホログラムのショットをこれにかぶせ、オビ=ワンとルークはそれを見つめているという映像ができあがる。だが、セットにはとくに何もなかった。ただし、オビ=ワンのコーヒーテーブルに置いてある、上下逆さまのカップから持ち手が伸びているような奇妙なものはべつだ。あれは何かと私は尋ねた。

「大昔に使われていた銀色のラッパ型補聴器さ」

小道具部門はとにかく創意と工夫に富んでいる。

結局、私はその日の朝、休むことはできず、サー・アレックがライトセーバーについて説明するあいだ、ぴくりとも動かず、座っているはめになった。呼吸をしないですめば、これはとくに難しいことではない。ドロイドは呼吸をしないが、人間はする。無数のテイクを生き延びるために――しかもどのテイクもかなりの時間がかかった――私は浅く呼吸する方法の極意を身につけなくてはならなかった。

「きみのお父さんのライトセーバーだ」

サー・アレックはマークに筒のようなものを手渡した。マークは目を見張り、ボタンを押す。

止まれ！

マークが身じろぎもせずに立ち尽くす。小道具係が走りこみ、マークが手にしたハンドルに棒をはめこみ、走りでる。

アクション！

マークが光を反射するコーティングが施された棒を振る。カメラの隣に置かれたスポットライトの光が、レンズの前に四十五度の角度で設置された薄く銀色に塗ったガラスに跳ね返り、ライトセーバーを照らす。棒から反射した光がまっすぐに落ちてガラスを通過し、レンズを通ってその奥にあるフィルムに焼きつく。ライトセーバーは音もなく光っていた。これも〝映画の魔法〟だ。マークがそれをスポットライトの光が届かないところで振ると、ただの棒に戻った。

そしてそのあいだも、私はずっと浅い呼吸を繰り返し、座っていた。〝休止状態〟を演じなくてはならないのは、これが最後ではなかった。

## 20　階段

数週間前に会ったアーメドと埃っぽい通りにあった彼の家が目に浮かぶ。

おそらくあの家のなかは、こことは似ても似つかないだろう。私がひと続きの階段の上から見下ろしているのは、社会のつまはじきやろくでなしの犯罪者の巣窟《そうくつ》だった。そのバーまでは、五段下りなくてはならない。覚えていると思うが、３ＰＯは階段を上り下りしないのだ。私は何度もリハーサルして数え、数えてはリハーサルした。いよいよ奇跡を起こさなくてはならない。

**屋内　タトゥイーン――モス・アイズリー――カンティーナ**

アクション！

まっすぐ前に視線を据え、私はデッキシューズの底でいちばん上の段に触れた。そして安心を与えてくれるプールの縁を離れようとする泳ぎの苦手な男のように、ぎこちなく下の段へと前のめりに落ちた。その下、その下へと、数えながら落ちていく。数え間違えたら、３ＰＯの接合部も私の膝がしらも割れるはめになる。常に数えながら、速度をあげず、ゆっくり下りる。数えながら――三秒後に床に達し、ほっと息をついた。たった三秒が何年にも思えた。

私は二度と階段を下りる危険をおかしたくなかったが、ジョージは〝念のために〟と二度目のテイクを撮りたがった。

まもなく私は、マークとともに奇妙奇天烈なバーの常連たちの前に立っていた。

エイリアンを演じる俳優を、きみの演劇学校時代の友人たちから募ってくれないか。あまり費用をかけずにすませたいんだ。そう頼まれて、私は数人にあたってみた。ポール・ブレイクとは最初についたテレビの仕事で一緒だったことがある。ポールとは相性がよかったし、彼は映画に関われる可能性を喜んでくれた。ところが制作会社から再び電話があった。俳優を雇うだけの金はないため、ゴムの頭をつけたエキストラたちで間に合わせるしかない、と。残念なことだ。たんにゴムの頭をつけるだけでエイリアンになれるわけではないのに。しかし、喜ばしいことに、ポールは悪名高いグリードとして映画に出演した。かつてのほかの学友たちには、別の仕事でキャリアを築いてもらうしかなかった。

結局、誰が演じたとしても、関係なかったことが判明する。カンティーナのシーンは、何か月もあとカリフォルニアで撮り直されたからだ。このときは音楽も一緒に収録された。ジョージはみょうちきりんな楽器を持った新しいゴム製クリーチャーだけでなく、エイリアンのバンドが奏でるナンバーを入れたほうが、奇抜さがぐんと増すと考えたのだ。追加予算が認められたあと、ジョン・ウィリアムズの見事な音楽がこのシーンにすばらしい味付けをし、取るに足らない場面となる可能性があったあのシーンが、忘れがたい映画の忘れがたいワンシーンとなった。

クルーが好んで使うようになったキャッチフレーズがもうひとつある。ルークに絡んできた喧嘩《けんか》っ早い悪党の腕が、ジェダイ・マスターのライトセーバーのひと振りで切断され、床に落ちた。バーテンダーが大声で叫ぶ。このセリフはセットで手に負えなくなる状況を鎮めるために多用されることになった。

「ブラスターはやめろ！」

私はいまでもこのセリフをときどき使い、周囲の人々に変な顔をされる。あのときあの場にいた連中にしかわからない、内輪ネタだ。

3POはしばしばご主人のルークとカンティーナを見まわすが、すぐに中断される。見るからに強そうな、がっしりしたバーテンダーがややクローズアップで映り、怒鳴る。彼はプロらしく、自分のセリフを暗記していた。

「この店じゃ、ドルイドはお断りだ。客が迷惑する。外で待たせておけ」

なんと非情な。なんと笑えるセリフだ。

バーテンダーを演じていた俳優は、どうやら私たちがこのスペース・ファンタジーで使っている言葉にあまりなじみがなかったらしく、彼によれば、バーに立ち入り禁止なのは、「ドルイド」だった。

## 21　パイロテクニクス

ＳＦ映画で演じるということの経験は、実際、とても興味深いものとなった。

もっとも、当時の私はどんな映画でも興味深かったにちがいない。何せ、映画出演は初体験だったのだから。

そこで出番のないときでも、できるかぎり撮影を見守った。そうすれば暇を持て余すこともなかったし、いろいろと学ぶことができる。このときも、カメラからだいぶ離れた安全な場所から見学していた。私たちが見つめているのは歩くたびにキュッキュと鳴る清潔な白い通路だった。クルーは全員、プラスチックのシールドで顔を隠している。まだ撮影が始まっていないのに、ドラマティックな雰囲気が漂い、全員がかなり緊張しているようだ。これは〝ライブ・セット〟だから、爆発物を扱う特殊効果のクルーはとくに緊張していた。

**屋内　反乱軍ブロッケード・ランナー**

アクション！

バン！

非常に大きな音、爆発音が響いた。少なくとも、目の前で見ていた私は身構えることができたが、ステージの端で待っている人々は突然の大音響にぎょっとして、恐怖の表情を浮かべた。大きな音と大量の煙を見るかぎり、仕掛けた火薬が必要よりも少しばかり多すぎたのかもしれない。そもそも音はポストプロダクションで置き換えるのだから、周りで見ていた人々まで怖がらせなくても、ドアが吹き飛ぶだけでよかったのだ。そのときはそう思ったが、のちにわかったことがある。ある程度大きな音は、俳優から狙いどおりの反応を引きだす役に立つのだ。あまりに静かだと、俳優が気づかない可能性もある。しかし、このときはやりすぎだった。それにこの爆発は意図せずして、初登場するきわめつけの悪党を濃い煙で隠すことになった。渦巻く煙は通路の天井へと上がり、再び下りてきてカメラへと向かったからである。

それを見たあと、似たような通路の片側に立った私が少々不安を感じたとしても無理からぬことだろう。私は存在しないブラスタービームをよけながら、R2のあとからその通路を走って横切ればいいだけだった。簡単なことだ。ただ、私が走って通過する戸口には、見るからに恐ろしい武器が据えつけられていた。中華鍋のような形の大きな皿状の金属が、私のほうを向いている。特殊効果チームが、それにコルクとフーラー土と呼ばれる白土と火薬を詰めた。彼らこそ、暗黒卿がまだ人差し指を振りもしないうちに、彼を吹き飛ばしそうになった張本人だ。私は不安になった。彼らは、私がそこを通過した直後、ボタンを押してそこに詰めた火薬を爆発させる。それはいいのだが、ボタンを押すタイミングが、ほんの少し早すぎたらどうなる？　私は爆発し、粉々の肉片になってしまう。それとも、いつもは害にしかならない金色のスーツが、今回にかぎって身を守ってくれるだろうか？　それでも、たいして安全な気はしなかった。

## 屋内　反乱軍ブロッケード・ランナー

アクション！

私は約三秒で通路を突っ切った。そのあいだの怖かったことといったら！　四秒目に中華鍋を通過している途中、ボンッという爆発音が聞こえ、温かい風を感じた。幸い、私はその爆発を生き延びた。

アカデミー賞や英国アカデミー賞には、スタントを行う俳優の功績を称える賞はない。だが、そういうものがあってしかるべきだと思う。アクション映画では、スタントマンたちは影のヒーローであることが多い。私も一度だけ、それに近い演技をしたことがある。ルークとハンがＴＩＥ（タイ）ファイターと戦う準備をしているとき、３ＰＯは急ぎ足に通路を歩いていく。宇宙戦、レーザー・ビームの攻撃とシーンが目まぐるしく切り替わったあと、すさまじい爆発で３ＰＯが後ろの壁に叩きつけられる。

あのとき私を壁に叩きつけたのは爆発ではなく、体格のいいふたりのスタントマンだった。彼らは通路の壁の反対側、一本のワイヤーと繋がっている滑車とロープのそばにいた。ワイヤーは、壁に開けた穴を通って私の腰に巻かれた太いベルトの後ろに接続されている。クルーはそのワイヤーを、通路の縁に沿って、私の立ち位置のほうへとゆるくたるませた。

**屋内　ミレニアム・ファルコン――通路**

アクション！

死刑を宣告された男のように、私はしぶしぶ前に歩いていった。彼らはじりじり引っ張ってたるみをなくし、私が壁に開いた穴を通り過ぎて一歩踏みだした瞬間――

バンッ！

爆発と同時に、ふたりはロープを思いきり引っ張った。３ＰＯの体が宙に浮き、突き抜けそうな勢いで後ろの壁に激突した。

カット！　カット！

パニックにかられた声がわめきたて、煙のなかをクルーが駆け寄ってきた。ありがたい（サンク・ザ・マスター）――壁は無事だった！

## 22　ゴミ

このとき、３ＰＯはデス・スターのどこかにいるという設定だった。

つまり、私はこのシーンの撮影を見学することができたのだ。私はこのシーンが見たかった。なぜかというと、楽屋からエルストリーの様々なサウンドステージへと向かう途中、毎回、見るからに恐ろしげなものが目に入って好奇心に駆られていたからだ。台の上で旋回するスチール製の長い腕の周りに取り付けられた、薄汚い緑色の、吸盤がついた触覚。手作りの美しい小道具全体が、とても迫力があって、驚くほど長かった。まるで映画『海底二万マイル』に登場する不気味な巨大イカの足のように。まあ、あのイカはいくら巨大でも関係ない。ひとつの海がそっくり遊び場なのだから。だが、このクリーチャーが大暴れするのは、がらくたでごった返した小部屋のなか。しかも、その部屋は撮影が進むにしたがってさらに狭くなり、吸盤付きの長い触角をひと振りできるスペースはなくなった。そのため、触角は通路に放置され、忘れ去られた。何週間もかけて作られたのに、無駄になったのだ。

それから、アイデアその二が登場した。その一よりは小さな、茶色い楕円形のクリーチャーで、恐ろしげな怪物とはほど遠かった。ジョージも同じ意見だったらしく、その二も廃棄された。

最後にアート部門が思いついたものは、そこまで反対されなかった。目玉付きのシュノーケルみたいなやつだ。これがあの恐ろしいダイアノーガだ。まあ、水の上に片目がぴょこんと出ても、特別恐くは見えない。しかし、そのあとの展開はたしかに興味深かった。

クルーはサウンドステージの床をはずし、なかを水とガラクタで満たした。ゴミ圧縮室のできあがりだ。レールの上に置いた壁をフォークリフト・トラックが動かす仕組みだった。ワイヤーと滑車からなる複雑な装置を取り付けたトラックが、ゆっくり〝ゴミ圧縮室〟から離れていくと、ふたつの壁が近づいていく。実に迫力満点。自分の足をぬらさずにすむおかげで、よけい楽しめる。

**屋内　デス・スター――ゴミ圧縮室**

アクション！

恐るべきダイアノーガの触角に捕まり、ルークが濁った水の下へと引っ張りこまれる。この触角は放棄されたものよりかなり小さかったが、きっちり役目を果たした。脚にからまった触角がマークを水の下へと引きずりこみ、彼の姿が消える。このシーンでは、水面下に隠れた潜水士がひと役買っているのだが、それはともかく、私が感心したのは、ダイアノーガの触角が水のなかをくねくねと動き、マークの脚を這《は》いあがるところだ。言うまでもなく、あの触角がマークの脚を這いあがることなどありえない。マークは、前もって触角を脚に巻きつけ、それにつけられたナイロン製の釣り糸をつかんで、水のなかに立っていたのだ。

アクション！

マークはスクリーンには映らないその釣り糸を放し、小道具係が触角を引っ張る。触角がマークの脚から離れ、水のなかをくねくねと滑っていく。つまりジョージはこのショットを逆にしたのだ。すばらしいことに、またしても映画が魔法を見せてくれたのである。

ひとつだけ思いがけぬ事故が起きた。あまりにも大声で叫んだせいで、マークの目の血管が切れてしまい、数日間は反対側の目の側からしか撮影できなかった。
あれは〝ダイアノーガの逆襲〟だったかもしれない。

## 23　ゲーム

あの座席の詰め物は、実を言うと、見た目ほど柔らかくなかった。椅子があんなに硬くては、３ＰＯが宇宙旅行を忌み嫌うのも当然だろう。しかし、ラウンジ代わりに使われているファルコンの主船倉では、なぜかくつろぐことができた。ほら、あの船倉はなんとも家庭的な空間だったから。サー・アレックが慈愛に満ちたまなざしで見守るなか、マークが棒を手に新しい技術を習得するのもここだ。ピーター・メイヒューはＲ２を相手にホログラムのゲームに興じ、私はそれを見守っている。私もＲ２も、テーブルをじっと見ている。黒と銀の市松模様のテーブルは、なかなか洒落ていたし、その台が私の偽物の脚を隠すのに一役買ってくれた。私が座ってゲームを見られるように、マクシが再び両脚のまわりに金色のコラージュを貼りつけてくれたのだ。もっとも、盤上にはゲームなどなかった。

あれはお気に入りのシーンだが、撮影当日、テーブルの上にはまったく何もなかった（口絵参照）。完成版に登場する様々な要素と同じように、あの魔法のキャラクターたち、盤上で戦う恐ろしいクリーチャーたちも、のちにＩＬＭ（インダストリアル・ライト＆マジック）が付け加えたものだ。クリーチャーたちの仕上がりには、観客ばかりか私もあっと驚いたが、実はあのシーンはもうひとつの理由で、たちまち仲間うちのシンボルとなった。映画のクルーは、気の利いたセリフを日常の会話に流用する傾向がある。〝ブラスターはやめろ！〟は、すでにセットでおなじみの言葉となっていたが、このシーンの私のセリフ、「ウーキーに勝たせてやれ」も、様々な状況で寛容さを示すときに使われるようになった。

**屋内　ミレニアム・ファルコン――主船倉エリア**

私たちは攻撃を受けていた。ファルコンは、ブラスタービームに船体を叩かれ、激しく揺れながら大急ぎで離陸するはめになった。ボルトで留まっていないものが、背後の棚を転がっていく。もっとも原因はブラスタービームではなく、壁の後ろで棚の下側を箒《ほうき》の柄でたたいている小道具係だ。巧妙なエフェクトだが、少しばかりうるさかった。まあ、ブラスタービームでも、この程度の音はするだろうが。

金色のスーツを着た自分の演技が外側からはどう見えているか？　これを確認することは、ごくたまにしかできない。私は機械のように考えなくてはならないが、同時に、プラスチックのパーツに多少なりとも内心の感情を加味するため、人間らしさを取り入れる必要があった。それから、うまくいくことを願って、それを少しばかりオーバーに表現する。納得のいく演技ができたと思ったのは、３ＰＯが再び主船倉に座ったときだ。チューバッカとボードゲームができる危険と喜びが、悲劇に取って代わる。誰よりも高潔なジェダイ・ナイト、オビ＝ワンが、友人たちを逃がすために自らの命を犠牲にしたのだ。観客は筋書きに沿ってこのシーンの悲しみを感じるわけだが、３ＰＯがオビ＝ワンの死に動揺しているのは明らかだった。

ごくごくわずかな動きから、３ＰＯが悲しんでいることがわかる。

## 24　つかのまの名声

クルーがシーンの準備をするあいだ、うろうろしていると、彼らは私の手にプラスチックの頭を置いてこう言った。

「おたくはこのシーンには出ませんよね。この役を演じてくれませんか？　ぼくらは彼を〝白い尖がり顔〟と呼んでいるんです」

その理由は明白だ。私はいつも着るスーツとは違う種類のロボットの顔を見下ろした。白く塗られた顔は、たしかに尖っている。小道具はときどき、その名どおりのものなのだ。しかし、こいつは誰で、何をするのか？　そのドロイドに大きな個性を与えている、少々寄っている目が私を見返してきた。どういう背景があるにせよ、少しばかりノイローゼ気味のようだ。小道具係によると、このキャラクターのスーツは私の金色のスーツと同じ型から作られているから、私に着られるはずだという。本当にそうだろうか？

私はこの新しい奇妙なスーツを着せられた。着心地はすばらしかった。胸のパーツがずっと大きく、スーツを着けた状態でも深く呼吸することができる。だが、ファッション的な意味で言えば、白い尖り顔が時代の最先端をいくことはこの先ないだろう。かっこいいとはお世辞にも言えないからだ。実際、だぶだぶの下着を着けているように見えるばかりか、全体的に少々薄汚い。とはいえ、モス・アイズリーの通りのシーンでは、あらゆるものが少しばかり薄汚かった（口絵参照）。私は正体のよくわからない白い尖がり顔を喜んで演じた。もちろん、このシーンでうさん臭く見えるのは私だけではない。たとえば、あの俳優は羽根付き竹馬のてっぺんで何をしているのか？

**屋外　モス・アイズリー宇宙港——路地——黄昏**

アクション！

巨大な鶏の脚がレンズのすぐ前を横切っていった。オビ＝ワンとルークは、私の任務はなんでしたっけ、とばかりにぎくしゃく通りを進む白い尖がり顔を無視して、急いで歩いていく。

よし、カット！

これでおしまい。白い尖がり顔の一日は終了。スポットライトを浴びた数秒間は終わった。

いや、終わりではなかったことがのちに判明する。何週間もあと、私はいつものスーツに戻り、異なるセットで震えていた。

**屋内　サンドクローラー——拘束エリア**

サンドクローラーがガタゴトと揺れながら、タトゥイーンの砂丘を越えていく。なかにいる私は揺られているふりをしなくてはならなかった。もちろん、ここはエルストリー・スタジオ内の中古品店のように見える場所で、サンドクローラーは一ミリも動いていない。何十年もあと、私はこの瞬間をガラクタが所狭しと置かれた別のセットで追体験することになる。タトゥイーンとは異なる惑星でガタゴトと揺られるわけだが、その乗り物、〝トレッダブル〟は、まだ考案されていなかった。

ラーズ農場に近づいていくサンドクローラーの片隅で、故障した白い尖り顔が壁にもたれかかっていた。私はいつもの3POのスーツを着ていたから、彼のなかは空っぽ。とはいえ、様々なパーツに付けられた釣り糸をクルーに引っ張られ、ぴくぴく動くだけにせよ、白い尖り顔は『ジェダイの帰還』で返り咲くのを待たずに、さらに何秒かスポットライトをここで浴びたのだった。

**屋内　ジャバの宮殿――ボイラー室**

気の毒な3PO。ジャバ・ザ・ハットのセール・バージに送られる寸前のこのとき、彼は全壊しているものから少し故障したもの、拷問されたものまで、様々なドロイドたちに囲まれていた。3POが立ち去ろうとすると、白い尖り顔がドアのそばで恐ろしげな物腰で3POを見ていた。これで尖り顔の出番はまたひとつ増えた。しかもまだ終わりではなかった。

何年もあと、デサイファー社がカードゲームを作った。使われているキャラクターは私の知っているものだったが、名前は〝CZ‐3〟になっていた。どうやら〝白い尖り顔〟は現代では、あまりに非テクノロジー的な名前だったらしい。だが、カードゲームに加わることで、彼はついに、ある種の不死を手に入れた。

## 25　撮影終了

ついに撮影最後の日が来た。

撮影が始まってから十二週間、フォックスはカリフォルニアに日々送られてくる映像に不安を募らせていた。彼らが撮影に投入される金を心配した気持ちはわかる。なんといっても、自分たちの金なのだから。そこで彼らは出資をストップした。この絶望的な状況は、私たちの物語に奇妙な形で影を落としているように思えた。しかし、私たちは最後のシークエンスをどうにか撮影にこぎつけた。大したシークエンスではない。小さな丸い窓がある、ただの壁だ。私はこのビューポートに近づきすぎて隠してしまわないようにと注意された。さもないと、遠くに見えるタンティヴⅣの視覚効果ショットが台無しになる、と。

**屋内　脱出ポッド**

アクション！

「これは本当に安全なのか？」

もっとも、たとえ安全でなくても、私は先に乗りこまなくてはならない。実は、もうひとつセットがあった。タンティヴⅣの通路のなかのハッチだ。何日もまえに、ケニー・ベイカーがそこからなかに入った。体の小さい彼は、R2ユニットの上部をコートのように着て、その小さなハッチを通過することができた。R2が出てくると、今度は3POが横向きになかに入るシーンを撮ることになった。

　あれはまったく恐ろしい体験だった。

**屋内　反乱軍ブロッケード・ランナー——細い通路**

アクション！

「きっと後悔するにちがいない」

私は息を吸いこみ、ハッチを通過できるように身をかがめた。3POの胸プレートの下端が横隔膜に食いこんでくる。小股で進みでてハッチのなかに入ると、ドアが滑り落ちてきた。私は文字通り、息ができず、肺に空気を入れることができなかった。だが、ハッチの外にいるクルーはまったく気づかない。ついにこの世に別れを告げるときが来たかのようだった。

はい、カット！

　ドアが開き、私は急いで外に出た。このシーンを撮り直すたびに恐怖を味わった。

　だが、いまやそのすべてが終わった。撮影は終了し、突然、すべてが止まった。何とも珍しい経験だった。誰ひとり、自分たちが何を作ったか、明確にわかっていないようだった。私たちの必死の努力を観たがる人々が果たしているのだろうか？　私にはそうは思えなかったし、ハチャメチャな映画としか思えなかった。それはともかく、身体的苦痛にほとほと嫌気がさしていたのは確かだ。それに精神的にも参っていた。3POを演じるために、これほどの努力が必要だと前もってわかっていたら、この役を引き受けただろうか？　いまはただ、このキャラクターを無難に演じられたことを願うのみだ。誰もよくできたとも、ひどい出来だったとも、何も言ってくれなかった。必死に仕事をしたのはほかのみんなも同じだが、ほかのみんなは座ることができた。仲良くなったキャストとクルーもいたが、この業界は出会いと別れ、固い抱擁と、きっと連絡を取り合おうという約束に満ちている。それぞれの生活があるから、ともに仕事をしたからといって、撮影が終わったあとも食事をしたり、週末を一緒に過ごしたりすることはめったにない。

とにかく、いまや撮影は終わり、財布の紐がぎゅっと絞られた。

みんなともこれでお別れだ。

私はそう思った。

## 26 衝撃

何か月も過ぎ、『スター・ウォーズ』を撮影した経験は過去のものとなった。

そんなある日、電話がかかってきた。仕上がったフィルムに3ＰＯの声を入れるために、アメリカのカリフォルニアはハリウッドに来てほしい、という電話だった。

私はそんなに遠くまで行ったことは一度もなく、時差ぼけを経験したこともなかった。この旅は少しばかり衝撃的だった。入国審査を通過するための長い列、息が詰まりそうな暖かい空気、空港のシンボル的な空飛ぶ円盤型のレストランや、ごちゃごちゃした頭上の電線、ひっきりなしにコマーシャルを流している巨大な電光板、たゆみなく石油を汲みだすロバの形の石油掘削機。すべてが目新しかった。エアコンのうなる、茶色い調度の置かれた、これといった特徴のないホテルの部屋にようやくたどり着くと、荷解きもほとんどせずにベッドに倒れこんだ。

夜が明ける何時間もまえに目を覚まし、ホテルの窓から外を見た。パトカーが耳慣れぬサイレンを鳴らしながら通りを走っていく。腹がぺこぺこだった。彼らが取ってくれた宿は、スナックのあるミニバー付きのホテルではなかった。ミニバーがあったとしても、いずれにしろ、高すぎただろう。ルームサービスがあったとしても、それを利用するのはとんでもない贅沢。そこですきっ腹を抱えてしばし我慢し、しばらくしてから少し先にある二十四時間営業の〈シップス・コーヒー・ショップ（船の喫茶店）〉に入った。カフェにしてはずいぶん奇妙な名前だ！　やがて周囲の人々も目を覚まし、ようやく私はタクシーをとめることができた。タクシー業界は破綻しかけていて、流している車の数は、当時はそれほど多くなかったから、これはちょっとした奇跡だった。ちょうどラッシュアワーとあって、少し不安になった。間に合うようにたどり着けるだろうか？　はるばる大西洋を横断してきたのに、遅刻したら最悪だ。俳優はみな、時間には特に正確か、常に早めに到着する。さもないと、誰かに役を取られてしまうかもしれないから。

ようやくタクシーがハリウッド／バイン駅に着いた。私はそれまで手にしたことのないドル札を注意深く確かめ、料金を払った。ドル札はみな同じ大きさで同じ色だから、高くつく間違いをしでかしやすい。ためらいがちにサウンド・プロデューサーズ・ステージ・ビルにあるオフィスのドアを押し開けると、彼らは私を待っていた。幸い、指定された時間にも遅れずにすんだ。

ミキシング室はファルコンのコクピットよりもはるかに立派だった。大きなスクリーンとボタンやスイッチ、ライトが並んだ巨大なコンソールでは、技術者があちこちのダイヤルを調節し、押したり引いたりしている。彼はにこやかに私を迎えた。

「きみがアンソニーだね」

彼は私の名前にあるHを発音した（注：実際の発音は「アントニー」）。とても奇妙に聞こえたが、聞き流した。この国では、あらゆるものが驚きに満ちている。

「ようこそ。実を言うと、きみがここに来られたのは、ある意味、奇跡なんだよ。ぼくらは二か月ばかり、きみのキャラクターにつける声を見つけようとしていたんだ。ジョージはとにかくきみの演技が嫌……おっと、やあ、ジョージ」

私は挨拶すら忘れるほどのショックを受けた。

「ぼくの演技が気に入らなかったんですか？」

ジョージは困ったような顔をした。

「まあ、その……3POがイギリスの執事みたいなドロイドだとは思ってなかったもんだから」

すごいショックだ。撮影のときにそう言ってくれれば、もっと違うふうに演じることができた。別の演技ができたのに。

リチャード・ドレイファスといったスターも含め、三十人もの俳優が私の動きに声をつけるために招かれたことがわかった。多くの才能ある人々が最高の力を出し切ったが、どの俳優の声も、私が作りあげたキャラクターにぴたりとはまらなかった。最終的にプロの声優が、私の声の演技に問題はないと指摘し、3POに相応しい声を見つけようとする努力に疲れ果てたジョージは、寛大にも考えを変えた。

これは私にとって初めての〝ルーピング（注：日本語ではアフレコにあたる）〟作業だ。オリジナルのガイド・トラックとともに、それぞれのセリフがスクリーン上で流れる横で、録音ヘッド上を別のフィルムが通過していく。このフィルムには映像は入っておらず、三本の磁気テープしかない。リズミカルなカチカチという音が、セリフを喋りはじめる場所を教えてくれる。一、二、三ときて、四つ目のカチッが来るはずの場所で（実際には鳴らない）、セリフを口にするのだ。フィルムは文字通り両端を輪（ループ）のように繋いであるから、何度でも録音ヘッド上を通過させることができる。しかし、新しい声をスクリーンの絵に合わせるのは三度しかやり直しできない、と説明された。そのあとは前回の録音に上書きするしかない。もちろん、空のループをもうひとつセットすることはできる。面白そうだ。私はそう思ったが、この仕組みをのみこみ、リラックスしてセリフを吹きこむまでに、何度かやり直さなくてはならなかった。初めて私は自分の演じているドロイドを見た。ほかのみんながセットで見ていたもの、3POとしての私を。わお！

ジーンズとシャツ姿でセリフを言うのは、はるかに簡単だった。私が話すのは標準のイギリス英語だ。少し上流階級よりかもしれない。3POの執事のような個性を誇張するために、私はこの特徴を少し誇張した。多くのアメリカ人の声に囲まれていたせいで、自分の声を引き立たせたいと感じたのかもしれない。脚本を読むかぎり、3POは明らかに神経質で、小うるさくて、堅苦しいキャラクターだ。したがって、少し高めの声がいい。私はこわばらせた喉で、わずかに裏声っぽい声をだした。そして文字通り堅苦しい姿勢になり、尻、横隔膜、喉のすべてに力を入れた。話すとき、ほとんどの人間のように私は少し前かがみになるが、３ＰＯは背筋をぴんと伸ばし、正しい姿勢をとる。そして緊張している。それにロボットは呼吸をしない。彼を演じているときは、息継ぎをせずに一度吸った息で（それができるときには）一気にセリフを口にした。もちろん、息継ぎの音は編集の段階で削除されるのだが、そのせいで早口になるのも、３ＰＯの個性の一部だ。それにジョージは何につけ速いのが好きだ。

また、３ＰＯがやや教師然として聞こえるように、私はきわめて正確に話した。空気を読めない点を強調し、得意になって知識をひけらかす、ほんの少し人間とは違う存在として演技した。

砂漠の撮影初日、彼らは私に頭をかぶせるまえに、顔の上に小さなマイクを取りつけた。背中にたれたワイヤーは、ほんの少しスペースがあるタイツに無造作に突っこまれた送話器に繋がっていた。それが拾う音声はひどいものだった。何キロメートルもの磁気テープにうなりとうめきと罵《のの》りしか入っていない。くぐもったセリフはガイド・トラックとしては使い物にならなかった。まもなく彼らは頭を着けないでセリフを録音し直してくれと言ってきた。別録りである。私は喜んでそうした。そしてオリジナルの演技を真似、編集者たちは正気を失わずにすんだ。私にとっては、金色の頭なしでできることはすべて、嬉しいおまけだった。

ようやく私はスクリーンを見つめて立ち、セリフをしゃべる合図となる四番目の〝カチッ〟をぴりぴりしながら待っていた。三十五ミリ・ループの、音のない白黒の世界にいるへんてこな金属の男を見守るのは、面白くもなんともなかった。音響効果も周囲の環境も何もない映像は、単調きわまりない。そこには私しかいないのだ。

それからジョージが仮の音楽トラックを付け加えたシークエンスに差しかかった。ラヴェルのボレロだ。なんという変わりようか。突然シーンにドラマが、興味が、緊張感が生まれた。それまでは映画に音楽を加える理由など考えたこともなかったが、音楽はすべてを変える。音楽の力でシーンの雰囲気ががらりと変わるのを見て、私は驚嘆した。しかも、この時点ではまだ、ジョン・ウィリアムズに会ってもいなかった。

ジョージはひとつだけ頼んできた。

「別録りで言ったように〝シェジュール〟と言ってしまうと、アメリカ人は誰ひとりとして理解できない、〝スケジュール〟と言ってくれないか」

私は驚いた。英語の単語に、別の発音が存在するのか？　どうやら、アメリカでは存在するらしい。私の演技を映画から削りかけたことを許すささやかなしるしとして、私は自分の脚本に大文字でKと入れ、それをスクリーンの前に掲げた。再びカチッと合図の音がしてセリフを口にするときがきた。

「レベル5。監房区画ＡＡ－23です。たいへんだ、プリンセスはまもなく処刑される予定（スケジュール）です」

「すばらしい」

ジョージは目に見えて胸をなでおろした。

初日の昼食ではちょっとした危機に見舞われた。ジョージに隣のバーガー屋（ハンバーガー・ハムレットだったと思う）に連れていかれ、自国の小さなウィンピー・バーガーに慣れていた私は、あっけにとられた。ハンバーガー用の丸いパンとパティにあれほどたくさん追加できるものだとは。私たちはそれぞれの昼食をテーブルに置き、腰を下ろした。私がかなり高く積み上がったバーガーのてっぺんに、ナイフとフォークを突き刺そうとすると、ジョージは驚きながらもおかしそうな顔で、両手で全体をぎゅっとつかみ、そのまま噛みつくのだと教えてくれた。たしかに、その食べ方がベストだった。かなり満腹になってスタジオに戻ったあと、私は夕方までセリフの収録をつづけた。それから恥をかく瞬間その二がきた。彼らがとめてくれたタクシーに乗り、渋滞のなかへと入ったあとのことだ。

「ホリデイ・インにお願いできますか？」

「どのホリデイ・インです、お客さん？」

世間知らずの旅行者だった当時の私は、同じ街に同じ名前のホテルがふたつ以上あるとは思いもしなかった。ロサンゼルスがどれほど大都会かまるでわかっていなかったのだ。私は少々情けない声で、海の近くだと思う、と答えた。その日は午前二時から起きていたし、セリフを吹きこむという初めての仕事ですっかり疲れはてていた。タクシーは西へと走り、やがてホリデイ・インが見えた。そこは私が泊まっているホテルではなかったが、運転手はそこにタクシーを乗りつけた。ホテルの受付はとても理解があり、あちこちのホリデイ・インに電話を入れてくれた。どうやら私は、ウィルシャー通りにあるウェストウッドのホリデイ・インに泊まっているらしかった。以来、どこに泊まっても、まずそのホテルの住所が書かれたカードを手に入れることにしている。

すばらしくも機知に富んだ音響デザイナーであるベン・バートは、映画全体（文字通り、何もかも）のポストプロダクションで、私の声の演技にささやかなひねりを加えた。音色のバランスを少しばかり調整し、デジタルで何千分の一秒か遅らせたのだ。この処理で私の言葉は質の悪いトランジスタっぽい感じになった。それから彼は相応しい環境のなかへ戻した私の声を再録した。

編集作業のある時点で、彼らは私に電話をしてきた。

「申し訳ないが、ロンドンのスタジオへ行き、余分なセリフをひとつ録音してもらえないだろうか？」

「いいですとも。どんなセリフですか？」

「〝宇宙船をここに留めている〟」

「それだけ？」

「そう。牽引ビーム（トラクター・ビーム）がどういうものか説明するのを忘れてて」

なるほど。

「〝宇宙船をここに留めている〟トラクター・ビームは、主反応炉（メイン・リアクター）と七か所で接続されています」

これほど早く終わった仕事はあまり例がないが、彼らが加えた新しいセリフはピタリと収まった。このセリフがほかの部分より何週間もあとに、八千キロ以上の距離を隔てた場所で録音されたことは、映画を観るかぎりまったくわからない。

録音するとき、私はいつもまっすぐに立つ。ゲストは両肘を少し前に出し、尻をきゅっとすぼめた典型的な3POの姿勢をとっている私を見て微笑する。自分たちの前に立っている私に、3POの面影を見てとるのだろう。3POの声自体も『スター・ウォーズ』を象徴するもののひとつとなった。子どものために3POの声で話してくれ、と親に頼まれることもしばしばある。このおじさんが3POだと言っても、子どもたちは信じないから、と。まあ、どの年寄りでも、あの金色のスーツのなかにいるのは自分だ、と主張できるとあっては、私がそうだと自分の声で言っても、子どもたちが信じないのも無理はない。

「ハロー、私はC-3PO、ヒューマン・サイボーグ・リレーションズです」

私が3POの声でこう言うと、魔法が紡ぎだされる。この声が子どもたちの耳に入り、脳に達して、何分の一秒かで処理され……突然、子どもたちの顔に、〝大好きな3POだ！〟という笑みが浮かぶ。

## 27　サバイバル

私の仕事は終わった。
丸三日スタジオで過ごしたあと、ようやく3POの最後のセリフの録音が完了した。完成した映画がどうなるのか、それを観る人々がいるかどうかさえ、見当もつかなかった。私が声をつけた白黒のクリップ（映像）は、どちらかというと間が抜けて見えた。音楽と効果が付け加えられれば、変わるのかもしれない。驚くべきアメリカでの体験を終え、私はロンドンへ戻る機内にいた。

これまで映画でしか観たことのない国を訪れるのは、楽しい経験だった。通りの多くは、テレビで見たことがあるためか、親しみを感じた。ある意味では、ロサンゼルス全体がステージのセットだと言えるかもしれない。実際、その大きさときたら驚くばかり。丘のＨＯＬＬＹＷＯＯＤという看板の文字も、少々くたびれているものの、まだこの街のシンボルとして十分通用する。二十四時間営業のレストランはあるし、食堂では卵を「片面だけ焼く（サニーサイドアップ、注：アメリカ英語特有の表現）」かどうかを尋ねてきたし、テレビをつければコマーシャルが果てしなく続く。そして誰もが「楽しい一日を」と挨拶してくる——このすべてが〝外国〟を感じさせた。もっとも、着陸早々空港の入国審査で適切な列（キュー）——アメリカでは〝線（ライン）〟と言う——に並ぶよう指示され、自分は外国人なのだ、と思い知らされたが。いま私は自分がルールも言葉もよく知っている土地に帰っていく。ようやくＵＳＡをこの目で見た。そして好ましいと思った。

だが、再び彼の地を踏む日がくるとは思っていなかった。
それから何か月も、何も起こらなかった。ルーカスフィルムからの連絡はぱたりと途絶え、この仕事で味わった喜びも苦痛も薄れていった。数か月まえのアメリカへの旅は決して忘れないだろうが、それはそれ、ほかの仕事を見つけるふつうの人生に戻った。

するとロンドンの新聞スタンドの棚の上にそれが見えた。《ニューズウィーク》誌（あるいは《タイム》誌だったか、両方だったかもしれない）の表紙が。雑誌を手に取らなくても、大きな見出しがはっきり読める。それは私に向かって叫んでいた。驚いたことに、あの奇妙なSF映画はとてつもない大ヒットを飛ばしたようだった。

やがてロンドンでクルーを対象にした映写会が催され、私も『スター・ウォーズ』を観た。巨大なドミニオン劇場は大勢の知り合いや見知らぬ人々の顔で埋まった。クルーの数はかなりにのぼったし、そのほとんどが友人や家族を連れてきた。彼らはこれから何を観ることになるのか、と思っていたにちがいない。撮影中、いったいどんな映画になるのかといぶかっていたことはたしかだ。この奇妙なアメリカ映画がよい作品になると思っていない人々も多かった。試写会の雰囲気は陽気だった。クルーは大した期待もせずに、自分たちの苦労がどんな実をもたらしたのかを見ようとのんびりかまえていた。

照明が消えていき、巨大なカーテンが滑らかに左右に分かれ、七十ミリフィルム用のワイドスクリーンが現れた。劇場内がしんと静まり返る。その沈黙のなか、奇妙なメッセージがスクリーンをせり上がりはじめた。

〝遠い昔、はるか彼方の銀河系で……〟

ジョン・ウィリアムズの主題曲が高らかに鳴り響き、私たちはスクリーンに釘付けになった。

それからは、驚嘆し通しだった。編集、音楽、効果（エフェクト）。そして私自身。3POが映画全体を通してこれほど大きな役目を果たしていたことを、私はこのとき初めて知ったのだった。なんと、映画で最初のセリフを言ったのも私だった。劇場を出たときは、少しばかり呆然としていた。誰もが同じだったと思う。

世界中が、映画のすべて、あらゆるキャラクターを激賞していた。二体のドロイドはとくに称賛の的となった。しかし、悲しいことに『スター・ウォーズ』が引き起こした雪崩《なだれ》のようなマスコミ報道には、私の名前はほぼまったく出てこなかった。3POは《ピープル》誌の表紙を飾る非人間第一号になったが（口絵参照）、ルーカスフィルムの協力がなかったため、その栄光はあっというまに色褪《あ》せ、過去のものになった。私はイギリスで行われた的外れなマスコミ・インタビューにこそ含まれたものの、世界の注目を浴びたのは、キャリーとマークとハリソンだった。しばらくすると、私は私と全スター・ウォーズ・エンタープライズとの関係に何かが深い影響を与えていることに気づきはじめた。ルーカスフィルムの一部の人々は、3POはロボットで、俳優は〝声〟をつけているだけだという印象を作りあげようとしているのだった。

一九七七年六月、ジェシー・コーンブルースが《ニュータイムズ》誌にこういう記事を載せた。「小うるさい広報ロボットと相棒の万能アンドロイドが銀河を救い、人間の同志から人気をさらった。愛すべき自動人形？　信頼できるコンピューター？　七〇年代のブリキ男には心がある、というのが『スター・ウォーズ』の隠れたメッセージだ」3POはあらゆる媒体で話題の種になりつづけた。一方の私は？　まったく話題にのぼらなかった。同様に、二か月後、《ローリング・ストーン》誌に載せた十二ページにわたる論評で、ポール・スカンロンは、二体のドロイドが「実質的に、あの映画の人気をかっさらった」と指摘した。彼も私の名前を出さないように指示されていたのは明らかだ。

どうやら、マーケティング部門の責任者が誰にせよ、3POの正体がロボットではなくコスチュームを着た人間だと知られては、あのロボットの信ぴょう性がそこなわれると思ったようだ。あのキャラクターは俳優が演じ、微妙なニュアンス、細かいしぐさ、あらゆる反応、ひとつひとつの感情を表現して、あれに命をもたらした。その俳優、つまり私は、少しでも個性的なロボットを演じようと真剣に役づくりに取り組んだのだというのに。

観客は3POがロボット・エンジニアリングの驚異であり、私の貢献と言えば、この見事に実現されたキャラクターに声を与えただけだ、と思いこんだ。私は自分の演技の半分がもぎ取られ、否定されたような気がした。あれほどひどい苦痛や難儀に耐えて演じたキャラクターは、《ピープル》誌だけでなく、《サイコロジー・トゥデイ》誌の表紙も飾った。3POが先進技術の粋を集めた機械だと思われている状況では、こちらのほうが《ピープル》誌の表紙よりも、はるかに適切だったかもしれない。

果てしなく続く困難のなか必死に演技し、映画のセットに自分が日々何をもたらしたか、私自身はよくわかっていた。ところが、まるで私が何もしなかった、そこにいなかったかのように仄《ほの》めかされ、その努力を切り捨てられたのだ。どんなアーティストでもそんな仕打ちを受ければ失望するし、悲嘆にくれて当然だろう。彼らの仕打ちに深く傷つかなかったといえば嘘になる。

ロボットの役を演じていたせいで、たしかにセットでは物のような扱いを受けていたかもしれない。しかし、消去され、修正され、無視されて、私が貢献した成功から締めだされるのは、つらいという言葉ではとうてい表現できない悔しい気持ちだった。たとえば、〝『スター・ウォーズ』からのワンシーン、ルーク・スカイウォーカー（マーク・ハミル）とC‐3PO〟という写真のキャプションを目にするたびに、自分には価値がないような気がした。これほどあっさり無視されるとは、私はとんでもなくプロらしからぬことをしたにちがいない、自己アピールが苦手な私には、そう考えることしかできなかった。

無神経な扱いをしているのは、ルーカスフィルムだけではなかった。ポール・ニューマンは、優れた俳優として昔から大好きだが、その彼がテレビのインタビュー番組で、〝一度もアカデミー賞を受賞したことがないことに腹が立つか?〟と聞かれ、最大の興行成績を上げるスターがサメやロボットという世界じゃ、そんなことはどうでもいい、と答えていた。私はこの発言を個人的に受けとり、ひどく傷ついた。おそらくサメもぐさりときたにちがいない。

その夏、私は再び３ＰＯのコスチュームを着けるためにハリウッドに飛んだ。あのコスチュームは、私の体にぴたりと合うように作られている。つまり、ほかの誰にも着けられないのだ――まあ、ほとんど誰にも。彼らは有名なグローマンズ・チャイニーズ・シアターの向かいにある、ルーズベルトホテルに部屋を取ってくれた。窓からの眺めはなかなかよかった。チャイニーズ・シアターは現役の劇場だが、周囲の街並みとはまるでそぐわない東洋風の建物は、何十年にもわたってそこで上映されてきた数々の映画の一場面のようにも見える。その前庭にあたるコンクリートは、手形やサインの宝庫、一九二〇年代に遡《さかのぼ》るハリウッドの有名な映画スターの、コンクリートでできた目録のようなものだ。そこに私の名前――というか３ＰＯの名前――が加わろうとしているのだった(口絵参照)。

特等席ともいうべきホテルの部屋の窓からは、準備の様子と、ホテルとチャイニーズ・シアターを隔てているハリウッド大通りに集まってくる大勢の人々と、立ち入り禁止のロープが張られた場所が見えた。塗られたばかりの濡れたコンクリートが、『スター・ウォーズ』が多くの綺羅星のような映画の仲間入りを果たしたことを示す、喜ばしい儀式を待っている。

当日はいやになるほど暑くなった。ロープ張りのエリアに少しでも近づこうと押し寄せてくる人々のあまりの多さに、私は肝を冷やした。昨夜ひと晩中、警備員が守っていた濡れたセメントに文字を書くのは、想像していたよりも難しかった。最初の層はすでに固まり、いまは濡れた灰色の上の層が、文字が書かれるのを待っている。

深紅のローブがはずされ、儀式が始まった。ダース・ベイダーのコスチュームを着けた誰かが、まずベイダーの名前を書く。次いでＲ２が持ちあげられ、注意深く適切な位置におろされて、この小さなマシンの跡を残した。それから私の番がきた。

　どうやらマクシの飛行機代は予算に含まれていなかったらしく、私はルーカスフィルムの新チームにコスチュームを着せられ、彼らの誘導で、チャイニーズ・シアターのロビーに設置された涼しい支度場所を出て、大勢の見物人のあいだをちょこちょこ歩いていった。３ＰＯとして現実の世界を歩くのは奇妙な感じだった。私がＲ２の隣に足形を残すのを少しでもよく見ようと、集まった群衆が前に出てくる。だが、私が残すのは３ＰＯの足形ではない。私自身の畝《うね》入りデッキシューズは、わざわざこれほどの手間をかけて永遠に残す価値のないありきたりの靴底だ。が、才能豊かなクリーチャー・エフェクト・アーティスト（特殊メイク・アーティスト）であるリック・ベイカーが、この式典で足跡を残すため、そして写真撮影のために、ハイテクなデザインを含む興味深いプラスチックの靴底を作ったのだった（口絵参照）。リックはのちに、ウォーク・オブ・フェイムと呼ばれるハリウッド大通りの歩道に自分自身の星を獲得する――洒落た靴を考案した功績が買われたにちがいない！　おめでとう、リック。彼との仕事は楽しかったし、私のコスチュームに粋な特徴を追加してくれたのも彼だ。しかし、『スター・ウォーズ』に関して一度もアンソニー・ダニエルズとして言及されないことに、大きな欲求不満を抱えていた私は、濡れたセメントについたばかりの３ＰＯの足形のそばに、自分の名前を書きたいと言い張った。いまでもときどきハリウッド大通りを訪れては、落ちている煙草の吸殻を拾って捨てている。

　何週間もあと、私はウェストハリウッドにあるテレビセンターで、３ＰＯとして特別番組、「ザ・メイキング・オブ・スター・ウォーズ」のナレーションを担当した。最初は、かたわらにＲ２ユニットが置かれているだけで、

SF風セットにぽつんとひとり立っていた。カメラに向かって話しはじめると、まずハリソンが、それからマーク、しばらくしてキャリーが到着してそれを中断した。この三人がインタビューに答え、映画のなかの自分たちの役柄や面白いエピソードを生き生きと語るあいだ、私は黙って立っていた。ようやく彼らが立ち去ったあと、私のインタビュー、私が『スター・ウォーズ』に果たした役割はいつ録画されるのか、と尋ねると、番組のディレクターは「その予定はない」とそっけなく答えた。これはショックだった。

ルーカスフィルムのなかでは、私は存在しない、彼らの映画で私が果たした役割は、言及する価値などないものだったのだ、私はそんな思いを抱きはじめた。その後、ロンドンでプロデューサーのゲイリー・カーツに、なぜ扉を開けておきながら、鼻先でぴしゃりと閉めるような真似をしたのか、と尋ねたことがある。そのとき彼がなんと答えたかは、もう覚えていない。

あちこちでこの映画について目にすることが、この思いに拍車をかけた。『スター・ウォーズ』は至る所にあり、どこへ行っても〝驚異的な映画と、笑いを誘う金色のロボット〟の写真や映像、音楽、それに関する書評や記事があった。

やがて私の反発は危険なほど大きくなった。あれを生き延びられたのは奇跡に近い。『スター・ウォーズ』について話すことさえ耐えがたかった。あの映画の一部になれたなんて、なんとすばらしい、と人々は祝福してくれる。だが、私は映画の一部であるどころか、完全に無視されていた。ファンの喜びに水を差すようなことをしたくなかったし、プロとしての意地と個人的な忠誠心から、自分の気持ちを公にはしなかったものの、そのせいでいっそう疎外感が募った。ルーカスフィルムは相変わらず3POは本物のロボットだという神話を浸透させつづけている。私は友人たちに支えられ、このつらい時期をどうにか乗り切った。観客はわたしをロボットだと信じた。実際、ロボットになりきるのが、私の目的でもあった。ファンがなんの疑いもなく、3POは当時まだ実現されていなかった先進技術の粋だと信じこむほど巧みに、私はロボットを演じきったのだ。しかし、3POはスーツを着た俳優であることを認めたからといって、それが興行成績にどう影響するのか？

私の気持ちなど誰も気にしていない。その状態は永遠に続くように思われた。もちろん、私の果たした役割はその後はっきりと認められることになったのだが、なかなか癒えない傷もある。トリヴィアル・パスート（雑学クイズの盤ゲーム）のカードに、「アンソニー・ダニエルズが『スター・ウォーズ』で演じた役はなんでしょう？」という質問を見つけたとき、私はこれがルーカスフィルムの公式見解なのだと思った。3POは人気者で『スター・ウォーズ』に欠かせないロボットだが、それを演じた私は雑学として扱われるような、取るに足らない存在なのだ。この答えを知っている人間は、世界広しといえども自分だけかもしれない。そう思いながら、私はこのカードを金縁の額に入れてトイレに掛けた。

金持ちになるため、有名になるために、俳優という職業を選ぶのは間違いだ。私は決してそのどちらも期待していなかった。ただ演じたかっただけだ。とはいえ、天才的な劇作家トム・ストッパードを誤引用すると、俳優は、誰かが見ているとわかっているからこそ、自分たちのアイデンティティ作りに没頭できる。そのとおり。観客はたしかにあのユーモラスな金色のドロイドを見ていたし、彼を愛していた。当時ルーカスフィルムが、少しばかり古風なあのヒト型ロボットのなかには本物の人間が入っているのだと公表していたら、私もあれほど傷つかなかっただろう。

ちゃんと自分の名前を持っている、ひとりの男が。

## 28 スペシャル

一九七七年はシンプルな時代だった。少なくとも、テレビのチャンネル数に関しては。

何百万もの人々が視聴する彼らふたりは、愉快なコンビだった。私は大ファンというわけではなかったが、キーキー声で物真似をするダニーとマリーが起こした一大旋風については、もちろん知っていた。テレビで観る彼らは驚くほど真っ白な歯で、好ましい人柄に見えたが、実際に顔を合わせた彼らも、人当たりがよく、親切で、たいへんプロフェッショナルで、実際、羨ましいほど白い歯を持っていた。はっきりそう言えるのは、彼らの番組、「ダニーとマリーの『スター・ウォーズ』スペシャル」に出演したからだ(口絵参照)。

あの年は、地球上のすべてが、なんらかの形でジョージの新しい映画と繋がっているように思えた。アメリカの視聴者もダニーとマリーの歌と踊りと、輝くばかりの笑顔——アメリカの模範的な人生の象徴——を愛していた。真っ白な歯のホストとホステスが提供する健全なエンターテインメント——まさに、それ自体が象徴だった。そしてこの夜、現実逃避をもたらしてくれる愛すべき娯楽、『スター・ウォーズ』とダニーとマリー・オズモンドが力を合わせたのだ。

番組の司会は笑顔のスター、ダニーとマリーが務めた。なんとカントリー・ミュージックの作詞・作曲で有名なクリス・クリストファーソンというスターも出演した。彼の名前は聞いたことがあった。実に愛すべき人物だったが、残念なことに、ターキンの物真似らしきものをしたのは、番組のレギュラー出演者である、俳優にしてコメディアンのポール・リンデだった。彼は苛立っているように見えた。『スター・ウォーズ』の出演者全員が自分の注目を奪っていると感じているようだったが、実際の出演者で番組に出ていたのは(チューバッカを演じた)

ピーター・メイヒューと私とR2ユニットだけだ。クリスがハン・ソロを演じ、世界的に有名なオズモンド家のふたりダニーとマリーは、驚くなかれ、ルークとレイアを演じた。

不快な経験ではなかったが、脚本は筆舌に尽くせぬほどひどかった。あまりにもひどいので、私は個人的に3POのセリフのほとんどをカットしたくらいだ。俳優が自分のセリフをカットするなんてめったにないことだが、すでに自分の分身である金色のロボットに、保護者のような気持ちを抱いていた私は、公の場で3POがばかげたセリフを口にして恥をかくのを見過ごせなかった。とはいえ、クオリティはさておきドラマのリハーサルには何度も参加したし、動きは制限されていたが踊りにも精を出した。

コーラスを担当する美しいブロンドの女性ストームトルーパーたちの踊りをバックに、多くの楽曲が演奏された。私はうっかり彼女たちにぶつからぬように、間違った場所に迷いこんで、衝突しないように、と一瞬も気を抜けなかった。だいたいはうまくいったものの、3POはこの奇妙な編成のチームとぴょこぴょこ踊るべきではなかったかもしれない。全体として3POの尊厳をそこなったのではないか？　これは何年も先に森の月で味わうことになるきまり悪さの前触れだったのかもしれない。

本物の〝ドラマ〟は、全員が番組で〝宇宙船〟に〝搭乗〟したときに起こった。スタジオに作られた、尖った屋根付きの細くて高いこのセットの、白黒のチェックのマーキングは、まるで障害物があることを知らせる道路標識のようだった。実際、このデザインはタクシーと間違えられるという、おそまつなジョークをもたらしたが、そのときは笑う気分ではなかった。

傾斜した跳ね橋のような通路を渡って乗ると（通路の傾斜は私でもどうにか歩ける角度に作られていた）――ピーター、クリス、ダニー、マリー、私は危険な任務に出発した。残酷なことにR2はひとり残され、置き去りにされた怒りを表しているかのように、ビービーさえずりながらスタジオをぐるぐる回っていた。実は、R２に傾斜路を登らせることができなかったのだ。いずれにせよ、〝宇宙船〟のなかはR２が入る余地などないほど窮屈だったから、私の怒れる相棒は上がってこられずに幸いだったのだ。

全員が乗りこむと、跳ね橋が上げられ、大きな音をたてて入り口が閉まった。ところが、この宇宙船は思ったよりももっともろく、ハッチが勢いよく閉まったとたんに尖った屋根が内側に、つまり私たちの頭の上に崩れてきた。短い沈黙があった。それから３POの「なんと……興味深いことでしょう」というセリフに全員が笑った。けが人はひとりもでなかったけれども、あとで番組を観たときは、少しばかり気分が悪くなった。とはいえ、それは一年後に起きる恐ろしい出来事に比べれば、取るに足らない番狂わせだった。

つい最近、私はそれを戸棚のなかで見つけた。しまいこんであったオリジナルの脚本を。どっしりした黒いフォルダーには、銀色の文字で私の名前とタイトルが入り、いかにも重要そうに見える（口絵参照）。これについてすっかり忘れていた私は、懐かしい記憶がよみがえるかもしれない、と目をとおした。記憶はよみがえらなかったものの、当時『スター・ウォーズ・ホリデイ・スペシャル』を視聴するのは、きわめて奇妙な体験だったのはたしかだ。

もっと長かったように思えたが、あのとき撮影現場にいたのは二、三日だった。実際、このぞっとするほどひどい出来の番組のクライマックス、「生命の日」は、永遠に続くように思えた。この驚くべき脚本で私が登場するのはそこだけだ（口絵参照）。

この番組を最初から最後まで観ていた人は、「生命の日」にたどり着くまえに、ウーキーの家庭生活を描く長ったらしいエピソードにいくつも耐えなくてはならなかった。うなりや咆哮《ほうこう》で綴るウーキーの家族どうしのやりとりは、面白いとはお世辞にも言えなかった。こうした理解不能なシーンのところどころに、有名な一流アーティストをたんなる愚か者にしてしまう会話が挟みこまれ、ひどいジョークや眉をひそめずにはいられないようなダンスが投入され、「生命の日」が容赦なく迫ってくる。私が覚えている範囲では、その日はすべてのウーキーが祝祭の意味を持つ奇妙な巡礼へ出かけることになっていた。

脚本を最後まで読むのは一種の苦行だったが、完成した番組を最後まで観るほうがもっと大変だった。オリジナルの二時間映画をかき混ぜて作りだしたこのハチャメチャなドラマに耐えられた視聴者は、どれくらいいたのだろうか？　案外、「生命の日」が始まるころには、私たちは誰もいない居間に向かって演技をしていたのかもしれない。

私の仕事は簡単だった。奇妙な冥界のような世界で、そびえたつ巨木の幹を背に、サウンドステージに立っていればよかったから。そこでチューイとR２とおしゃべりしていると、下のエリアがウーキーらしきものでいっぱいになった。やがて私はこのひどい光景に顔を向け、こう言う。

「ハッピー・ライフ・デイ（楽しい「生命の日」を）、みなさん」

それまでもくだらないセリフを口にしたことはあるが、そのどれも、毛むくじゃらなウーキーたちに向かって口にする、どうやらR２の気持ちも代弁しているらしい次のセリフほどひどくはない。

「この時期、R２と私はたんなる機械ではなく本当に生きていたらよかったのに、と思います。そうすれば、みなさんと気持ちを分かち合うことができるのですが」

３ＰＯには最初から感情があった。しかし、ウーキーになりたがっているかといえば、それは疑わしい。とはいえ、「糞のなかでのきらりと光る演技」賞はマークとキャリーとハリソンが獲得すべきだろう。彼らは一度も食いしばった歯を見せずに甘ったるいセリフを口にした。ステージ上で、少しばかり体を密着させすぎているように見えたのは、きっと互いを支えあっていたのだろう。

私たちはみな真剣そのものの表情だったが、事前に「精神安定剤を含ませた」霧を吹きつけられていたかのように、動き方もしゃべり方も緩慢だった。ディレクターは明らかにこれをたいへん落ち着いた雰囲気だとみなしたようだ。驚嘆すべき「生命の日」の体験に出演者たちが期待を募らせるなか、まるで活力を感じさせないだらした演技が、グリーティング・カード特有の病的なほど甘ったるい感情にのみこまれた。

制作が終了すると、完成フィルムには奇妙な音が付けられた。果てしなく続くウーキーのうなりと喉鳴り。明らかに感動を呼び起こそうとしている音楽は、ただただ感傷的で鬱陶《うっとう》しかった。例外はサナトリウムの前奏曲だけだ。キャリーは最高に醜《みにく》い粗雑なセットで、伴奏なしに歌わなくてはならなかった。もしかすると、彼女のイヤホンからはオーケストラの演奏が聞こえていたのかもしれないが、私たちがそろって立っている場所からは、彼女のアカペラの声はとても頼りなく、弱々しく聞こえた。ふわっとした白いドレスと大きなデニッシュ型のかつらも何の助けにもならなかったが、彼女は勇敢に歌いきった。とはいえ歌詞が甘ったるすぎて、聞いていられなかった。

歌に合わせて体を揺らすウーキーの群れはシュールで、邪悪な感じがした。夢遊病者カルトのように、彼らは催眠状態のようなありさまでやってきた。各々がバックに流れる哀悼歌とはまるで関係なく、自分だけに聞こえるリズムにのって動いているようだった。エアコンから化学物質でも放出されているのかと疑いたくなるほど、ゾンビよろしくふらふら歩き、夢のなかのボーリング場にでも行くように、各自が蛍光灯のプラスチック製ボールを手にして、私たちの前の暗がりにひそみ、私の祝祷《しゅくとう》を待っていた。なんだって3POがそこにいるのか、私にはさっぱりわからなかった。

ウーキーにとっては、到着するのも簡単ではなかった。ステージは頑丈だったが、毛むくじゃらの観客は星のきらめくどこかの宇宙空間で迷ってしまったのだ。このエフェクトはクリスマスツリーに使う白い豆電球を、黒くしたスタジオの床全体に散らすという低予算で達成された。豆電球が星代わり。そこにドライアイスの霧をたなびかせると、スタジオ全体が魔法のような神秘的なセットとなった。しかし、〝霧〟のせいで祝祭に相応しく着飾った俳優たちや、不気味なウーキーの頭を被った俳優たちには〝星〟が見えなかった。このシーンで聞こえる奇妙なバリバリという音は、ウーキーの足が何十という豆電球を踏む音だ。ウーキーの足はイオン砲よりも恐るべき威力を発揮し、なんともすばらしいことに銀河全体を踏みつぶした。

私を番組を収録したバーバンク・スタジオからホテルに送ってくれたリムジンの運転手が、肩越しに振り向いた。

「どうして笑ってるんです?」

「ひどい番組に出演してきたばかりだからさ」

運転手はまたしても前方の道路から目を離して振り向いた。

「お客さん、俳優ですか?　俺もですよ」

もちろんだ。なんといっても、ここはロサンゼルスなのだから。

フォックス・スタジオはこの「ホリデイ・スペシャル」を「喜ばしい映像とサウンドの二時間ドラマ。アニメとミュージカルの混合ライブによるすばらしい企画」だと売りこんだ。だが、これが放送されたのは一度だけ。一九七八年十一月十七日——恥ずべき一日だった。どうやら海賊版が出回っているようだが、怖がりの視聴者にはお勧めしない。

# 29　アイデンティティ

宇宙の旅に関する3POの気持ちはさておき――

〝はるか彼方〟に旅をする場合には時差ぼけは避けられない代価だ。一九七八年、私はほとんどおなじみになったロサンゼルスに舞い戻った。LAX空港のUFOもどきに懐かしさを覚えつつも、空港に着いたときにはすでに時差を感じていた。しかも二日後には、またここを飛び立たねばならない。私がロサンゼルスに戻ったのは、第五〇回アカデミー賞のためだった。といっても、私がノミネートされたわけではない。R2とご主人のマーク・ハミルと一緒に、3POを登場させたい、という申し出を受けたのだ。

車体の長い黒いリムジンに乗るのはまだ目新しい体験だったから、座席に落ち着くと重要人物になったような気がした。しばらくすると、床の隅に落ちている煙草の空箱が目に入った。前に乗った乗客が捨てたのに、運転手が気づかなかったのだろう。ゆったり乗れるかもしれないが、所詮はリムジンもタクシーに過ぎないのだ。混雑した通りをのろのろと走ったあと、この特別な夜を彩る豪華な衣装や宝石がきらめく場所に到着した。タキシードに身を包んだ私は、少しばかり緊張し、レッドカーペットを歩いていった。

かの有名な金色のオスカー像の巨大版がずらりと並んでいるのを見たときは、少しばかりどきっとした。3POの遠縁にでもあたるのだろうか、奇妙になつかしく思える。有名人をひと目見ようとロープの外側に集まってきた大勢の人々がちらっと私を見た。いくつもセキュリティ・チェックを通過したあと、私はようやくバッジをもらい、楽屋に案内された。その外にも警備員が立っていた。彼はその夜の私の世話係。実際、すっかり世話になった。

それにしても、舞台裏の武器の量ときたら。たくさんの警官がいかつい銃を携帯していた。残念ながら近年はそのかぎりでないが、ありがたいことに、当時イギリスでは武装警官の姿を一般市民が目にすることはほとんどなかった。私は大量の武器を目にして、少しばかり不安を感じた。静かな楽屋には、この特別な夜のために金色のスーツが用意されていた。ここで3POに変身するのだ。自分の短い〝セリフ〟とR2とのやりとりはすでに録音済み。私のセリフはどこもかしこも煌《きら》めいている広大なホール、ドロシー・チャンドラー・パヴィリオンの片隅に設けられたプロダクション・スタジオから流されることになっていた。

楽屋があるフロアには、授賞式のあいだゲストがくつろげる出演者控室もあり、鉢植えのヤシの木やソファ、ペリエが用意されていた。私はミーハーなタイプではないが、ヴァネッサ・レッドグレーヴとリチャード・ドレイファスの姿を目にしたときは感激した。ドレイファスは3POの声に採用されなかった失望からは立ち直っているようだった。その夜、最優秀主演男優賞（注：『グッバイ・ガール』で受賞）を手にしたとあってはなおさらだ。ミス・レッドグレーヴも最優秀助演女優賞を（注：『ジュリア』で）受賞した。

有名人を追いまわす熱心なファンであるかどうかは別にして、アカデミー賞を受賞した『キャバレー』の彼の演技を見て、陰ながらすっかりジョエル・グレイのファンになっていた私にとって、彼と話し、称賛を交わしあったことはかけがえのない経験となった。まもなくステージで私とR2と対面し、ショックを受けることになるボブ・ホープの姿もある。ベティ・デイヴィスを見たときには、畏敬《いけい》の念に打たれた。彼女は少しピリピリしているように見えた。ここまでは順調な滑りだしだったが、このあと事態は悪化の一途をたどる。

悲しいことにジョージ自身はひとつも獲得できなかったものの、『スター・ウォーズ』は七つのアカデミー賞を獲得した。一方、私はプレゼンテーターとして参加した。タキシードを着て舞台に立ったマークは、魅力的で自信たっぷりに見えた。彼は金色のコスチュームに黒い蝶ネクタイ（自前の）を着けて隣に立っている私を、すてきな言葉で紹介してくれた。

私が事前に録音したセリフが流れはじめ、R2が応じた。3POがしゃべり、R2が長々と電子音で返す。マークがそれに加わった。脚本の出来はすばらしく、たったひとつを除けばとてもうまくいった。再生システムにもともと遅れがあったのか、録音装置のボタンを押す係のタイミングの取り方が最悪だったのか、理由はともかく、ふたりのセリフのあいだには、じれったいほど長い間があいた。身振り手振りでその間を埋めたものの、あれだけ長い間があっては、自然なやりとりにはとても聞こえない。マークはプロらしく、どうにか魅力的な笑顔を保った。拷問のようなやりとりがのろのろと続くあいだ、私は『スター・ウォーズ』の脚本を除けば、これまで書かれた最もまどろっこしいセリフのひとつに、パントマイムをつけざるをえなくなった。

「『スター・ウォーズ』に登場するエイリアン、クリーチャー、ロボットの声を作りだした功績を称え、アカデミー理事会は音響部門委員会の推薦を受け、特別賞を授与することにいたしました」

嬉しいことに、才能ある同僚のベン・バートがこの賞を授与された（口絵参照）。

ステージから離れると、私はほっとした。が、それから本物の災難が始まった。金色のスーツのなかでは、まるで拷問のように人々の声がわんわん響く。ベンとマークと私が囚人のように黒い床にペンキで描かれた黄色の太線沿いに誘導されていくと、突然、大勢の記者やレポーターにフラッシュを浴びせられた。記者たちはロープの外側にひしめいていた——それとも、私たちが外側だったのかもしれない。各々のカメラマンが自分のほうを見てもらおうと大声で怒鳴り、フラッシュが3POの目の周囲で閃《ひらめ》く。私は何度も目がくらんだ。それから別の黄色い線をたどり、次の部屋に立つと、またしてもフラッシュとわめき声が襲ってきた。三つ目の部屋に入るころには、もうたくさん、という気持ちだった。ありがたいことに、それが最後の部屋で、そのあとは専用の静かな楽屋に退くことができた。けれども、その夜のハプニングはこれでおしまいではなかった。

タキシードに着替えると、私は一杯飲みたくなった。黄色い線沿いのどこかでバーを見たような気がしたが、お供を連れて歩くのはいやだ。楽屋の外の警備員はしぶったものの、私をひとりで行かせてくれた。私は彼に持ち物の番を頼んだ。受付で配られた冴えないバッジもそのひとつだった。まるで放射能を警告しているようなデザインがタキシードには似合わない（口絵参照）。私はエレベーター（イギリスではリフトと呼ぶ）に乗り、ボタンを押した。どうやら階数を一階間違えたらしく、扉が開くと、銃を携帯した警官と楽屋口が見えた。私は間違いに気づき、ステージのある階に戻ろうと別のボタンを押した。ドアが閉まりはじめた。

「失礼」

警官がブーツの先をドアに挟み、ドアが再び開いた。

「エレベーターを降りていただけませんか」

私は降りた。背後でドアが閉まる音がした。ブーツをドアに挟んだのは、完全武装した警官だった。

「身分証明書を見せてください」

「ああ。実は……私はイギリス人で身分証明書は持っていないんだ」

警官が銃の安全装置をはずすのを感じた。その後ろのデスクにテレビ・モニターが見えた。

「ついさっきステージにいたんだよ。私は『スター・ウォーズ』に出てくる金色のロボットなんだ」

彼の指は引き金を引きたくてうずうずしているようだった。

「身分証明書をお願いします」

終始丁寧な口調だが、この男がこれから取るつもりの行動には礼儀正しいところなどひとつもない。そう言えば、ポケットには白いハンカチのほかに、もうひとつ入っている。それを見せれば、満足してもらえるかもしれない。

「見てくれ。ヒルトン・ホテルで催されるガバナーズ・ボールのチケットを持っている」（口絵参照）

彼はまったく表情を変えなかった。

「それは誰でも入手できます」

「一枚百五十ドルだよ。私の友人のほとんどはできないな」

私はつい、そう言い返していた。軽薄な答えだったかもしれないが、当時はそのとおりだったのだ。あのころの百五十ドルは大金だった。しかし警官は堪忍袋の緒が切れたらしく、空いている楽屋口と外の通りを示した。

「あのトラックには、あなたのような不法入場者が大勢乗ってますよ。身分証明書を提示してもらえなければ、逮捕するしかないですね」

時が止まり、その後の展開が目の前で閃いた。手錠をかけられ、指紋を採られて、誰ともわからない人々と留置場にぶち込まれる。俳優としての人生はおしまい。物笑いの種になるばかりか、イギリスに帰る飛行機にも乗りそこねる。

「きみ！」

今度はなんだ、というように、警官が声のほうに顔を向ける。そのとき、後ろでドアが開く音がした。私は確かめもせずにあとずさり、エレベーターに乗ってボタンを押した。警官がこちらに顔を戻したときには、ブーツを挟み、私の逃亡を阻止するには遅すぎた。彼は次の階へと駆けあがってきたが、そのころには私は警備員にしがみつくようにして、だれかれかまわず周囲の人々にバッジをひらめかせていた。

出演者控室に戻ると、みな、ヴァネッサ・レッドグレーヴの政治的な受賞スピーチに、大いに盛りあがっていた。警官の数がさきほどより増えているようだ。ベティ・デイヴィスの近くに立っていた私は、まさしくハリウッドの伝説的な女優である彼女に話しかける勇気を奮い起こした。私はこのイベントの警備員やら様々な装飾を示した。

「どう思われます？」

彼女はトレードマークの不機嫌な顔でじろりと私を見た。

「私はね、これがすばらしかったころを覚えているわ。いまではすべてがお金。それと駆け引き。それと……」

この驚くばかりの率直さと人間性に魅せられ、私はすっかり彼女のファンになった。やがて全員そろってパヴィリオンから出て、迎えの車がくる場所に立った。肌寒い四月の夜のなかに立っていると、偉大なるアインシュタインの真実に関する名言が頭に浮かんだ。何百台ものリムジンが同時に同じ場所に停止することはできない。リムジンの平均的な長さはおよそ九メートルだから、自分の番が来るまで何時間待たねばならないかは、天才でなくても計算できる。次々に車が停まり、有名人を乗せて離れていく。私は待ちつづけるひと握りの人々のひとりだった。たんなる確率の問題だ。そう思ってもちっとも慰めにはならなかったが、そのときふと、歩道でイライラしながら待っているゲストのなかに、新しい友人のミス・デイヴィスが混じっていることに気づいた。

やがてヒルトンに到着した。セキュリティと、待つ間に冷えきった体と、逮捕されそうになったことに時差ぼけが重なり、自分のテーブルにたどり着いたときには疲れきっていた。そこには、私の名前が書かれたカードが置かれていた。隣はマークと奥さんのマリルーだったが、彼らはとっくに席を離れ、友人たちのテーブルを回っていた。贅沢なタラバガニとキャビアの前菜が、ふたりが戻るのを待っている。私の右に座っているゲストが、非難するように私を見た。

「あなたはどなた？」

私の名前が書かれたカードは見ているはずだが、その名前に心当たりがなかったのだろう。もしかすると、『スター・ウォーズ』をまだ見ていないのかもしれない。どちらにしろ、またしても自分が何者かを説明するのはうんざりだった。それに、ぶしつけな女性は嫌いだ。そこで私は顔を背けた。すると知り合いの顔が目に入った。私たちの才能ある、愛すべきデザイナー、ジョン・バリーが彼のチームとともに到着したのだ――私よりも遅く。

私は彼が誇らしげに手にしているオスカー像に目をやり、お祝いの言葉を口にした。そしてそれを持たせてもらい、重みを味わった。ジョンは自分のテーブルを探しにいったが、どういうわけか立ち去ろうとしている。私は彼の腕をつかんで引き留めた。ジョンの目は潤んでいた。

「映画界から授けられる最高の栄誉を手にしてここに来たのに、俺たちにはディナーの席が用意されていないと言われたんだ」

不当な扱いに苛立ちを感じているのは私ひとりではなかったのだ。私は彼をそこに待たせ、ジョンと彼のチームが座って食べられるように、椅子を持ってきて、マーク・ハミルの前菜を動かした。私の右側に座っているレディはこれが気に入らなかったようだが、私は乱暴に彼女の椅子を横に動かし、場所を作りながら、もうたくさんだ、と思った。そこでリムジンを見つけ、ホテルに戻り、飛行機に乗った。ハリウッドにどんな感想を抱いたのか、正直自分でもわからない。ミス・デイヴィスが正しいのかもしれない。それとも、そんな気持ちになったのは時差のせいだろうか？

数年後、私はロンドンで行われたイギリスのアカデミー賞の授賞式に出席した。子ども時代に〝与うるは受くるより幸なり〟と教わったとおり、ここでも再びプレゼンテーターとしてひと役買うことになったのだ。もちろん、彼らが出席してほしいのは3POであって、アンソニー・ダニエルズではないが、それはかまわない。そこでもディナーがふるまわれたのだが、ひとつだけ問題が生じた。

授賞式のステージをデザインした人間は、ステージへと大きな弧を描いて下りる長い階段を作っていた。曲線美の女優が長い脚を見せびらかせるようなたぐいの階段だ。それとも誰かがそこを転がり落ちて、授賞式にささやかなドラマを付け加えてくれることを願ったのかもしれない。これまでのページを注意深く読んできた読者は、3POが階段を上り下りできないことを覚えているだろう。授賞式のプロデューサーはそれについて考えた。金色のロボットは、いちばん上の踊り場に立つことはできるだろうか？　それはできる。だが、どうやってそこに行けばいい？　もちろん、フォークリフトを使うのだ！　私はステージ裏のフロア・レベルでコスチュームを着け、まるで倉庫の貨物のようにフォークリフトで階段のてっぺんまで持ちあげられることになった。その間およそ二十秒。私のエージェントは私には二万五千ポンドの保険をかけられる、と言った。ふむ、それはすごい。だが、彼女はこう付け足して、大物になった気分を台無しにした。コスチュームには七万五千ポンドの保険がかけられる、と。

やれやれ、落ちなくてよかった！

# 30　パペット

世界中のみんなと同じように、私もマペット・ショー（注：イギリスで放送されていたコメディ人形劇番組）の大ファンだったが、まさか、そのマペット・ショーに自分が出演することになるとは思ってもいなかった（口絵参照）。

一九八〇年一月十七日、マークとピーターと私の三人は、エルストリーのスタジオを出て、ボアハムウッドの大通りを渡り、マペット・ショーが収録されているスタジオ、ATVへと出向いた。セットとなる手狭なステージ裏エリアを目にしたときは、どんなに感激したことか。番組でおなじみのセットだ。ジム・ヘンソンの腕にはカーミットがいた。少し離れたところには、フランク・オズの腕にミス・ピギーも見える。すべてが魔法のようだった。私たちはとても楽しいひと時を過ごした。クルーは奇妙ないでたちのキャストの面倒を見ることに全身全霊を傾けており、私はすっかりくつろぐことができた。プロデューサーたちも私たちの〝訪問〟に興奮し、敬意を払ってくれた。ピギーの態度はそれほど恭《うやうや》しいとは言えなかったが、彼女はもともとそういうキャラなのだから仕方がない。

人形師は床に座り、腕を上に伸ばしていた。マークと私はピギーのドレッシングルームで、人形師たちの上のプラットホームに立った。『スター・ウォーズ』の世界にいるよりも、奇妙な感じだった。驚くほどカリスマ性のある子豚と話すのはそれほど難しくなかったが、タップダンスには参った。そのとき私が踊ったシンプルな振り付けを記したメモが、不思議なことに四十年あまり経ってからひょっこり出てきた。「L（左足）に体重をかけ、ホップステップR（右足）……Lを引きずって（近づける）×4。＋頭と腕。LとRを踏み鳴らす。Lの爪先を床にこすりながら引く。Rの爪先を床にこすりながら引く。前に出て繰り返す……」こんなふうに続き、「バ・バン！」で終わる。「白鳥の湖」ほど難しいわけではないが、短いとはいえこのダンスを合計六回も踊ることができたとは信じられない。しかも、六回とも３ＰＯのコスチュームを着けていたのだ。踊ったあと、疲れきったのを覚えている。最終的に編集したフィルムに声を吹きこむためにＡＴＶに戻ると、ダンスが始まったとたん、マイクロフォンのところにいる男がブリキのトレーをスプーンで叩きはじめた——３ＰＯがタップを踏む音だった。

　驚いたことに、マペット・ショーのあと、今度はなんとニューヨークにあるスタジオでセサミストリートに出演することになった（口絵参照）。ビッグバードに会えるのだ。そこではキャロル・スピニーが、いまや番組のシンボルであるビッグバードをどんなふうに作りだしたか見せてくれた。ここでも、キャストもクルーもまったく分け隔てのない雰囲気のなか、とてもくつろいで過ごすことができた。カメラの前でも後ろでも、みんなが和気あいあいと働いている。娯楽と教育がほどよく混ざったこの番組には、いつまでもいられそうな気がした。実際に滞在したのは一週間だけだが、最も記憶に残る一週間だった。いくつか忘れがたいシーンもある。愛すべきビッグバードがＲ２を郵便ポストと間違えたシーンもそのひとつだ。いちばんのお気に入りは、Ｒ２が３ＰＯを通りにつれていき、とてもシャイで背の低い、できたてのガールフレンドに会わせてくれるシーン。あふれんばかりの知識を持つ３ＰＯは、例によって真実を告げずにはいられない。

　Ｒ２が好きになったのは、消火栓だったのだ！

# 31　モップ

最初の『スター・ウォーズ』（『新たなる希望』）の撮影中は、この映画のことはまったく人々の話題にはのぼらなかった。

中程度の予算のSF映画など、とくに誰も興味がなかったから。SF映画でロボットを演じている、と友人たちに話すのは勇気がいった。みなテレビや劇場でまともな役を演じているというのに、私はぴかぴかのスーツ姿で、かん高い声でしゃべるロボットを演じているのだ。

ところが、映画が封切られるとすべてが変わった。

一年とたたないうちに、続編を撮るという電話がかかってきた。私は悩んだ。またしても同じ苦しみと苦労を繰り返したいか？　あまり気が進まない。彼らは驚くばかりのギャラを申し出てきたか？　そうとも言えない。

最初の映画は、まるで忍耐力の試練のようだった。あのとんでもなく着心地の悪いコスチュームを着けて3POを演じるために、私がどんな思いをしたか本当にわかっている人間は、ルーカスフィルムにはひとりもいなかったと思う。映画が世界中で大評判になり、大当たりしているあいだ、私がどれほど無視されていると感じていたかも彼らは気づかなかった。まあ、気づかなくても仕方がないのかもしれない。彼らにはほかに考えることが山ほどあったのだから。

とはいえ、再び3PO役を演じるとしたら、少なくとも今回はすべてを承知したうえで引き受けることになる。この先何が待っているのか、今回はわかっている。引き受けるか断るか、選択する自由がある。

私は俳優。これは仕事、そうだろう？

もうひとつ、決断するうえで重要な要素になったのは、私が3POを好きになっていたことだった。だから私は〝やります〟と答えた。

そして再び、エルストリー・スタジオに戻った。そこは一転して厳重なセキュリティ体制が敷かれていた。制作に関するすべてが極秘事項だった。脚本を読んだ私は困惑した。3POの保護者のような気持ちになっていた私にとって、彼が少しばかにされているように思えて、衝撃も受けた。R2がルークと任務に赴《おもむ》く、だって？　R2と3POはチームだ。彼らを離れ離れにするなんて、ある種の冒涜《ぼうとく》ではないか？　しかも哀れな3POをハン・ソロのようなドロイド嫌いの人間と組ませるなんて……。

ハリソンが、というかハンが、皮肉たっぷりに〝教授〟と呼ぶこのプロトコル・ドロイドをばかにしているのは、最初の『スター・ウォーズ』を見れば一目瞭然だ。この映画を繰り返し観た私は、初めてファルコンの外で3POを見たハンが、まさに軽蔑《けいべつ》としか言いようのない表情を浮かべたことに気づいていた。そこでジョージに、明るい声で「初めまして」と3POに言わせ、ハンがいっそう顔をゆがめるように仕向けてはどうかと提案したのだった。加えたセリフはこのシーンにぴたりとはまった。だが新しい映画では、3POはハン・ソロと過ごさねばならない。

3POとソロの刺々《とげとげ》しい関係は、このサーガ全体でもとくに頻繁に引用されるセリフのひとつを生みだすことになった。危険から人々を守り、もちろん自分も守りたいと願う3POは、健康と身の安全を確保するので頭がいっぱい。小惑星帯を飛んで生き延びる確率を説く3POの警告が、最も記憶に残る切り返しをハンから引きだした。これを書いているいまも、あなたがそれを口にするのが聞こえるような気がするくらいだが、興味深いことに、のちに有名になるこのセリフは、脚本の初期の草稿には記されていなかった。

私はようやくファルコンのなかに落ち着いた。そして操縦席に――少なくとも、そのすぐ後ろに立っていた。主船倉のほうがコクピットに比べるとまだ広いが、この映画で何より人々の目を奪うのは、ミレニアム・ファルコンのコクピットだろう。制御パネルには白や赤、青、緑のライトがずらりと並んでいる。とはいえ、まだＬＥＤが使われるまえの、この最初の〝お出かけ〟では、面白いことにそのライトの多くが合板の壁にドリルで開けたただの穴だった。壁の裏には六十ワットの電球がふたつばかり配置され、それが穴の後ろに貼られた色付きゼリーを通して光り、正面から見ると申し分なく機器のライトに見える。実に効果的な演出ではないか。しかも費用はほとんどかからない。

裏を覗くと、プラスチックのカップがひとつ、当て木の上に載っていた。誰かが捨て忘れたのか朝食の冷めた紅茶と、サンドイッチに入っていたベーコンの細い脂肪もある。どういうわけか、このいかにも家庭的なごみが、反対側のシーンがもたらす魔法を際立たせた。カメラには映らないけれども、私はありふれたそのごみが壁のすぐ向こう側にあると知っていた。それがある種の現実味というか、分別のようなものをもたらしてくれた。

アップグレードされたとはいえ、コクピットはまだとても狭く、ハリソンとキャリーとピーターと私が入るのには、きつかった。窓――キャノピー――にはガラスはなく、カメラマンたちの顔が囲むレンズがこちらを向いているだけだが、寒くはない。照明その他の調整には、かなりの時間がかかる。しばらくすると、横で見ていたマークは、キャリーが「二十分かけてまとめた髪の片側を崩してしまった」ことに気づいた。キャリーは髪を結い直しに行かねばならず、そのあいだ、残された私たちはひたすら待った。

まもなくハリソンが退屈し、以前大工だったからか――カメラに映らない場所に置いてあった鋸《のこぎり》を手にすると、コクピットのスライディングドアを切りはじめた。あのドアは金属製に見えるが、セットのほかの部分同様、合板にペンキを塗ってあっただけだった。待機していたペインターがこのドアの損傷をグレーのペンキでごまかしはじめたが、これにも時間がかかった。私はそのあいだ、コスチュームを着けたままずっと立っていた。それがすむと、ようやくファルコンは〝離陸〟し、小惑星帯に飛びこんだ。

**屋内　ミレニアム・ファルコン――コクピット**

私たちは正面の窓の外に目を据え、架空の岩の塊をかすめるように〝飛び〟過ぎながら、体を傾けた。全員が同時に、間違いなく同じ方向に体を傾けるように、ファルコンは両横に突きだしている足場用のポールに取り付けられていた。そして屈強な男たちからなる二チームがそのポールをつかんでいた。

アクション！

右を上げろ！

右側のチームが手にしたポールをぐいと押しあげる。コクピットががくんと傾き、全員の体が左に振られた。

右を下げ、左を上げろ！

この指示で、私たちは右に吹き飛ばされた。実際に倒れないように気をつけながら、ボーリングのピンよろしく振られつづけたあげく、とどめの一撃として――私はスイッチを切られた。キャリーが私の背中に片手を置き、ブライアン・ロフトハウス――常に献身的で忍耐強い、新たな私の右腕――が、前もって取り付けておいたリモコンのスイッチを弾く。３ＰＯの目から光が消え、私は片腕をだらりとたらして左側にくたっと倒れた。まもなくクルーがポールを操作してコクピットをまっすぐに立て直す。私は力を抜いた腕が、その動きをなぞるようにした。これ自体は難しくなかった。が、私はまたしても胸が動かないように浅く呼吸しなくてはならなかった。

最後の編集を経て完成したこのシークエンスは、とてもドラマティックに見える。けれど、隣の台に固定されたカメラのクルーは、胸の前で腕を組み、〝よくある仕掛けだ〟と言いたそうな顔でこちらを見ていた。

いや、実はランチのメニューが届くのを待っていただけだった。撮影現場では、ランチのケータリングはクルーにとってたいへん重要なことなのだ。

もちろん、ドロイドと密輸業者がコンビを組んだため、このふたりのあいだに、ダイナミックで滑稽な緊張感が生まれたのはたしかだ。少なくとも、3POも、〝食えない男〟に対して同じだけの軽蔑を返すことができた。

今回の監督アーヴィン・カーシュナーのことを、ある意味では食えない男だと思った人々もいたかもしれない。しかし、私は彼がすっかり好きになった。カーシュナーは周囲の人々にも伝染するような熱意とエネルギーの持ち主で、計り知れない知性を脚本に注ぎこんだ(口絵参照)。『帝国の逆襲』はファンお気に入りの一作となった。とはいえ、私はまだ『新たなる希望』のほうが好きだ。シリーズ中、最も完成した、最も気どりのない物語だと思うから。

カーシュは常に励まし、協力してくれた。こちらが演技にちょっとしたひねりを加えると、必ず称賛の言葉をかけてくれた。彼は常に暖かい目で見守り、きちんと評価し、私もこの映画の一部だと思わせてくれた。撮影が進むにつれ、ショットの複雑さが増していった。セットが大きくなり、広くなり、背景が増え、トルーパーが増えた。予定が延び、当然ながら予算も増えた。が、そうした点を考えるのは私の仕事ではない。私の仕事は演技をすることだ。

タイミング悪く金色の覆いからのぞくデッキシューズはお払い箱になり、3POには新しい足が与えられた。後ろに靴紐がついた、プラスチック製の一体型の足だ。紐は金色のテープを貼ってしまうとほとんど見分けがつかない。私は新しいパンツも支給された。ふたつのパーツからなる薄っぺらい〝スペース・エロティシズム〟は、いまやワンジー（注：通常は幼児用の上下一体型の衣服を指す）となり、私は体をくねらせて、そのなかに入ることになった。それを作るために、再びプラスタラーのところに行き、粘つくものと漆喰を塗りたくられるはめになったものの、今回は全身ではなく、体の例の部分だけですんだ。恥ずかしいことに、できあがったキャストは工房のデスクにでんと置いてあった。まるで男性用ブリーフ売り場にあるマネキンのように。あれがどうなったか、私は知らない。おそらく、コレクター・アイテムになったのだろう。

撮影が続くうち、私は両手に奇妙な感覚、というか感覚の欠如を感じはじめた。気がかりな症状だ。しかも、しだいに悪化し、玄関の鍵を回すのも難しくなった。医者に行き、コスチュームについて説明すると、腕の部分が尺骨神経を圧迫している、このまま圧迫し続ければ、永久的な損傷が生じる恐れがあるという。その医者は以前同じような症状の患者を何人も診察したことがあった。だが、みな椅子の背に腕をかけるのが癖になっている人々で、同じ問題を抱えた〝ロボット〟を診るのははじめてだった。おそらくロボット自体を診るのもはじめてだったにちがいない。

コスチュームを着けたまま長時間過ごさねばならないとあって、私は少しでも楽な姿勢を編みだした。腕を上にあげ、圧迫を和らげるのだ。そばで見ていた人々には、私がいまにもハイランド・ダンスを始めるように見えたにちがいない。あのコスチュームで踊る者はいないだろうが。

このスーツは作る方も着るほうも、それを撮るほうも経験不足なのだ、と私は自分に言い聞かせつづけなくてはならなかった。着心地があまりにも悪い部分は、改良してくれと頼んだが、誰もが急を要する仕事で手いっぱい、３ＰＯスーツの改良どころではなかった。医者に行ったあと何度か頼んだが、コスチュームを脱ぐたびに、ひどい切り傷やあざを目にする夜が続いた。とうとう体の痛みがあまりにもひどくなり、苛立ちが高じて、金属カッターをつかむと、腕の上の部分を花びらのように切り開いた。これなら、いやでも修理しなくてはならない。ついでに少しでも広げてもらえれば、少しは楽になる。

この捨て身の作戦は多少役に立ったものの——

彼らの不興を買った。

**屋内　ミレニアム・ファルコン——主船倉エリア**

「パワーフラックス・カプリングを取りはずしました」誇らしげに自分の達成を報告する3POは、惹《ひ》かれあうふたりのあいだで恋の火花が散っていることにはまったく気づいていなかった。ようやくプリンセスが濃厚なキスをしてもらえそうになったとき——。

私が船倉に入り、盛りあがった瞬間をぶち壊した。実際にぶち壊したわけではない。ハリソンの肩を軽く叩いただけだ(口絵参照)。すると、カラン、という音が聞こえ、私の体から何かが落ちた！　いいかげんにうんざりだ。ジョージも苛立っていたが、実際に着ている私はもっと苛々した。コスチュームの不具合のせいで、このシーンは撮りなおさねばならない。もっとも、キャリーとハリソンがそれを嫌がるとは思えなかったが。

結果的には撮り直しをせずに済んだ。カランという音だけならポストプロダクションで消せる。そしてフレームごとにじっくり観ていかなければ、何が起きたかはわからない。しかし、よく見ると、小さな金色のグリーブリーが、私の腕から落ちていくのが見える。

正確には、肘のグリーブリーが。

ホスでは、プロダクション・デザイナーのノーマン・レイノルズとそのチームが魔法のような氷と雪の世界を作りだした。巨大なつららはとても美しく作られたガラスのスカルプチャーで、ひっくり返して水を入れると、先端の針の先のような穴からゆっくり滴がたれる。まさしくつららそのもの、とても美しかった。床は〝塩〟の結晶で覆われていた。氷の通路はポリスチレンのブロックを掘ったもの。溶けた蝋《ろう》と塩で覆われた壁はざらつく雪の壁に早変わり。触ってはじめて、本物ではないことがわかる。どう見ても雪にしか見えず何度も触れてしまった。

いま私は、その巨大な氷の入り口で震えていた。

**屋外　ホスの反乱軍基地——昼間**

アクション！

大音響をたてる巨大なファンの風をまともに受ける私の周囲に、クルーが偽物の雪を放り投げる。当然ながら、このシーンのドラマティックな状況に相応しく、私は吹きつける雪に負けじと両手を振りながら、なかに入れとR２に向かってわめいた。

カット！

カーシュが近づいてきて、忍耐強く説明をはじめた。完成したシーンでは、吹いているのは微風で、雪の欠片は背後の雪原へと漂っていく、と。要するに、私の演技は大げさすぎたのだ。正直言って、演技過剰になるのはこれが初めてというわけではなかった。どうやらスーツをつけると、３ＰＯが憑依《ひょうい》してしまうらしい。

けれども氷の洞窟では、ひとつだけ見事な働きをしたことを付け加えておこう。

**屋内　ホス――反乱軍基地――氷の通路**

ストームトルーパーから必死で逃げていく３ＰＯは、氷の壁に埋めこまれたドアに貼られた赤と黄色の表示に気づき、一瞬足を止めて首を傾《かし》げる。優秀な回路がこの情報を瞬時にプロセスし、彼は表示をべりっと剥《は》がして走りだす。その表示は、ドアの向こうに飢えたワンパの大群がいるという警告だった。初期の草稿では、捕えられた哀れなワンパが意地の悪いＲ２にかん高い口笛でピーピーやられ、しまいには怒り狂う、となっていた。だが、新たな脚本では、機転を利かせた３ＰＯが、追っ手がワンパのいる部屋に飛びこんでかみ殺されるのを願って警告の表示をはがし、敵をまくのにひと役買うことになった。

だから私が機転を利かせるのは脚本に書かれていたこと。とくに見事でもなんでもない。

だが限られた視界で、遠近感もつかめない私が、ほとんど役立たずの手を警告表示へと伸ばし、貼り紙をうまくつかんだのはすばらしいことだ。ささやかな達成かもしれないが、私にとっては〝画期的な出来事〟に等しい。

そのシーンは首尾よくカットとなった。

反乱軍が崩壊する基地から必死に脱出するあいだ、私はあまり気分がよくなかった。煙がたちこめ、あちこちで爆発が起こる真っ白な世界のなか、体をしめつける金色のスーツ姿でハンとレイアを追いかけて細い通路を進む私には、カーシュが叫ぶ指示は聞こえなかったし、行く手にある障害物も見えなかった。こういうシーンを演じるのは、〝身の毛もよだつ〟の一語に尽きる。おまけに昨夜は少々度を越してしまったらしく、よけい気分が悪かった。その日は重要な教訓を学んだ。〝二日酔いで仕事に行くな〟だ。

## 屋内　スタークルーザー――医療センター

　これが物語の終わりではありえない。三部作の二作目にすぎないのだから。とはいえ、結末のないこの章の終わりに近づくにつれて、不穏な空気がたちこめはじめた。ハン・ソロを見つける任務へと飛び立つファルコンを見つめ、立ち尽くす私たち。ルークとレイアは心配そうに巨大なビューポートから宇宙空間を見つめている。観客には見えないが、私の顔にも懸念が浮かんでいた。スター・ウォーズのシンボルともいうべき宇宙船、ミレニアム・ファルコンが、視界を横切り、暗い宇宙空間――この場合は大きなブルースクリーン――へと遠ざかっていく。重大な状況に直面した私たちは、重苦しい沈黙のなか、それを見送る。

　だが、このときファルコンはそこにはなかった。私たちはクルーが持っているものを目で追っていただけだ。そしてよれよれのモップを掲げて遠ざかるクルーに、つい笑っていた。もちろん、ほんの一瞬だけ。深刻なシーンだったから。

## 32　イリュージョン

スター・ウォーズ軍団に新たなメンバーが加わった。ランド・カルリジアンを演じるビリー・ディー・ウィリアムズだ。カリスマ性のあるベテラン俳優は、会ってみると実際、カリスマがにじみでている男だった。既存のキャストに途中から加わるのは、簡単なことではなかったはずだ。それに、脚本は巧みに、彼のキャラクターに疑いをもたせるように書かれていた。カルリジアンはどちらの側なのか？　裏切り者か？　味方か？

それはともかく、きわめて威勢のいい役どころにはちがいない。おかげで撮影現場には多少の緊張が生まれた。これまでのところ、マッチョなヒーローはハリソンだけだったが、もうひとりそうしたキャラの入る余地があるのか？　ハンとランドはいまやひとつの硬貨の表と裏、つまり同じようなキャラの二面性を表しているのか？その緊張感はチューイのいる独房で爆発するにちがいない。誰もがそう思った。この戦いは振り付けられていたのだが、ハリソンの怒りは一目瞭然、ビリーの怒りもそれに劣らない。まさにメソッド演技（役柄の内面に注目して、感情を追体験する演技法）そのもの！　実に真に迫っていた。だが、私にはもっと別の心配があった。なんと、3POはばらばらにされてしまうのだ。

すばやく脚本のページをめくると、クラウド・シティで見かけた金属の顔に侮辱されたあと、好奇心が仇となり恐ろしい運命に見舞われようとしていた。

**屋内　クラウド・シティ——控えの間**

見慣れない通路を探検中、恐ろしいことに3POはブラスターでばらばらにされる！

このシーンでは、エフェクト・クルーが私の胸に小さな花火――爆竹――を付けた。フレームからは細いワイヤーが何本もバッテリーへと伸びている。私は少し緊張しながら、カメラに見えない場所にいるはずの（実際はいない）襲撃者に謝った。そしてそのワイヤーの端にすばやく触れると……。

バン！

床に飛び散ったパーツが、3POの運命を雄弁に物語る。この恐ろしい破壊の結果3POがどうなったかは、スクリーン上のヒントと観客のたくましい想像力により補われることになる。しかし、私は、これがあのプロトコル・ドロイドの最期なのかどうかが気になった。次のページでは、葬儀の様子、あるいはぞんざいに廃棄処分される様子が描写されているのか？　私は3POのその後に関するト書を探しながら、脚本を読みつづけた。

**屋内　クラウド・シティ――屑鉄置き場**

何か月もあとアビイ・ロード・スタジオで、私はわくわくしながら、『スター・ウォーズ』のシンボルともいうべきジョン・ウィリアムズのスコア収録に立ち会った。数テイク録音したあと、ロンドン交響楽団の団員はスクリーンを振り向き、シーンに合わせたプレイバックを見守った。私が脚本を読み進めていくうちに発見した、爆発に続いて起こるシーンだ。3POの胴体から切り離された頭部が赤々と燃える溶鉱炉の口へ向かうのを見て、オーケストラの団員が悲しそうなにうめく。『新たなる希望』のスコアを収録した団員たちは、どうやらこの金属の男が好きになっていたようだ。私は胸が温かくなるのを感じた。もちろん、これは３ＰＯの最期ではなかった。

## 屋内　クラウド・シティ——大きな独房

チューバッカが救出に駆けつけ、３ＰＯのばらばらの部品を回収する。ハムレット的な裏切りといおうか、実はランドが裏切ったことが判明する衝撃的なシーンのあと、３ＰＯを再び組み立てる必要が生じた。ブライアンから二番目に質のよいパーツを借りた小道具部門は、これをピーター・メイヒューが肩にかけた網のなかに詰めこんだ。メイヒューは自分の武器（ボウキャスター）を上下に傾けて、おおざっぱとはいえこれらのパーツを動かすことができた。パーツのなかを通してボウキャスターの両端に繋がれた釣り糸のおかげだ。遠くから見れば、申し分なく効果的だが、近くからの二ショットには別の手段が必要だった。

私はいつもの状態で上半身のスーツを着け、ピーターの足元にひざまずいた。チューバッカは思いやりがあって思慮深い。だが不注意だ。３ＰＯの頭を付けたのはいいが、後ろ向きに付けてしまう。

このショットのために、ブライアンは複製の頭の後部をバッサリ切り、私がそこから顔をだせるようにした。つまり、私は３ＰＯの顔を自分の後頭部につけ、後ろから自分の顔をだしたのだ。これはずいぶん煩瑣《はんさ》に聞こえるが、案外簡単だった。チューイを見るときは、逆に顔をそむけなくてはならないことを頭に入れておけばいい。やがて私はコツを呑みこんだ。けれど、ひとつ大きな問題があった。鼻だけが、顔のほかの部分よりも高いため、横を向くと３ＰＯの頬のカーブからはみだしてしまう。しかし、ブライアンはすぐさま解決法を見つけ、金色のテープを私の鼻に貼り付けた。よし、今度は大丈夫。しかし、そのシーンを一時停止すると、一瞬だけ3POの顔の端に奇妙な形をした〝もの〟が見える。私の鼻だ。

これと似たようなエフェクトがもうひとつ。私は3POの胸に片手を通して床に座り、腹話術師のように頭を動かしている。これは隣に座っている私にピーターが頭を付けたあと、スクリーンの外からしゃべっているシーンだ。通路を走っていくのは、もっと面白かった。私はジーンズをはいて上半身だけスーツを着け、手荷物用カートに立った。私の〝裸〟の腰から下が入らないように、カメラは低い位置から上に向けられていた。腰の周りに着けたハーネスでピーターと繋がっている私は、彼が引っ張っていくほうに引っぱられた。

いちばん気に入っているトリックは、無事ファルコンに戻ったあとのシーンだ。そこではR2が親切にもちぎれた足のパーツのひとつを荷箱に座った3POのくるぶしに溶接している。私は、足の先以外は完全に組立てられたその脚をまっすぐ突きだしていた。昔々のはるか彼方にあるこの銀河のハイテクな映画セットでは、なんと奇術師が舞台で披露する古いトリックが使われた。私はコスチュームの上半身だけ着け、荷箱のなかで膝立ちになっている。下半身もきちんと着けているかのように、脚のパーツは自分の前に置いてあった。

映像を見ただけではまったくわからない。まさしく映画の魔法だが、そのせいで両膝が痛くなった。

**屋内　ミレニアム・ファルコン——船倉**

「そんな妄想はいいから、さっさと私の脚を直せ！」

すてきなセリフだ。が、実際に言うのはとてつもなく難しかった——これまでで、最も恐ろしい奇術だ。いまや組立てはほぼ完了、残るは片方の脛のみ。私は片脚で立ち、そのパーツを振りまわしながら、本物の脚を片方だけ、腿の後ろに隠れるように後ろに曲げている（口絵参照）。脚が一本しかないように見せるためには、特定の角度からしか撮れなかった。カメラのひとつ目には、側面は見えない。けれども上半身の重みがずっしりと片脚にかかり、重心がぶれて不安定だったから、片脚でバランスを保つのが非常に難しく、私にとっては恐ろしいシーンとなった。最近では、こういうシーンはグリーンスクリーンで撮る。当時はいまほどグリーンスクリーンが使われていなかったのだ。しかし、これはまもなく変わることになる。

## 33　ケーキ

フランク・オズのことは知っていた。マペット・ショーでミス・ピギーを操っていた本物のスターだ。ミス・ピギーと、つまりフランク・オズと共演したことがあるのはすでに書いた。あのショーは始まったころからずっと好きで、とくにピギーはお気に入りのキャラだった。そのフランク・オズがエルストリー、つまり通りのこちら側をうろついているではないか。マペット・ショーの収録は、通りのあちら側にあるＡＴＶスタジオで行われているはずだが？

声をかけると、この続編で彼が果たす役割がわかった。世界的に有名なピギーを操る仕事を休憩し、まったく異なる個性を持つキャラクターを操ることになったのだ。ユーモラスで、賢くて、しわしわの緑の顔を持つマスター・ヨーダだ。このエイリアンは、クリーチャーメイカーであるスチュアート・フリーボーンの最高傑作のひとつだった。ヨーダの顔は静止しているときも実に個性的だが、フランクがこのゴム人形に命を吹きこむと、どこから見ても生きているようにしか見えない。

3POはこの小柄なジェダイと同じセットに立つことはないため、ヨーダの登場するシーンは脇から見守るだけだったが、フランクとはスタジオのあちこちで顔を合わせた。ある日、私たちは操り人形術と人間ではないキャラクターを演じることについて話しているとき、彼が驚くような質問をしてきた。

「3POの声はどうやって思いついたんだね？」

私は言葉を失った。キャラクターの声を巧みに創りだすことで世界に名を馳せている巨匠が、私に助言を求めているとは。もちろん、撮影中、マークとのやりとりをするヨーダのセリフを読んでいるのは彼自身だったのだが、その声に、ジョージは控えめに言っても満足していないようなんだ、と打ち明けてきた。これを聞いて、私は自分の経験を思い出した。ジョージが体と魂と声のすべてがキャラクターを作りだしている事実を見落とすのは、これが初めてではない。

私は、彼らが3POのコスチュームを作っていた半年を準備期間にあてられたから、とつぶやいた。そのあいだに、3POというキャラクターと彼が置かれた状況を考えることができた、おかげで3POはセットに到着した時点で、ある種魔法のようなものが生じ、すでに完成したキャラクターだったのだ、と。フランクは考えこむような顔で離れていった。自分の助言が多少とも役だったかどうか、私にはわからなかった。

数か月後、私はもうひとつ、驚くべき質問を投げられた。

「ヨーダを知ってるかい？」

そのとき私は、ジョージやカーシュ、思慮深き新プロデューサーのハワード・カザンジャンといった制作陣と一緒に大きな丸テーブルについていた。そのころ、ウェストハリウッドとは通りひとつしか隔てていない、サミュエル・ゴールドウィン・スタジオで撮影していた私たちは、ゴテゴテしているとはいえ有名なフォルモサ・カフェで休憩しているところだった。たしかに食べ物もうまいが、このレストランが有名になったのは、長年のあいだ様々な映画スターがここで食事をしたからだ。ハンフリー・ボガート、フランク・シナトラ、のちにはジョニー・デップ……。いまそこに座っている私は、そういう顔ぶれとは格が違う。隣に座っている人物は誰なのか？ひょっとすると本物のスターだろうか？

「私はヨーダの声優を決めるディレクターなんだ」

「へえ？　つまり、しわくちゃの緑の顔にぴったりの、かん高い、気味の悪い声を探してるんですか？」

「ヨーダを知っているんだね！」

彼は、自分がちっぽけなジェダイ・ナイトを知っている人間の隣りで、鶏肉野菜炒めを食べていることに心底驚き、あのキャラクターは極秘で、デザインはおろか写真さえ、ちらっと見ることも許されていないのだ、と声を落とした。制作陣は、頭痛がひどくなるような試練ばかり増やし、墓穴を掘っている、私はそんな気がした。少なくとも、悄然《しょうぜん》としている私の食事相手に、頭痛の種を与えていることは確かだ。もちろん、彼らのこういうやり方には前例がひとつある。3POと私だ。

〝アフレコ〟はとっくにすたれ、映像に合わせて音声を再収録するというこの少々ぎこちない手法に代わり、自動セリフ変換（ADR）が本流になっていた。コンピューターがデジタル化された素材を瞬時に調節するため、再収録のプロセスが大幅に早まった。カーシュとのADR作業のおかげで、彼と過ごせる有意義な楽しい時間が延びて、私としては本当に嬉しかった。こうして、私はロサンゼルスに舞い戻り、音声収録室に入った。

カーシュは3POに適切な声を与えるよう私に協力的だったが、まもなくプロデューサーのゲイリー・カーツが指示を出しはじめた。徐々にゲイリーの指示が増えていく。まもなくカーシュは部屋を出ていった。数テイクあと、私はどうして出ていったのか気になり、冷水器のところへ様子を見に行くと、カーシュはそこにいた。非常に苛々する、このセッションを監督する気が失せた、と言われて、私はショックを受けた。ゲイリーが部屋を出てくると、私はふたりを残して音声収録室に戻った。数分後、カーシュがひとりで戻り、そのあとはふたりだけで気分よく続きに取りかかった。カーシュはとてもリラックスし、床に横になった。私はいくつかのテイクのセリフを録音した。

「いい調子だ」エンジニアが励まし、こう付け加えた。「だが、最後のセリフのおしまいのほうに奇妙な音が入ってる。それをもう一度とりなおそうか」

奇妙な音の元は……カーシュのいびきだった。

ジョージは最終的に、フランクの声の演技がヨーダにぴったりであることに気づいた。フランクがセリフを口にすると、ヨーダはヨーダになった。だが、私がフランクの演技、そして私自身の演技を劇場のスクリーンで観たのは、それからずいぶん経ってからのことだ。

ついに私もロサンゼルスの宣伝イベントに呼ばれた。世界中から集まった何百万という熱狂的なファンが、熱い期待をこめて『帝国の逆襲』を待ちわびていた。私の名前を実際にポスターで見たことで、彼らの興味はいっそうかきたてられたにちがいない。これは、ルーカスフィルムが私もこの映画に出演していることを認めるという意志表示だった。

私は自分も『スター・ウォーズ』の一員に含まれたことがとても嬉しかった。ホテルの部屋の豪華さも、この気持ちを高める一助となった。改装したばかりの贅沢なスイートで数日過ごしたあと、プレミア試写会のためにワシントンへ飛び、ほかのキャストに加わることになっている。すべてが申し分なく順調だった。ところが、飛行機のなかでとても具合が悪くなった。高度のせいか？　シャンパンのせいか？　有名なウォーターゲート・ホテルにチェックインすると、そこでも豪華なスイートが予約されていた。しかし、それを楽しむどころではなかった。何かがふだんとちがう。私はフロントに電話を入れ、医者を呼んでもらった。

私はインフルエンザにかかっていたのだった。ただの風邪ではなく、本物のインフルエンザだ。それにしても、足の赤いしるしはなんだろう？　医者はかすり傷だから、気にする必要はないという。きっとLAの豪勢なスイートを裸足で歩きまわっているときに、鋭いものを踏んだに違いない、と。

私は眠った。

翌朝、その医者に緊急の電話を入れた。あわてて駆けつけた医者は私をひと目見て愕然《がくぜん》とし、救急車を呼んでいる暇はないと判断して、ホテルのスタッフを呼んで私をベッドから引きずりだすと、自分の車で病院に運んだ。病院に到着すると、私を乗せた車椅子を押し、大急ぎで廊下を駆けていった。あとで聞いた話だが、医者が患者の乗った車椅子を押してきたのは初めてのことだという。ふつうはスタッフの仕事なのだ。よほど深刻な事態だったに違いない。私たちは受付に着いた。そこですべてが止まった。クレジットカードをお持ちですか？　幸い、ルーカスフィルムのシニア・ヴァイス・プレジデントのシド・ガニスが、会社のカードとともに駆けつけてくれた（彼とこのカードはその後も私を窮地《きゅうち》から救いだしてくれた）。数分後には、私は個室のベッドで点滴されていた。インフルエンザで免疫が落ちていたため、小さな傷が化膿して敗血症を起こし、ショック状態に陥っていたのだ。

屋内　ホス――エコー基地――医療センター

いや、これはホスではなく、本物の病院だった。

屋内　ワシントン――シブリー・メモリアル病院――25号室――昼間

ほかのみんながプレミアを楽しんでいるとき、私は病院のベッドにいた。ウイルスは薬で死んでいき体調は上向いたが、私はとてもみじめで、自分が経験しそこなったものを嘆くうちに時間が過ぎていった。プレミアのために用意したタキシードの代わりに、一枚目は前で開き、その上は後ろで開くヒナギク模様の短い二枚の寝間着を着てて。どうやら抗生物質はうつ状態を誘発するらしく、私はすっかり意気消沈し、くしゃくしゃの枕に寄りかかって、自己憐憫《れんびん》の涙を流していた。

そのとき、ドアが静かに開き、私のひどい状態を聞きつけた、四人の面会者が入ってきた。白衣だらけの病院で、ほかの色を着ているのは彼らだけだ。見たこともない人々だったが、親切で思いやりのある、寛大なスター・ウォーズ・ファンだった。私はずいぶんひどい格好だったにちがいない。くしゃくしゃの髪に、涙の跡が残る顔、ヒナギク模様の寝間着姿で、点滴の針をつけているのだから。しかし、彼らはにこにこして、甘いものが好きな私を少しでも元気づけようと、大きなチョコレート・ケーキを差しだした。まったく思いがけないやさしさに、私はまたしても涙をこらえきれなかった。一週間後、私はロンドンへ帰った。お祭り騒ぎは終わり、私はすべてを見逃したが、生き延びた。

それにプレミアはこれが最後ではない。

## 34 クリスマス

私の思いつきではなかったが、スター・ウォーズのクリスマス・アルバム、『クリスマス・イン・ザ・スターズ』は多くの人々に好評を博した(口絵参照)。

一九八〇年、私はロンドンにある教会のホールで舞台稽古《けいこ》をしていた。ちょうど金曜日の夜で、稽古は午後六時ごろに終わった。私は少し心配だった。翌日はニューヨークへ飛ばなくてはならないが、月曜日の朝の稽古には戻らねばならない。コンコルドに乗れるのはすごいことだが、それでもかなり厳しいスケジュールになるだろう。翌朝はかなり早くタクシーでヒースロー空港に向かう必要がある。

空港の、コンコルドの乗客専用のラウンジで、私は窓の外に目をやった。窓のすぐ外でエレガントな機首をまっすぐ私のほうに向けている流線型の機体は、美しいの一語に尽きた。機内も豪華だったが、かなり細い。細身の私はかまわなかったが、短いフライトにせよ、私ほど快適ではなさそうなビジネスマンも多かった。短いのは、私たちが音速の二倍という驚くべき速度で飛ぶからだ。そのため贅沢な食事のサービスもあっというまに終わってしまうのは残念だが、それにしても、なんという好待遇だろう。

もうひとつの好待遇は、プロデューサーが出迎えてくれたことだった。奇妙なことに、私は離陸した時間よりも早い時間に到着した。時代の最先端をいくこの体験を強調するような、おかしな矛盾だ。魅力的な待遇はもうひとつあった。リムジンの後部座席に落ち着くと、プロデューサーがソーサーグラスにシャンパンを注いでくれたのだ。タイヤが道路の溝の上を通り、後部軸がはね、繊細なグラスの脚を折ってしまうというハプニングのあとも豪勢な気分は変わらず、私はミッドタウンにあるスタジオに到着するまで、注意深くシャンパンをすすりつづけた。ふだんの人生はこんな具合にはいかない。さて、次は仕事だ。

『クリスマス・イン・ザ・スターズ』は、何か月ものあいだプリプロダクション状態だった。これはミーコの『スター・ウォーズ～銀河系ファンクの世界』の大ヒットにあやかろうという企画だった。ミーコはジョン・ウィリアムズの数々の名曲をディスコ風にアレンジしたアーティストだ。見事なできばえだったが、ルーカスフィルム公認のタイアップ商品ではなく、アルバム・ジャケットの様々なアートワークは、スター・ウォーズとはまったく関係ない。今回のアルバムは、ルーカスフィルム公認となる。

レコード盤のアルバムを制作するのは、音楽業界では有名なロバート・スティグウッド・オーガニゼーション（RSO）。ふたつの〝一大イベント〟、クリスマスとスター・ウォーズの共演を祝うのだ。いや、ちょうどボン・ジョヴィの歌手デビューが重なったから、ひょっとすると三つの〝一大イベント〟だったかもしれない。

スタジオで収録するのは慣れている。今回も同じようなものだったが、ひとつだけ違うのは、バスで到着する代わりにリムジンで乗りつけたことだ。スタジオ内に落ち着くと、事前に録音された音楽が流れるヘッドホンをつけた。大勢のミュージシャンがまわりにいるわけではない。彼らはすでに必要な仕事を終えていた。その日一日、私はひとりで楽曲を聞きつづけることになる。

「Bells, Bells, Bells（ベル、ベル、ベル）」

「Christmas In The Stars（星のなかのクリスマス）」

「The Odds Against Christmas（クリスマスである確率）」

平和な曲ばかりだ。『帝国の逆襲』が年初めに封切られていたから、三番目のタイトルはとくにグッド・タイミングだった。３ＰＯは何かというと確率を口にして映画のなかでも笑いを誘うが、もちろん〝クリスマスがクリスマス〟である確率は三百六十五分の一だ。しかし、十二月二十五日はほかに何の到来を告げるか、というかなり風変りなものもあった。車輪の発明とか？　本当に？　しかし私が口にする、あるいは半分歌うセリフ――シュプレヒゲザング（語り歌い）と呼ばれるこの手法が、歌が得意とは言えない私にとってはありがたかった――は、別の意味で興味深かった。

私たちの住む地球の人々が、別の銀河からのキャラクターたちとクリスマスを祝うのはこれが初めてだ。３ＰＯとＲ２は宇宙の名もない場所でサンタクロースのために玩具を作っているドロイド・チームの一員という設定だった。まあ、この設定自体、とても奇妙だ。というのも、ジョージ・ルーカスはキリスト教の教義はフォースとは相いれない、と断言しているのだから。ヨーダはと言えば、一年のこの時期や善行に関するどちらかと言えば感傷的な普遍性を、あたたかく、さえずるように歌っている。

一日中歌詞のページに思いを集中していた私は、ついに午後六時には力を使い果たし、豪奢《ごうしゃ》なプラザ・ホテルへと送ってもらった。そしてスイートを見まわしたあとベッドに沈みこんで眠った。イギリスではすでに真夜中を過ぎていた。

翌朝はニューヨーク時間で午前二時に目が覚めたものの、気分は最高だった。窓の外に広がるセントラルパークはその時間でも驚くほど賑やかだったが、私には仕事がある。残りのセリフをさらい、それからもう一度さらった。そのあとは退屈してスイートを歩きまわり、しばらくして階下に下りていった。私の顔を見たフロント係が、ＲＳＯから活け花が届いていたことを突然思い出し、部屋に運んでくれた。ＲＳＯの寛大な気配りのおかげで、一泊二日のマンハッタンの滞在が心豊かなものになりそうだ。こうして、贅沢とはいえ孤独な時間がゆっくりと過ぎていった。やがて空が白み、荷造りしてスタジオに向かう時間になった。私の飛行機の時間を考慮し、日曜日だというのに、チームの全員が朝早くから仕事に戻ることに同意してくれた。私たちは慌ただしく数曲吹きこんだ。

八頭のトナカイが引くそりがマンハッタン上空を横切るという、金色のドロイドにとっては魔法のような光景を見ることもできた。気の毒なサンタクロースは、あれでは絶対に超光速の旅はできないだろうが、おかげですっかりクリスマス気分が満喫できた。やがて仕事が終わった。

帰りはケネディ空港に向かうリムジンの後部座席にひとりで座り、世界でいちばん美しい飛行機に乗りこみ、ほんの数時間とはいえ、再びエリートの気分を味わった。コンコルドはすごいスピードで飛ぶとはいえ、やはり超光速にはかなわないな。そんなことを思いながら、まもなく私は無事に家に帰り着いた。弾丸旅行を終え、間に合うようにロンドンに戻ってきたのだ。月曜日の朝はすべてが正常に戻り、バスに乗って芝居の稽古に向かった。一方、ニューヨークでは着々とアルバム作りが進行していた。

歌い語りモードの3POが参加していない様々な曲を加えて、アルバムは完成した。けれども3POに、「ウーキーにはどんなクリスマス・プレゼントをあげればいい？　彼はもう櫛《くし》を持っているんだ」とつぶやかせるなんて、少しばかり銀河間の混ぜ合わせが行き過ぎていないだろうか？　アルバムのなかで私がとくに好きになった曲は、モーリー・イェストンが歌っていた。五十人の児童による合唱団をバックにした数曲も楽しめる。モーリーはほとんどの曲の作詞・作曲も担当していた。彼はのちにブロードウェイ・ミュージカルの作曲家として名を成した。

このアルバムが発売されたときには、RSOは潰れていたため、この傑作アルバムは、通常の華々しい宣伝なしでレコード店に並んだことになる。売れ行きはすばらしかったが、RSOがなくなったいま、売り切れたあとはそれっきりになった。再販はCDの到来までお預けになったとはいえ、このアルバムは忠実なスター・ウォーズ・ファンの愛すべきレア・アイテムとなり、プレゼントを包んだり、破いたり、グラスを傾けるときに流す、クリスマスには欠かせないバックグラウンド・ミュージックとなった。

たしかに、グラスを傾けているほうが、どの曲もずっとよく聞こえる。

## 35　目が見えない！

砂嵐は通常、屋外で吹き荒れる。

ところが、私たちの砂嵐はエルストリー・スタジオ内を襲った。『ジェダイの復讐』――このタイトルは土壇場で変更になる――の撮影初日、それはサウンドステージ2で吹き荒れた。そう、彼らは三部作の最後となる映画の撮影に入り、私は再び金色のスーツのなかに戻ったのだ。

砂色のペンキを塗った壁は、床を覆っている大量の本物の砂と自然に溶けこんでいた。ステージの片隅にはファルコンが置いてある。その反対側には砂塵と粉でいっぱいのゴミ箱が並んでいた。銀色の管が蛇のようにくねくねと上に伸び、大昔の空軍機が勢ぞろいしたようにずらりと並ぶプロペラの前に先端を向けている。このプロペラの羽にはゴミ箱の砂塵を吸いあげて放出するだけのパワーがあった。

ハリソンとマークとキャリーが何枚もの布とゴーグルで、まもなく始まる猛烈な嵐から身を守るのを見て、私は不安になった。果たして私は、マスクのなかに突っこまれた細い帯状のガーゼだけで大丈夫なのか。

まあ、二台のカメラが回るなかを、ファルコンの搭乗ランプまで歩いていけばいいだけだから……。カメラAはファルコンのそば、Bはワイドショットを撮るためにずっと離れた場所にあった。

**屋外　タトゥイーン――砂漠――昼間**

ファンを回せ！

カメラAとBを回せ！

その言葉を最後に、プロペラのすさまじいうなりがすべての音をのみこんだ。ほかの三人がもっと静かな状態でリハーサルしたとおりに動きはじめる。私はその後ろに従った。が、ついていけずに途中で見失った。探そうとしたが、プロペラの轟音《ごうおん》と管から吐きだされる砂と粉で何も見えない（口絵参照）。地面と空がひとつの大きな塊となって立ちはだかり、視界を遮《さえぎ》った。私は濃い砂の霧のなか、騒音に混乱しながらも金色のスーツ姿でじりじり進んだ。目がかすみ、目の穴に詰めたプラスチック・ジェルの上にたまる露を吹き飛ばそうと上に向かって息を吐いた。息がマスクの内側とそのジェルにあたると、少しはましになった。音の嵐はまだすさまじいものの、多少は見える。驚いたことに、カメラBがすぐ目の前に見えた。カチンコ係がレンズの前に膝をつき、私と同じくらい混乱しながら手にしたカチンコを構えている。その岩はまったく目に入らなかった。それにつまづいて、砂の上にばたんと倒れたあとでさえ見えなかった。騒音が尾を引いて止まった。

静寂のなかで、誰かが咳こんでいた。助け起こしてもらうと、幸い怪我はなかったが、そのシーンは台無しになった。これは結局カットされた。

## 36 ビーツ

私たちは岩だらけの荒れ地のど真ん中に着陸した。

八人乗りの双発機で飛ぶのは楽しかった。ジョージは上機嫌だったが、弁当のピンクのアイシングがかかったケーキを見て顔をしかめた。私は急いで自分のチョコレート・ケーキと交換し、この危機を救った。ジョージはチョコレートが好きなのだ。

やがて双発機は着陸し、一行はたしかファイア・クリーク・モーテルに宿をとった。必要最低限の設備しかない、簡素な宿で、テレビを置いたロビーもなければ、印象に残る料理もでなかった。とはいえ、ギフトショップはあった。ジョージはふざけてオレンジの皮で作られた札入れを私に買ってくれた。安物のスエードの表面に、跳ね馬と〝私の小さなカウボーイ〟という言葉が焼き印されている。ふむ。私は札入れを開けた。からっぽだ。

私たちは仕事に戻った。

彼らはカメラを洞窟に入れ、外に向けた。私は洞窟の外に立った。背後には岩だらけの光景が地平線まで続いている。3POは見張りに立っているのだった。片手を切り落とされたときにベン・ケノービから受けとったライトセーバーを失ったルークが、洞窟のなかで新しいライトセーバーを作っているという設定だ。最終的にこのシーンは編集でカットされ、R2がずっと新しいセーバーを隠し持っていたことが判明するが、この時点ではまだ誰もそれを知らない。私たちは撮影を済ませ、急いで先に進んだ。長くなりはじめた影は、次のシーンにいい雰囲気を与えてくれそうだが、一日が終わりかけているしるしでもある。あのモーテルでもうひと晩過ごしたい者はひとりもいなかったから、少人数からなるクルーがそれぞれ機器を運ぶのに協力し、私たちは急いで撮影にかかった。

R2は何度もデヴィッド・シェイファーがリモコンで必死に維持しようとしているコースから完全にそれて、陽気な足取りで明後日の方向に進んでいってしまう。どうやらこのチビドロイドは、エドワーズ空軍基地から発信される強力な無線シグナルを拾っているようだった。私たちはとにかく何度も何度も繰り返した。影はどんどん長くなっていく。ILMの優秀なメンバーであるデヴィッドは、地球上の様々な場所で繰り広げられる私のライブ・パフォーマンスのお供もしてくれた。生放送とあってそういう〝冒険〟は、編集ができないから、恐ろしくもあった。問題が起きたら、観客の前で対処しなければならないわけだから。さいわい、優秀な技術を持つデヴィッドがいれば、まずいことなど決して起こらない。しかし、撮影は違う。うまくいかなければ、何度でもやり直せる。

それよりもまえ、クルーはカメラをすっぽりと覆う隠し場所を作っていた。私は興味津々で見守った。その隠し場所の板ガラスをはめた窓の一部は黒く塗られていた。黒く塗ってあるのはフィルム・ストックの一部を覆うためだ、と彼らは説明してくれた。透明なガラスの部分で任務に向かう私とR２を撮影し、その後、フィルムの黒い部分にＩＬＭで宮殿のマット・ペインティングを合成するのだ。

セットアップが完了するには、まだしばらく時間がかかるとあって、私はつまずきそうな石ころや穴がないか確認しながら、自分がたどることになる道を歩くことにした。R２はまだ荷箱のなかにいた。

だが、彼がすぐそばにいるふりをするのはもう慣れっこだ。

**屋外　タトゥイーン――ジャバの宮殿に至る道**

アクション！

「もちろん、心配だとも。おまえもそうだろう？　ランドもチューバッカもあの恐ろしい場所から戻ってこないんだから」

すると、驚いたことに後ろから、〝ビービービーッ〟という電子音が聞こえた。

三作目にしてようやく、ジョージが私の願いを聞き入れ、合いの手を入れるために、後ろからついてきたのだ。彼はR２の真似をしてとてもばかげた音をたてながら背を丸めてよたよた歩いていた。

私たちは首尾よく必要なショットを撮り終え、もうひと晩モーテルに泊まらずにすんだ。

これまでで最も幸せな日だった。

## 37 檻

惑星タトゥイーンのロケ地であるチュニジアは、もともと苦手な場所だったが、『ジェダイの復讐』で、私はそう感じた天罰を受けることになった。

一九八二年十月のことだ。

私たちはアリゾナ州ユマの埃っぽい飛行場に着陸した。マークは押し寄せるファンやパパラッチをどうやって避けるか心配していたが、到着してみると、そこには人っ子ひとりいなかった。だが、猛烈な暑さだ。車に乗ってまもなくスターダスト・ホテルに到着した。喜ばしいことに、『新たなる希望』の初日で一緒になって以来、私をからかいつづけているロバート・ワッツが、この『スター・ウォーズ』三作目の制作では、共同プロデューサーに出世していた。実は、私もまもなくイウォークの神へと〝出世〟することになるのだが、基本的にはふだんどおりの3POだ。最初のころ、ロバートは私に〝スターダスト〟という洒落たあだ名をつけた。だから、このとき滞在した宿は私にちなんで名づけられた、と言っても通りそうだが、実際には違う。スターダストは私よりもはるか昔からあるホテルで、いかにも古そうに見えた。

ユマ自体は、鮮やかなネオンのファストフード店が一キロ半ばかり軒を連ねる町だった。ハンバーガーやナゲットばかりで、野菜といえばフライドポテトだけ。幸い、私たちはセットで食べることができた。

今回のセットは、砂漠のなかに作られた広大な金網の檻のなかに作られていた。私たちが撮影するのは『ブルー・ハーヴェスト——想像を絶するホラー』。町の人々に『スター・ウォーズ』の撮影ではないと信じこませるために偽物のタイトルが付けられたのだ。プロダクションに関連する物すべて——ヴィークルや帽子、ジャケット、

Tシャツ、防水布、進行予定表などは、ひとつ残らず青と白の文字で偽物の名称が付けられた。これはロケーションのコスト抑えるため、プロダクションを密かに進めるためだったが、目論見通りにはいかなかった。

ロケ地は町から主要道路をはずれ、車で三十分、砂丘のなかを走ったところにあり、車窓からの眺めはすばらしかった。波打つ砂の土手が陽射しと影のなかでたえず様相を変える。平地に出ると、そこにセットがあった。それに丘もあった。やがて明らかになるが、私たちのセットは、この丘に集まるデューンバギー愛好者をまったく考慮せずに作られていたのだ。巨大な斜面はバギーカー・ファンのメッカで、撮影中、彼らが丘を下っては上がる轟音がひっきりなしに聞こえていた。望遠レンズをつけたカメラを手に頂上に座りこみ、眼下の不思議な光景をしきりに撮っている人々もいた。そして実際、私たちは実に奇妙に見えたにちがいない。

国境にある難民キャンプのような高い金網の塀のせいで、セットは少しばかり恐ろしげに見えた。しかもその中央部は、トラックその他の乗り物と警備員に囲まれている。長い待ち時間の退屈をまぎらすために、マークと私は冷房の効いたトレーラーハウスを出て、礼儀正しく塀の向こうからのぞき込んでいる見物人と、金網越しにおしゃべりに出かけた。彼らは、私たちが檻《おり》のなかで何をしているのか知りたくてうずうずしていた。いまではおなじみの金色のドロイドが、なぜこのホラー映画の撮影に関わっているのか？　彼らはとくにそのわけを知りたがった。そうなると、もはや秘密も何もあったものではない。動物園の檻を思わせる金網越しの会話は楽しかったが、どちらが見せ物なのかは、よくわからなかった。

私たちは偽物の砂漠の地面の七、八メートル上から、偽物の地面の五メートルほど下にある本物の砂漠の地面を見ていた。その中心には巨大な穴があき、運搬用のワゴン車はすべてそこに駐めてある。実に驚くべきセットだ。丸太やキャンバス、蒸気、漆喰《しっくい》が、生きて呼吸する砂漠の船を作っていた。

3POはその船の甲板に立っていた。大きな帆が頭上で風をはらんでいる。サレシャス・クラムにかじられ、3POの片目は頬にたれていた。よくできた義眼にもともと狭い視野の半分を奪われ、私は手すりからほんの一メートルぐらいのところでよろめいていたが——彼らはその手すりもはずしてしまった(口絵参照)。

**屋外　セール・バージ——観測デッキ**

アクション！

脚本にあるとおり、強力なモーターを取り付けられたR2がいたずらのつもりで私を前にこづいた。自分の体を制御するのはどれほど難しかったことか。前二作のプロダクションでR2が何度も私にぶつかったり、私の足指を踏んだのも思い出した。私は縁の近くへとふらつき、R2よりも先に出て、さらに縁に近づきながら、大きく腕を振りあげ、本物の恐怖を感じながら転がり落ちそうな格好をした。

カット！

私がほっとして縁から下がると、ゴム製の3POスーツを着たトレーシー・エッドンが、死刑執行用の突きだした板の上を歩かされるかのように、クルーに誘導され、観測デッキの端の見張りのいない手すりのところへ連れられていく。私は自分がいた場所を示した。誰が演じるにせよ、この危険きわまりない瞬間を見ているだけではらはらした。

アクション！

トレーシーは私の姿勢を真似、それから勇敢にも前に倒れて空中で体をよじって落ちていった。スタントでは背中から着地するのだと、私はこのとき学んだ。もちろんトレーシーは、偽りにせよ本物にせよ、砂漠の地面に激突したわけではない。カメラには映らない下のほうには、マットレスを載せた大量の段ボール箱が置かれていた。空の箱が落ちたときの衝撃を吸収してくれるのである。それでも、まったく衝撃がないわけではない。怪我をする可能性はある。トレーシーはプロフェッショナルらしく無事に着地して、五体満足でこのセットから歩み去った。編集者の技術のおかげで、あの3POが私ではなかったことは誰にもわからない。でも私にはトレーシーだったことがわかっていた。

その数時間後、再びトレーシーの出番がきた。今度はかつらと露出度の高いコスチューム、プリンセス・レイアのビキニ姿だ。なぜかというと、あの魅力的なコスチューム姿でロープをつかみ、ジャバのセール・バージからスキッフへと飛び移るのは、トレーシーなのだ。彼女はキャリーと私、両方のスタントを演じられるほど小柄だった。小柄だが、タフだった。

しかし、ジャバのセール・バージはコケにされた復讐をする。

私はばかなことをした。デューンバギーに乗ることなどとんでもない、と警告されたにもかかわらず、それを一台借りた——何も考えずに。そして変装代わりにブルー・ハーヴェストの帽子を目深にかぶり、赤いバンダナで顔を隠すと、バギーに乗って勢いよく丘を滑り降り、大いに楽しんだ。転がりもしなかったし、保険の世話にもならなかった。デューンバギーで丘の急斜面を下るのはスリル満点だったが、危険なことだった。とてもプロフェショナルとは言えない行動だ。

そのあと私は、セール・バージと丘のバギー乗りに背を向けて、割り当てられたトレーラーの外の木陰に座り、荒涼たる砂漠の景色を眺めていた。エイリアンの惑星らしく見えるように、ところどころに生えている灌木《かんぼく》は引っこ抜かれていた。自然はしたたかで強いから、たぶん時が経てば再び生えてくるだろう。どこまでも広がる砂地、とても平和な光景だった。少し離れたところから人々が動きまわる音が聞こえてくる。それから、バン、ボンみたいな奇妙な音がして、背筋が凍るような悲鳴があがった。それも何度も。私は恐怖に凍りついた。一瞬の沈黙のあと、あわただしく走る音が聞こえ、ヘリコプターが飛び立った。

特殊効果チームが用意した蒸気発生器のホースが突然はずれ、セットのなかで作業をしていたクルーが、火傷するほど高熱の蒸気を浴びたのだ。病院から戻ると、信じられないことに、彼は自分が痛みに悲鳴をあげたことを恥ずかしがっていた——あれくらいで悲鳴をあげるなんて、と。もしも私が蒸気の噴射を浴びていたら、一週間は悲鳴をあげつづけただろう。

愉快なエピソードをひとつ。またしても暑い、埃っぽい一日が終わり、私はスターダスト・ホテルに戻る車の後部座席でゆったりとくつろいでいた。冷房の効いた車にひとりで乗り、ホテルに戻れるのは、とても快適だ。道路は制作チームの車を除けば、ほとんどからっぽだった。だから、誰かがクラクションを鳴らし、運転手に脇に寄れと促したときには驚いた。じりじりとクルーのバスが横に並ぶと、窓という窓に裸の尻が見えた。クルーたちが私に向かってケツをまくっているのだ。私は腹を抱えて笑いに笑った。カメラがあればよかったのに。

ジャバのバージは、実際に立派な船だった。船として作られ、巨大な帆もあったから、まさしく大型帆船そのものだ。しかし問題があった。静かな片隅で、風が頭上のキャンバス布をはためかせる音と、足元で木製の骨組みがかすかにうめくのを聞いていると、デヴィッド・トムリンが物思いを破った。デヴィッドはユーモラスな第一AD（アシスタント・ディレクター）で、アメリカのコメディアン、W・C・フィールズと『白鯨』のエイハブ船長を足して二で割ったようなしゃがれ声の持ち主だった。その彼が興味深い助言をしにきたのだ。どうやら、セール・バージの帆は本物の帆らしかった。その帆が砂漠の風をとらえている。バージが大きな木製の足場の上に固定されていなければ、これはなんの問題にもならないが、風が強くなると、帆のせいでバージのセット全体が浮きあがり、ユマへ飛んでいく可能性があるという。

「だから、マイ・ダーリン、ことわざにあるように、〝沈む船を捨ててくれ〟」

私は彼の提案どおりに、大慌てで船を降りた。が、バージが、巨大なゴム製の括約筋もどき――恐ろしいクリーチャー、サーラック――が棲《す》むカークーンの大穴、巨大な砂のプラットホームの上から動くことはなかった。その下には仮の駐車場と、モンスターの消化管から外に出る通路があった。

それから数日のあいだに、恐ろしい砂漠のクリーチャーは多くの犠牲者をのみこんだ。本物の人間――もちろん、スタント俳優――を。私は彼らが怖がりもせずにバージから転がり落ち、下で脈打つ口にのみこまれ、そのなかを滑って姿を消すのを見守った。彼らの演技のおかげでこの戦い全体が実に恐ろしく危険なものに見えたが、実際に恐ろしく危険だったのだ。スターダスト・ホテルはまるで病院の様相を呈《てい》していた。様々な部位を石膏でかため、あるいは包帯を巻いた俳優たちが、動けなくなって、プールの周りに横たわっていた。ひどいけがをして入院している者もいた。

幸い、全員が生き延びたとはいえ、この撮影は多くの痛みと苦しみをもたらした。

『スター・ウォーズ』の専門家たちはやがて、サーラックがひどい苦痛をもたらすクリーチャーであることを知る。

## 38　べとべとしたもの

ジャバの宮殿は、実際には造られなかった。

あれは最終的に、私が何週間もまえに歩いたカリフォルニアの国立公園で撮影された。見事にマット・ペインティングされたショットに挿入されることになる。しかし、いま私が歩いている通路（エルストリーのセット）は本物だ。といっても、長さは六メートルぐらいしかなく、残りは、いつものように、やがてＩＬＭで付け足される。宮殿の正面にそびえたつ扉はとても印象的だったが、上を向いてはいけない。実際はとても低かったから。

**屋外　ジャバの宮殿――門**

アクション！

Ｒ２と私は扉に近づき、ノックした。答えを待たずにそこから離れようとすると、思いがけなく返答があり、３ＰＯ――と私を驚かせた。監督とされていたリチャード・マーカンドは、扉から私の右側に巨大な目玉が飛びだしたとき、私にはそれが見えると思っていたのだろう。しかし、見えなかった。それに彼は合図もしてくれなかった。そのため、私は目玉が飛びだしたのを推測するしかなく、恥ずかしいことに反応が遅れた。そのあとは、もちろん、またしても一方通行の会話をしなくてはならなかった。目玉とＲ２の声はあとで付け足されるのだ。たったひとりで三方向の会話を行うのはずいぶん奇妙に思えたが、このころにはだいぶ慣れていた。

３ＰＯを怖がらせ、廊下を走らせた金属製の蜘蛛《くも》は、たいして出来がよくなかった。私は一心に集中し、小道具係が砂地の床に隠した小さな傾斜路を目指した。その傾斜路を見逃すと、おそらくまたしても顔から倒れることになるからだ。広い通路にはいかにも邪悪な雰囲気が漂っていたが、豚によく似た警備員たちはさほど怖くはなかった。彼らは恐ろしげに見せたかったのだろうが、せっかくの恐ろしさも、体に巻きつけた分厚いフォームに吸収されてしまった。汗のだらだらたれる〝牢獄〟から解放されたときの彼らの気持ちは、本当によくわかる。それから私はビブ・フォーチュナに出くわした。

ビブ・フォーチュナを演じたマイケル・カーターとは劇場で一緒に仕事をしたことがあり、彼の演技力は昔からすごいと思っていたが、このときも例外ではなかった。彼はすばらしく不気味で当意即妙な演技で、3POを悪名高いジャバに引き合わせるため、通路の角を曲がった。このシーンをADRで観た私は格好のチャンスとばかり、ジョージに余分なセリフを詰めこんでいいか、と尋ねた。だってほら——ほかのみんなも口にしている例のセリフだから。そこで私も、こう言うことになった。

「イヤな予感がするぞ」

私はジャバがすっかり気に入った。彼はセットに固定され、あちこち動きまわることも、髪とメーキャップを施しに移動することもできなかった（口絵参照）。初めてジャバに会ったエルストリー・スタジオでは、粘土と六角形の目の金網でできていたが、その後スチュアート・フリーボーンのすばらしい技術のおかげで、緑のゴムでできた、実在感のある、しゃべるモンスターになった。外見もすごいが、あの不快なジェスチャーは、なかと外にいる人形師たちが作りだしたものだ。デイヴ・マークレイは右手と唇。トビー・フィルポットは左手と舌。マイク・エドモンズはジャバの尻尾のなかでゆっくりと転がっていた。ジャバの見事な演技は、リモコンで目の動きを操作していた人形師も入れると、合計四人で作りだしていたのだ。

デイヴと私は無線で連絡をとりあっていた。私たちはジャバの宮殿という奇妙な空間の自分たちだけの小さな世界で、周囲で起きていることを何時間も飽きずに語り合ったものだ。そこでは様々なことが起こった。キャリーはブーシに変装するのが難しいことに気づいた。フェイスマスクをかぶるのがいやだったのだ。大量の煙が充満し、全員が毎日煙草をひと箱空にしているような錯覚を起こすほどだった。乳首が八つある太った女性はひどい下痢で苦しんでいるらしかったが、それについてはなるべく触れないようにした。

ありがたいことに、サレシャス・クラムが私の気を散らしてくれた。ティム・ローズが前腕につけたクラムは、いつ見ても面白かった。あの嫌味ったらしい性格がなんとも言えない。ティムがうなるような声や高笑いでクラムに命を吹きこむを見て、ぜひともやってみたい、と頼みこんだ。私は手袋に上腕まで滑りこませ、クラムの頭を動かし、次いで反対の方向に動かしてみた。何も起こらなかった。あれは羽とプラスチックの塊にすぎなかったのだ。デザインは素晴らしかったが、あんなにリアルな生き物に見えたのはすべて、ティムの演技力のおかげだった。

ここで、緊迫のシーンが訪れる。

ブルースクリーンやグリーンスクリーンを多用するずっとまえだったから、ピーター・ダイヤモンドはキャストやクルーとしてとても人気があった。スタントマンとしての彼は、危険には慣れっこだが、さすがにこれは行きすぎだった。一作目で殺人鬼タスケン・レイダーに扮装した彼は、このシーンで、またしても奇妙な衣装を着るはめになる。後ろから電気ケーブルを垂らし、絶縁スーツのようなものを着て、ゆっくりと、注意深く、ジャバの謁見《えっけん》室のなかを歩いていく(口絵参照)。伸びた長い両腕には、恐ろしいパレードのフロート車両よろしく、割れやすい電球がたくさん並んでいた。目も眩むほどの光。彼は感電死してしまうのではないか？　みんなが不安を感じていた。のちに追加されるクリーチャーのために、動く明かりを提供するのが彼の役目だった。これはセットに緊迫感が満ちたシーンのひとつで、ピーターは無事に撮り終えたものの、結局ボツになった。

強大な権力を持つジャバは、3POに、というか彼のスーツに報復した。といっても、実は仕返ししたのはジャバではなく、ジャバの体に塗りたくられたねばねばしたものだった。小道具部門はたぶん予算を節約するつもりで、ふつうの洗剤を使ったのだろう。自分たちで代替品を作ることもできたはずだが、彼らはオイルを交換したあと汚れた手を洗う緑のどろりとした洗剤で用は足りると判断し、それを3POの金色の表面に塗りたくった。映画では申し分なく見える。しかし撮影が終わり、それを拭きとると、金メッキも一緒に剥げ落ちた。洗剤に含まれた漂白剤が、コスチュームの大部分を白くしてしまったのだ。おかげでコスチュームを再塗装に送りださなくてはならなかった。

高くついた失敗だった。

## 39 パニック

何年も前、私が入っている地元のスキューバ・ダイビング・クラブで総勢六人が訓練をしていたときのことだ。ウエットスーツ、グローブ、タンク、ファーストステージ、セカンドステージ、フィン、マスク。みなこの装備に少しばかり悪戦苦闘していたが、私は動じなかった。金色のスーツを着てスター・ウォーズ映画で演じるのによく似ていたからだ。ただし、このときは映画の撮影時とは違い、全員が安全性とサバイバルに関していろいろと教えこまれた。それがあとで、思いがけない形で役立つことになる。

私はジーンズとトレーナー姿で床に横になっていた。ブライアン・ロフトハウスが私に上半身だけ金色のスーツを着せている。カメラが近くにあり、サレシャス・クラムと、いつものようにそれを見事に操る人形師のティム・ローズがもっと近くにいる。

**屋内　セール・バージ――観測デッキ**

アクション！

3POの目にかぶりついたクラムは、ついに成功してケタケタと笑う。私はもだえ、やめてくれと懇願すればいいだけ。簡単至極だ。ところが、突然、奇妙な衝動がこみあげてきた。パニックが。3POではなく、私がパニック発作を起こしたのだ。スーツに閉じこめられている私は、息ができなくなった。

「出してくれ！　出してくれ！」

即座にブライアンがカメラの前に飛びだし、頭の周りのボルトをはずしてくれた。彼に起こしてもらいながら、私はゆっくり呼吸しようとした。なかなか息ができない。生まれて初めて閉所恐怖症に襲われたのだ。カメラのオペレーターやティム・ローズ、ブライアンがすぐそばにいて安全だというのに、わけもなく恐怖がこみあげてくる。大丈夫だ、なんの心配もない、と自分に言い聞かせた。まもなくブライアンにまた頭をかぶせてもらい、そのシーンの撮影を終えたものの、この短くも恐ろしい経験は、恐怖症がどんなものかを垣間見せてくれた。

一九八五年、ニューヨークのＡＢＣ劇場にいたときのことだ。３ＰＯは通路を走り、舞台に上がってテレビのアニメ・シリーズ『ドロイドの大冒険』のプロデューサーたちに加わった。なんと楽しかったことか！　トロントでは様々な脚本の収録も楽しんだ。若い視聴者向けのＲ２と３ＰＯのさらなる冒険物語だ。ついにこの画期的な作品を世に出す準備が整い、全国ネットのＡＢＣテレビで放送されることが決まった。私がＡＢＣ劇場にいるのは、このシリーズの宣伝のため。放送開始を祝う華やかな祭典がまもなく行われるのだ。

活気に満ちた到着に拍手を贈る重役たちに、３ＰＯは礼儀正しくお辞儀をした。その瞬間、私は広い会場の後ろから走ってくるときに、肺の空気を使い果たしてしまったことに気づいた。酸素の欠乏で気が遠くなりかけたそのとき、スキューバの訓練が役に立った。私はパニックを起こさず、落ち着けと自分に言い聞かせ、生き延びた。幸い、これはリハーサルで、数時間後に行われたメイン・イベントでは、３ＰＯは観客が差し伸べる手を優雅に握りながら、ゆっくりと通路を歩いていき、しばらくしてステージにいるほかの人々に加わった。

リハーサルから学んだのだ。

まあ、自分では学んだと思っていた。

## 40　拷問

３ＰＯの両手は、マクシと一緒にホテルのベッドに座り、薄暗い光のなかで腕の先に糊付けしたときからずっと、役立たずだった。

彼の手には、ほとんど実用的な価値はない。奇妙な金属のパーツに引っ張られて手袋がはずれないように、私は常に両手をぐっと握っていなくてはならないし、３ＰＯの手袋の関節も私の手とはまったく連動していない。金色の手は物をつかむこともできず、しぐさをつけることもほぼ不可能で、手首のところでぱたぱたと動くだけ。幸い、何かをつかむ必要はほとんどなかった。例外はただ一度。何年も前に、シャツとジーンズ姿で3ＰＯの左手と左腕をつけていたときだけだ。

**屋内　デス・スター――メイン・ガントリー――指令室**

アクション！

私は腕をカメラのフレーム内に入れ、通信装置の上で手のひらを開いてスイッチを叩き、指関節がぶらぶら動かないよう固定した。それからその指関節を押さえつけたまま腕をフレームの外にだした。

カット。

手のひらの真ん中に貼りつけた両面テープの切れ端が、これほど役に立つとは。

その後、新たなエピソードのために、新しい手が作られた。分厚いプラスチック製の一体型手袋だ。てっぺんにグリーブリーが挿入されているが、見かけはこれまでのものと変わらない。この手袋も私自身の手とはほぼ連動していなかったし、体温で温まり、柔らかくなるまでは、曲げることもほとんどできなかった。何かを指さすシーンでは、事前に準備が必要だった。人差し指を外へ突きだし、手袋の指が温まるまで太腿に押しつけて、ちょうどいい位置に曲げなくてはならない。そのときが来て、すばやく腕を持ちあげると、人差し指は私の望みどおり、一点を指しつづけた。こんな準備をしなければ使えないことが、とんでもなく苛立たしかった。基本的には手の代わりに、卓球のラケットがついているようなものだ。腕の重みがずっしりと手首にかかってくるため、親指をねじる拷問具で締めつけられているような痛みに襲われる。しかし、エンドアの森の月では、3POの両手は異なる類の苦痛をもたらした。

ブライアンは木立の下の冷えた空気のなかにスーツのパーツを並べ、両手の上にランプを取りつけるようスパークスに指示した。九個のライトの熱がプラスチックを柔らかくするおかげで、以前より着けやすく、動かしやすくなり、着け心地も少しよくなった。ブライアンは、森のなかの私の〝楽屋〟である架台テーブルに置いた手を、母親のようにやさしく暖めた。それでも、お世辞にも着け心地抜群とは言えないため、手を着けるのはおしまいのほうだ。仕上げに3POの頭をかぶったとたん、一気に快適さと自由が失われるが、それは避けられないことだった。

ある日、イウォークのアクションに気を散らされたのか、ブライアンは3POの手をいつもより長く強烈なライトの列の下に置きっぱなしにした。私はそれを両手に着けてから一瞬遅れてプラスチックの熱を感じ、悲鳴をあげた。異なる類の拷問だ。

ついにがまんできなくなり、私はメスを手にして、〝骨〟以外の部分を切り離した。甲の部分を除けば、黒い手袋と数本のワイヤーのみ。おかげで指を屈伸させ、ほとんどのものをつかめるようになった。私が望むような手、3POに必要な手ができるのは、何十年も先のことになる。

ところが、火の試練はまだ終わりではなかった。

このころになると、ブライアンとふたりで撮影のために支度するプロセスには、一定のリズムができあがっていた。両腕、両脚、両手、両足、頭、そして常に最後に目のスイッチを入れる。この目には、いまだにバッテリー・パックが使われていた。ブライアンが〝手〟を温めすぎたことはもう水に流していたが、背中が熱くなると私は不安になった。今度は、背中にドライバーを突っこんだままなのだろうか？

この問いに、ブライアンが傷ついたような顔で背中を調べると――なんとバッテリー・パックがショートしていた。私は生きたまま焼かれていたのだ！

## 41　焚火

撮影はカリフォルニア州クレセントシティの近くにあるスタウト・グローヴで行われていた。

驚くほどの大木、樹齢何百年というアカスギがまっすぐ天に伸びる光景は、少し恐ろしくもある。驚異的な自然のモニュメントだ。驚きはそれだけでいいとばかりに、クルーは手分けして〝後家づくり〟――つまり、古くなっていまにも落ちかけている枝を探した。その木の下に立った男の妻が、何時間かあとに夫が不意の事故で命を落としたという電話を受けるところから、こう呼ばれているのだ。怖い話だが、私は森の深い穏やかさをひしひしと感じた。下ばえが生い茂り、木の葉の天蓋《てんがい》が空を覆っている。その天蓋を通して魔法のように射しこむ陽光が、まるで照明のような効果をもたらす。実際、この映画では効果的な照明となってくれた。

私たちはエンドアの森の月にいるのだった。

空き地の陽射しは焼けるように熱かったが、頭上の天蓋が地上レベルで微気候を作りだし、空き地に出ないかぎりはかなり涼しい。何世紀もかけてゆっくりと作られてきた森の地面は、枯れて朽《く》ちていく植物、地を這う虫、シダ類に覆われており、美しいけれども、３ＰＯにとっては悪夢となった。私が歩く場所には板が敷かれたが、気の毒なストームトルーパーたちは、そこまで気を遣ってもらえなかった。

**屋外　エンドア――シールド発生装置バンカー**

アクション！

「ほら！　こっちだ！　私を探してるのか？」

　ストームトルーパーの一隊は反乱軍兵士を捜索していた。私のすぐ横の下ばえに隠された拡声器から出る大きな声に惑わされ、彼らがくるりとこちらを振り向く。すると３ＰＯが太い幹の陰から顔を突きだしているのが見える。恐ろしいことに、彼らは３ＰＯを捕まえようと駆けよってくる。それからもっと恐ろしいことが起きる。ひとりが倒れ、もうひとりが倒れる。邪悪な３ＰＯが顔を出し……障害レースの解説で次々に倒れる馬を解説していくような光景が繰り広げられる。

「ついに二番が倒れましたが、六番が外側からぐんぐん上がってきます。あっ、フェンスにぶつかりました。十二番が全速力で……」ざっとこんな具合に。

　息をきらした私の声が森のなかにこだまする。私はこのシーンを楽しみ――誰も怪我をせずに無事撮影が終わった。とはいえ、なぜストームトルーパーはあんなに無様なのか？　落ちているヘルメットを拾いあげ、緑のプラスチックの目を通して森を見てみた。まるで空のワイン・ボトルの底を通して見ているようだった。これではほとんど見えないのも同じだ。彼らが思いがけなく転倒や衝突をすることが多いのも無理はない。どうりで誰ひとりブラスタービームを敵に命中させられないわけだ。

小道具部門のスタッフは非常に独創的だが、例の網に苦労したのは私だけでなく、彼らも同様だった。ラテックスに覆われた太いロープ製の網は、私たち全員を包みこんで持ちあげても、切れないだけの頑丈さがあった。3POたちは、機知に富んだイウォークが仕掛けた、原始的とはいえ巧妙な罠にかかってしまう。ところが、私たち全員が注意深く空中に吊るされたあと、問題が生じた。ロープが太すぎて、そのなかに囚われた私たちがほとんど見えないのだ。忌まわしいことに、私たちは再び森の地面におろされた。輸送を待つ荷物のようにぼうっと立っていると、まもなくもう一度持ちあげられた。小道具係が、なかにいる者の顔が見えるように網のロープを一本飛ばしで切ったのだ。

とはいえ、そもそもあの罠は何で起動されたのか？　あとで調べた結果、チューバッカの飢えをあれほど掻《か》きたてたのは、動物だということが判明した。まあ、動物の一部――つまり尻だった。数日後、クレセントシティという仰々《ぎょうぎょう》しい名前の繁華街をぶらついていると、土産物屋が目についた。そこのショーウインドーに、セットで目にしたウーキーのおやつにそっくりのものがあるではないか。小さな鹿の上向きになった後ろ脚と臀部《でんぶ》がいくつか並んでいた。体から切り離された脚が、伸びた角のように空中に突きだしている。上のほうの毛のなかにプラスチックの目がふたつ貼りつけられ、下のほうでは、ひと揃いの歯が臀部を縁どっている。どうやらクレセントシティは、鹿にとってはのんびり散歩できる場所ではないらしい。

私はこのロケ地がすっかり気に入ったが、主な楽しみは、すばらしい技術を持つスチールカメラマン、ラルフ・

ネルソンとのやりあいだった。そういえば、一九七六年にも、『新たなる希望』の全スチール写真を撮ったジョン・ジェイとのやりとりを楽しんだものだ。Ｒ２と一緒にラーズ農場の外で一緒に立っている写真がとりわけ印象に残っている。左側に立つ３ＰＯの足元をよく見ると、金色のプラスチックの覆いの下からデッキシューズがのぞいている。右にいるＲ２はクルーがうっかりしたのか、両足が定位置に固定されたまま。荷箱から取りだされたばかりで梱包に使われた支柱がまだネジで留めてある。ふたりのあいだには、煙草の吸殻が落ちていた。私はジョンが好きだった。彼のようなベテランのプロカメラマンでも、ときに詳細を見過ごすこともあったようだ。砂漠の最後のシーンを撮影中、彼からびっくりするような質問をされたことがある。

「どうして今日は銀色の脚を着けているんだ？」

すでに二週間も現場で仕事をしているのに、３ＰＯは昔からよく事故に遭うというジョージの仄めかしに、ジョンは気づかなかったのか？　まあ、気づかなかった連中はほかにもたくさんいたが。

ラルフはジョンの仕事をとても尊敬していたが、私のことはそれほどでもなかった。私のほうも彼をさほど尊敬していなかったからおあいこだろう。写真ぐらい誰でも撮れる、と私が憎まれ口を叩くと、彼はブリンプと呼ばれる防音箱に入ったカメラを差しだし、だったらこれで撮ってみろ、と言ってきた。そのとき撮影中だったのはアクション・シーン――エンドアのシールド発生装置バンカーの外の戦い――だった。私はカメラを構えたが、一枚も撮れなかった。俳優たちがめまぐるしく動きつづけるシーンを写真に収めるのは、思ったより難しかった。

ラルフには子どものようなユーモアのセンスがあった。彼が作ったおならの音をだす玩具は、陽気でくだらないギャグ部門では伝説となっている。けれども、彼はそれだけでは満足できなかった。ある日、私には逃れるすべがないことを知っていて、コスチュームの片方の脚に冷たい水を注ぎこみ、靴のなかを水浸しにした。仕返しに、彼がセットでうたた寝しているとき、特殊効果クルーに頼んで椅子の下に爆竹を仕掛けてもらった。その結果はかなり満足のいくものだったが、少々おとなげなかったかもしれない。

何年もあと、新三部作のひとつのリハーサル中、自分の立ち位置に戻る途中、ラルフの横を通り過ぎたことがある。そのとき私の信頼するアシスタントを務めていたのは、友人でもあった超絶技術を誇るドン・ビーズだった。私をコスチュームに閉じこめ、あざやかな手並みでR2を操縦するのが彼の仕事だった。その彼が3POの頭を私にかぶせ、いつものように、前後に分かれている頭をひとつに組み合わせるあいだ目をつぶっていると、カチリと音がした。目を開けたが、真っ暗で何も見えない。何かがおかしい。でも、いったい何だ？　すると、しのび笑いが聞こえた。ラルフがマスクの内側の目の穴を粘着テープでふさいでいたのだ。しばらくしてからやっと、彼は3POの頭をはずしてくれた。この仕返しはいつかしてやらなくては。私はそう決意した。

「後ろの赤い光はなんだろう？」

「おっと、止まったほうがいいな」

『帝国の逆襲』時代の私の救い主であるシド・ガニスと、街で食事をした帰り道のこと。真夜中にどこともわからぬ場所で、アカスギの陰に隠れていた警官に車を止められ、私はあせった。同乗者がルーカスフィルムのヴァイス・プレジデントとあってはなおさらだ。留置場にぶちこまれ、制作に支障をきたすはめになるのだろうか？

ありがたいことに、ルーカスフィルムが黙って私の罰金を払い、この件はそれでおしまいになった。その後まもなく、州軍の兵士たちがセットを訪れた。同僚が3POをスピード違反で捕まえたことを、少々申しわけなく思っているという。私はあのときの警官にサイン入りの写真を贈ろうかどうしようか迷い、結局やめることにした。とっさに頭に浮かんだメッセージを書いていたら、今度こそ留置場行きになっていたかもしれない。

エンドアの森でワーウィック・デイヴィスと出会ったのは、喜ばしい体験だった。ワーウィックは当時十一歳で、可愛いらしかった。ほかのイウォークも可愛いらしくなるように作られたのだろうが、うまくいかなかったらしく、実際にある程度動かすことができたのはワーウィックのマスクだけだった。最初の予定では、毛むくじゃらの友人たちは数人が顔の表情を作れるはずだったが、時間と予算がなくなったのだ。おかげで私は、まるで『光る眼』の動物版に入りこんだかのように、毛に縁どられた無表情なクリーチャーに囲まれて何日も過ごすはめになった。ワーウィックはコスチュームから舌を出し、いくらか表情をつけることに成功した。マスクのゴム製の唇から舌を突きだし、それをぴくぴくと動かすのだ。これは、彼の新たに発見された演技力と相まって、実にうまくいった。

天を突くアカスギの森のなかで、私たちは仕事ばかりでなく、様々な楽しみを見つけた。スポーツ好きの人々のために日曜日の釣り旅行が企画されたときは、釣り好きでない私も参加した。ふだん食料の調達は人にまかせている私も、このときばかりは釣り人に同行して大いに楽しんだ。四、五人が乗れるボートに分乗し、風変りな艦隊を組んで上流へと漕いでしばらくすると、ガイドの言う釣れそうな場所でボートを止めた。めいめいが釣り竿を手に、騒々しく水のなかに糸を放りこむ。波打った水面はすぐに静かになって、みなそれぞれの思いに浸りながら穏やかな気分で座っていた。何も釣れなくたってかまわない。美しい眺めのなか、のどかなひと時を楽しんだ。魚はかからず、やがて私たちは糸を巻き取り、ゆるやかに流れる川のべつの釣りスポットに漂っていった。再び釣り針が水中に消える。私たちは川面に目をやり、近づいてくるかもしれない魚を怖がらせないように、小声で話しながら待った。

ヴルルルーン！

突然、轟音とともにハリソンが川の湾曲部から姿を現した。モーターボートが作りだす波で、私たちのボートがぐるぐる回るのを見ながら、彼は笑って手を振り、あっというまに通り過ぎた。

ボートの揺れが徐々におさまっていく。魚は一目散に逃げてしまったに違いない。しかし、あのモーターボートの出現には意表を突かれた。まるでハリソンが演じる別のアクションヒーロー、インディ・ジョーンズがいきなり登場したかのようだった。が、その日の驚きはそれだけではなかった。私の釣り糸が突然ぴんと張ったのだ。どきどきして糸を巻くと、逃げようとする魚の姿が見えてきた。思いがけずすっかり興奮して、網をつかみ、私は銀色にきらめく魚をすくい上げた。針は自然とはずれたものの、短い戦いに疲れはてたのか、釣りあげた魚は網のなかでぐったりしている。私は写真を撮ってから網を水に戻した。水面に浮いたまま離れていく魚は、ぴくりとも動かない。それを見て罪悪感にかられたが、まもなく魚は尻尾をゆるく動かして、水中に消えた。そのころにはほかの連中も糸を巻きあげ、たくさんの魚を釣りあげていた。きらめく魚たちは、その夜のご馳走になってくれるだろう。正直に言うと、私が釣りあげた魚は少しばかり小さかった。

**屋外　エンドア——森——鬱蒼《うっそう》と茂る葉**

アクション！

「神になりすますのは、私のプログラミングに反します！」

3POが神になるというアイデアは大いに気に入った。これはある人物に仕返しする絶好のチャンスでもあった。私たちはエルストリーに戻っていた。イウォークの村の巨大なセットがステージの床よりずっと高い位置に作られ、小道具の木の後ろには描いた森が広がっている。ポンプで下に送りこまれるドライアイスの煙に助けられ、カメラが森の地面の深さを捉える。このドライアイスが、霧のかかった美しい眺めを作りだしていた。それにセットの下のエリアには、非番のイウォークがくつろげるように、何列も椅子が置かれていた。毛むくじゃらの友人たちが寒すぎて危険にさらされる可能性があると判明したのは、何日か経ってからだった。ドライアイスは名前こそ友好的だが、実は二酸化炭素というあまり好ましくない物質でできている。固形のドライアイスは皮膚を火傷させるほど冷たいし、温めると気化して空気を変える――それも悪いほうに。酸素欠乏によって失神する危機に直面し、イウォークたちの椅子はほかに移された。

私には玉座があったが、少しばかり身の安全が脅かされている気がした。クルーのことは信頼しているが――何が起こるかは誰にもわからない。彼らはその椅子の前後にワイヤーを取りつけ、それをぴんと張って、ウインチで私をスタジオの梁《はり》へと持ちあげた。3POが飛ぶシーンを撮影するためである。私が半分本気で恐怖にかられて腕をばたつかせているあいだに、彼らは天井の短いレールを使って玉座を旋回させた。ようやく床におろしてもらったときは、心の底からほっとした。

私はよく、映画のなかで好きなセリフは何かと尋ねられる。最初の出会いから3POをいじめ、侮辱してきたきざな密輸業者のハンが、高く積み上げられた薪の上に吊るされ、イウォークの手で蒸し焼きにされそうになる。状況がのみこめないハンに、3POがいつものように喜々として情報を提供するセリフは、なかなかのお気に入りだ。

**屋外　エンドア――イウォークの村の広場**

アクション！

「どうやら、あなたの丸焼きが私に敬意を表して催される晩餐会《ばんさん》のメインコースになるそうですよ、ソロ船長」

そう告げる3POの顔の満足そうなこと。

リハーサルではコスチュームは着ない。私の顔も見えるから、あのときの表情はみんなにもはっきりわかったはずだ。それはともかく、どんな感情にしろ、スーツを着て感情を表現するためには、演技を少しばかり誇張しなくてはならない。チェーホフの世界ではなく、ロボットの世界の演技、つまり過剰な演技が必要なのだ。スーツなしでこれをやるとかなりオーバーになるが、加減していたのではリハーサルにはならない。

これは三本目の映画とあって、私自身も、ドロイドとしても、少しばかり進化を遂げていた。リハーサルでも、スーツを着けているときでも、ばかげて見えやしないか、聞こえやしないかとまだ不安は感じたが、自分のやり方でやるしかなかった。いまの私はコスチュームを通じて感情を表すにはどうすればいいかわかっている。また、スーツを着ているときにできることとできないことも把握している。3POが斬新な表現を達成するチャンスの鍵を握るのが脚本であることに変わりはないとはいえ、3POは3PO、3POにしかなれない。万人に好かれるわけではないにせよ、私は彼が好きだ。だから、彼が気に入らない人々には我慢してもらうしかない。

彼のキャラクターは、実際には人間を誇張したものだと言えるだろう。どういうわけか、観客は生身の人間ではないクリーチャーが、人間的な感情を示すと喜ぶ。そして、彼らを寛容に受けとめ、彼らに感情移入してくれる。『新たなる希望』のジョージの脚本は、3POという存在を私の頭にはっきりと焼きつけた。あの脚本は3POというキャラクターの基本的な特徴を明確に定義していたから、私は3POを吸収することができた。俳優がキャラクターをいったん吸収すると、そのキャラクターは心にしっかりと根付く。そして、その特徴の多くを直感的に表現できるようになる。３ＰＯが英雄的な行いをして、物語の推進力となることは決してないだろう。彼は常に、積極的に行動するというより、反射的に行動するにちがいない。けれども、だからこそ観客は３ＰＯに共感するのだ。３ＰＯの運命は、結局のところ、スクリーンで彼を見守る私たちと同じ。彼の繊細さや神経質な面は、人が成長する過程で隠すように教えこまれる生の感情なのだ。

私は３ＰＯの忠誠心を称賛するようになっていた。これは人間の持つすぐれた資質だ。忠誠心のある人間は称賛に価する。だから、この点を少しばかり誇張してもいいかもしれない。ただ、人間と違って彼にはユーモアのセンスがないため、ときにはとても滑稽に見える。３ＰＯは、いわば究極の真面目人間なのだ。彼が抱く不安の一部は、人間の行動を理解できないという彼の特質に端を発している。ユーモアと皮肉は、どんな惑星で生き延びるにも必要不可欠な資質だ。それを持たない３ＰＯは、残念ながら常に心配し、苦しむ運命にある。

誇張された演技はともかくも、私は３ＰＯをリアルで、身近なキャラクターにする必要があった。ドロイドといえども、本物らしく感じられる存在でなくてはならない。私たちみんなが、彼が存在すると信じられるように。これは最初から、かなり厄介な課題だった。無言のＲ２とのやりとりはとくに難しかった。演劇学校の即興のクラスで学んだことを創造主に感謝しなくては。やがて遅まきながら、私は辛辣なユーモアを持つ『ハムレット』のギルデンスターン役を演じたことが、今回の仕事のリハーサルとなったことに気づいた。ストッパードが描いたギルデンスターンと、彼より率直で血気盛んなキャラクターであるローゼンクランツとの関係は、まさしく３ＰＯとＲ２の関係そのものだ。すばらしい絆を持つ一方で、それぞれユニークなキャラクターとして独立し、自分たちにはどうにもならない出来事に翻弄される。ローゼンクランツはＲ２で、ギルデンスターンは３ＰＯだ。

演技だけでなく、各シーンの身体的な面も常に考慮しなくてはならなかった。それが体の動きに関するものにせよ視覚的なものにせよ、スーツがもたらす制限と上手に付き合う必要がある。3POの両手は顔にも頭にも触れることはできない。そうなると人間的な仕草の範囲はぐんと狭まる。頭部を回せる範囲はほんの少しだけ。3POには背筋を伸ばして、まっすぐ立っていてほしいから、R2やイウォークを見るとき、老人のように腰を曲げるのを避けるために、目線を偽らなくてはならなかった。できることはほんの少ししかないが、それを最大限生かすのが私の仕事だ。ときどき失敗することはあっても、だいたいにおいて私はその仕事を果たした。とはいえ、ほかの俳優が本番でもリハーサルと同じ演技をしてくれるとあてにして演じていたのはたしかだ。ほとんどの場合、彼らはそうしてくれた。

コスチュームがたてるカタカタキーキーいう音が頭のなかで反響し、大きく聞こえるのも厄介だった。そのせいで、ほかの俳優のセリフをよく聞きとれない。彼らのほうも私のもごもごしゃべる声――自分の耳にはガンガン響くのだが――が、よく聞こえなかった。

3POがスクリーンのどの範囲を満たすかをカメラ・クルーが判断できるように、スーツを着けないリハーサルのときでも、私は両腕を広げて3POのように立った。そして3POの声で話した。コスチュームなしでは、おそらく滑稽に見えたし、聞こえたことだろう。だが、このドロイドになりきるには必要なことだ。

3POがイウォークに語る冒険談にどんな振りをつければ、イウォークたちが反乱軍の窮状《きゅうじょう》を理解し、味方についてくれるのか？　マーカンド監督に、自分で考えてもらいたいと言われた私は、その週末、自宅で稽古をして過ごした。月曜日の朝、イウォークの村に戻ると、私は数人の小さな〝観客〟の前で稽古の成果を披露した。そのために英語で書いた簡単なセリフは、のちにベン・バートとふたりで、ベンが発明したイウォーク語で再収録することになるが、この時点では、英語であまりインパクトのないセリフを口にした。

「プリンセス・レイアはＲ２にメッセージを託しました。邪悪な人間、デス・スターを建造したダース・ベイダーに襲われたからです。それから私たちはジェダイであるオビ＝ワン・ケノービと出会い、ケノービが光る棒でベイダーと戦いました。私たちはウォーカーの攻撃を受けましたが、ルーク様がウォーカーを爆発させました。その後ミレニアム・ファルコンでクラウド・シティに逃げ……」

シェークスピアのセリフには程遠いが、何もないよりはましだ。恥ずかしがっていても仕方がないので、私は精いっぱい熱意をこめて演じた。イウォークたちはあの恐ろしい死人のような目でうっとりと見上げている。だが、カメラに映らないところで、ハリソンがばかにしたような目を向けているのが見えた。どうやら、彼は私の演技を鼻で笑っているようだ。とはいえ、ベンが加えたウォーカーやＸウイング、爆発の音響効果で、これは大いに愛されるシーンとなった。その昔、「物語は苦手です」と謝ったキャラクターにしては、上出来だ。この最も誇らしい瞬間のひとつが生まれたのは、案外、ハリソンが浮かべていたあの表情を見て無意識に発奮したおかげかもしれない。

**屋内　エンドアー村長の小屋――長老会議**

３ＰＯは部族のひとりと話している。

ハンが無礼にも彼の肩を叩き、それを中断する。３ＰＯが振り向くと、彼は有無を言わさず要求をぶつけてくる。３ＰＯはイウォークに向き直り、礼儀正しくハンの疑問を通訳する。再び肩を叩かれ、３ＰＯは礼儀正しく耳を傾けてから新しい小柄な友人に向き直る。だが、ハンにまたしても肩を叩かれると、ついに3POの堪忍袋の緒が切れる。

そしてくるりと振り向き、この無礼な人間をにらみつける。またしても、彼の感情は金色の顔にはっきりと描かれている。マスクはまったく変わらないが、感情は変わっている。そこには怒りがあった。私は頭と上半身の位置を調節することで3POの怒りを表現できたと思う。

拷問室の演技は、これほどではないがやはり難しかった。子どものドロイドが拷問具で引き裂かれるのを目にした恐怖を、どうやって示せばいいのか？　人間は怖いと思うと、耳のところで肩をまるめる。ほら、首を縮めて甲羅のなかに隠れようとする亀のように。この〝ぞっとした〟演技は、かなり効果的だったと思う。恐ろしい場面であることは別にしても、これは奇妙なシーンだった。監督のマーカンドはそのあいだじゅう脚本に顔を埋めて、拷問責任者ドロイドのセリフを声に出して読んでいた。そして、そのショットの終わりに顔を上げ、カメラマンにうまくいったかと尋ねた。私の演技のことか、それとも自分の演技ことだったのか？　彼は演技をするのが好きだった。ドラマティックなポーズを取って写真に収まるのも好きだった。しかし、実際はジョージが、〝代理人を通じて〟監督しているのは明らかだった。

新しい監督には、初対面のときから不安な点があった。エルストリーの彼のオフィスで、私が3POのセリフをもっとよくするために書き換えることがある、と告げると、マーカンドはどこかの寄宿学校の校長のような口調でこう言った。脚本家は大金をもらってあれを書いているのだから、変えたりせずにそのままにしておくべきだ、と。そのときにこの男は前監督のカーシュとは違うと思った。

その後、マーカンドが直前に監督した映画、『針の眼』を見た私は、愛すべき共同プロデューサー、ロバート・

ワッツに電話をして、マーカンドがこの仕事に相応しい監督かどうか疑問に思うと告げた。どうやら、ジョージも私の評価に同意しているようだった。対処しなくてはならないことが山のようにあったため、ジョージはすべての撮影に立ち会う予定ではなかったが、最初の数日の撮影を見守ったあと、予定を変更し、帽子のステッチに〝監督〟と綴られてこそいなかったものの、ほとんどの撮影に立ち会った。

誰が実際の監督かに関して少しばかり混乱があっただけでなく、ハリソンも現場で采配をふるいはじめたようだった。キャリーのクローズアップがハリソンに好都合なツーショットになった、というのが撮影現場の格言となった。私は常々、ハリソンはすばらしい監督になれると思っているが、おそらくすばらしい俳優でいるのに忙しすぎるのだろう。

マーカンドは責任転嫁がお得意のようだった。

私がジャバのセール・バージでカメラのある場所から見ていると、二度ばかりテイクを撮り終えたあと、マーカンドは遠くのスキッフにワイヤーでぶらさがっているビリー・ディーを大声でけなした。

「なんであいつはトチらずにセリフを言えないんだ？」彼は周囲のみんなに聞こえるように罵った。なぜ言えないかって？　たぶん、ハリソンがその直前に監督とこのシーンを手直ししたことと、ビリーが灼熱のユマ砂漠で逆さに吊られていたためだろう。

マーカンドは森のなかで私にも同じことをしようとした。隣の空き地のほうの藪の陰で自分の名前が聞こえたため、私はすぐさまカメラのそばに行った。

「私たちを待たせるのはこれで二度目だぞ」

「なんですって？」

「なんでもない。始めるとしよう」

「待ってください。クルーの前で、私が何をしたと非難しているんですか？」

「なんでもないよ」

時間は貴重だから、私はそれ以上くいさがらなかった。数日後、ハリソンがロサンゼルスで催される最新作（『スター・ウォーズ』ではない）のプレミアに飛んでいけるように、突然スケジュールが変更された。ハリソンは実際、実力に見合うスターになったのだ。彼がインディアナ・ジョーンズのように空き地から出ていくのを見守っていると、マーカンドは突然私に顔を向け、まるで親友のようにこう言った。

「これで、きみとぼくでこの映画を作れるな」

「リチャード。あなたは撮影中、ずっと私をけなし、無視し、役に立つ指示はひとつも与えず、私がまだ演技をしている最中にテイクをカットした。撮影が終わるまで、私に話しかけないでもらえるとありがたいな」

私はあ然としている彼に背を向け、セットの周りをうろついているジョージのところへ行って、マーカンドのほうを示した。

「彼とセリフの吹き替えをするのはお断りします」

愛すべきハワード・カザンジャンは、紳士的な態度を一度たりとも崩さずにこの映画をプロデュースした。プロデューサーの姿勢は、どんな映画制作であれ、現場の雰囲気に大きな違いをもたらす。映画産業には、人々をどう扱うべきかに関して、独特の変わったルールがあるのだ。ほかの産業のように、人事課はいまだにない。もしも再び仕事をしたければ、不満は口にしないことだ。ハワードはぎくしゃくした雰囲気をとりなし、観客が愛する大ヒット映画を作った。多くのファンがイウォークを愛した。そして私が要請したように、私の音入れはジヨージが監督してくれた。

　セットで収録した私の仮のセリフをイウォーク語で上書きしたのはこのときだ。ベンとイウォーク語で話すのはとても楽しかった。ふたりで世界中の様々な言語の録音を聞き、音とフレーズを書きだし、それを混ぜ合わせて本当らしく聞こえるセリフを作りだした（口絵参照）。

「プリンセス・レイア・ワッセイ・ワドマ・R2。ウッス・ヴァタタ・ルンディ、ダース・ベイダー！　ウン・チェムコヴァスキーモティアツムディ・デス・スター。ウッス・ミーチン・ジェダイ・オビ＝ワン・ケノービ。イー・マナ・マチュ・ベイダー・コン・ユム・ナム。トロント・ゴシュ、トロント・ゴシュ。マスター・ルーク・ア・チメニー・チュー・ドゥー。チュードゥー。ウタ・ミレニアム・ファルコン・アー――チメニー・クラウド・シティ……」

〝ユム・ナム〟を思い出すと、まだ笑みが浮かぶ。〝ハン・ソロ、ティコロ・カーボン！〟というドラマティックなくだりもそうだ。あまりにおかしくてふたりとも笑いがとまらず、ときどき中断しなくてはならなかった。なかにはあまりにも下品に聞こえる文もあって、最後はボツにした。イウォークは可愛いのを売りにしていたから。

　ひとつショックなことがあった。エルストリーで、屋外セットを建て、様々な撮影を行うバックロットにいたときのことだ。余談だが、スタンリー・キューブリックと一緒にこのスタジオを使っていたときは、ここに『シャイニング』の雪に覆われたガソリンスタンドがあった。文字通り大量の塩が空き地全体にぶちまけられ、雪景色を作りだしていた。サウンドステージのなかも同様だった。ホテルの庭にある迷路のセットには、「部外者立ち入り禁止」と書かれた大きな札がかかっていたが、まわりには誰もいない。詮索好きの私は重い防音扉を押し開け、こっそりしのびこんだ。

なかには驚くほどよくできたセットが作られていた。背の高い緑の生垣の向こうに小山になった雪が見える。そこはステージ2のなか、私の楽屋の隣だったが、まるで凍るように寒い雪のなかを歩いているようだった。ふと足元を見ると、私の足跡が偽物の新雪のなかにくっきりと残っている！　それが目に入ったときの恐怖！　私はぎょっとして、急いで逃げだす方法を考えた。そしてすでに与えてしまった損傷を最小限に食い止めるため、注意深く後ろ向きに自分の足跡を踏んで戻り、ついにセットの端に達すると、そしらぬ顔でステージをあとにした。

完成した作品を映画館で観たときには、あまりの怖さに背筋がぞくぞくした。主人公の少年が狂気に落ちたジャックに追われ、あの迷路を外の雪のなかへと逃げていく。少年が、ちょうど私がしたように、自分の足跡を後ろ向きに歩くのを見て、内心こう思った。キューブリック監督は私がつけた足跡を見て、あれを思いついたのだろうか？

いや、たぶん違う。

その日は湿気の多い薄暗い日で、ガソリンスタンドと迷路はとうになく、当然ながら雪もない。今回の撮影もそろそろ終わりにさしかかっていた。イウォークと煙のたちこめたジャバの宮殿から離れ、新鮮な空気を求めて外に出た私は、ふたりのクルーがそこで焚火をしているのを見て首を傾げた。焚火？　なんのためだ？

彼らは手を休め、説明してくれた。巨大なスチールの枠は、すでにスクラップ置き場に送られ、残りのパーツを処分しているのだ、と。木とペンキを塗ったパネルが私たちの前で煙をあげて燃えていた。もはやいらなくなり、かといって残しておくのは場所を取りすぎる巨大な小道具――彼らはミレニアム・ファルコンを燃やしているのだった。

私はそれを見つめ、奇妙な感情に揺さぶられた。この宇宙船は私と友人たちを何度も手に汗握る冒険の旅へと連れていってくれた。いわば家族の一部。世界中の人々によく知られ、愛されてきた『スター・ウォーズ』のシンボルだ。それが解体され、壊されて、ただのゴミとして燃やされている。ミレニアム・ファルコンは映画のなかでは不滅だが、現実にはもう存在しないのだ。別れの言葉も何もなしに、くすぶる薪になってしまった。

私は濡れた草の端にかがみこんで、ワイヤーの束を拾い上げた。ファルコンの通路に走っていた配線だ(口絵参照)。それが何かはどうでもいい。重要なもの、たしかにファルコンの一部に見えた。近くでは、小さなプラスチックのグリルが溶けようとしていた。私はすばらしい創造物の記念を拾いあげ、親指で黒いパーツから泥を落とした。そこには「フォード」とスタンプが押されていた。といっても、ハリソン・フォードのことではない。

これらは車のパーツだったのだ。

結局のところ、ファルコンは本物ではなかった。

これで終わり。ジョージはもうスター・ウォーズ映画を作ることはない。彼がかつて計画した三つの三部作は、ひとつだけで終わる。それはいい。でも私は複雑な気持ちだった。最初は無視されたが、その後、自分の名前をポスターに入れてもらえるようになり、イウォークのではあるが、いまや神となった。そしてときには宣伝を兼ねたパーティや催しにも呼ばれるようになった。おそらくしばらくは、顔も体も完全に隠してロボットを演じたことで軽んじられたように感じ、顔を見せて演じているほかのキャストよりも劣っているような気にさせられた心の傷は残るだろう。それでも、楽しい思いもしたし、稼いだし、友人を作った。それに金色の友人のことが、とてもよくわかるようになった。

まもなく、3POとしての私の人生は、終わりとは程遠いことがわかる。

## 42　ライド

**一九八六年、フラワー・ストリート――バーバンク――カリフォルニア**

トム・フィッツジェラルドは質素なオフィスで机の向こう側に座っていた。彼と仲間のイマジニア（注：イマジネーションとエンジニアリングを合わせたディズニーの造語。）たちはルーカスフィルムの有する素材とILMの技術を組み合わせ、ディズニーのテーマパークに魅力的なライドを作ろうとしているのだ。トムはエネルギッシュにスター・ツアーズの体験を説明し、自分の声と仕草だけで、胸のときめく冒険を描いてみせた。

乗客はレックス船長のおぼつかない操縦により、超スピードで宇宙空間に飛びこむ。ところが、これがレックス船長の勤務初日とあって、必然的にいくつか問題が生じる。そして乗客は、『スター・ウォーズ』映画三作の最もドラマティックでエキサイティングな瞬間を次々に体験することになる。ビューポート・スクリーンには、ひっきりなしに手に汗握る展開が映しだされる。シートベルトをした乗客はスリル満点のフライト・シミュレーターの世界へと飛びこむのだ！

出発に先立ち宇宙港に入った搭乗客は、まず宇宙旅行の雰囲気を味わう。不吉なアナウンスとフライト情報が流れるなか、くねくね曲がる通路を進んでいくと、まもなく自分たちが搭乗する宇宙船とよく似た、スター・スピーダー３０００のそばを通り過ぎる。これは現在修理中で、Ｒ２がその修理を受け持ち、３ＰＯは上にある制御プラットホームから指示をだしている（口絵参照）。その宇宙船のキャノンが爆発しそうになり、まずい事態が生じたところで、私が登場する。

　実物大の制御コンソール以外からっぽのスタジオで、私はカメラの前に立った。そこにいないＲ２のほうに顔を向け、指示をだす私の演技を、トムが監督する。私はジーンズとシャツ姿で――砂袋を手にしていた。後者は私の足を一か所に固定するため。左脚は、アニマトロニクスの姿を起動するのに必要なすべてのワイヤーの導管の役目を果たすことになる。

　トムと私は、ディズニーのテーマパークで果てしなく繰り返されることになる十二分間の演技を大いに楽しみながら録画した。パリのディズニーランドにも導入されるため、私はフランス語のセリフも録音した。だが、何か月もあと、彼らはフランス語だとセリフが二倍の長さになることに気づき、アニマトロニクスのプログラミングと合うように、短く詰めた脚本を再収録するはめになった。それはかまわないのだが、私は心配だった。世界のあちこちにあるディズニーランドのライドを実際に作りだしている、すばらしく有能で独創的なイマジニア・チームが、３ＰＯを人間らしくしすぎてしまわないだろうか？　私は厚かましくも、このドロイドの動きはとてもユニークなのだ、とアニメーション・プログラマーに説明した。デヴィッド・フェイテンは終始無表情で聞いていた。私は自分の意思が伝わったことを願うしかなかった。

　さらに何か月もあとの真夜中――ディズニーのパークで取り付けやメンテナンスが行われる時間帯に、私は誰もいない新しい宇宙港に立っていた。そこには３ＰＯがいて、せっせと仕事を果たしている。なんとも不思議な感じだった。あの３ＰＯは私がなかに入っているのと同じくらいリアルだ。デヴィッドは実に申し分のない仕事をしてくれたのだった。のちに私がこの感動を伝えると、自分は常に良い仕事をする、と言わんばかりにデヴィッドはかすかに口元をなごませた。

そのシークエンスを撮っていたとき、私はトムから搭乗客が通る場所を見下ろしてくれと指示された場所にひとりで立ち、金色の友人を見上げた。内部に隠された機械が動き、彼が私を見下ろす。3POはまっすぐ私を見てきた。私は魂がひっくり返るような気持ちで見つめ返した。それから彼は上を向き、R2に小言をいうに戻った。あれは、何年もまえに初めてラルフ・マクォーリーのコンセプト画に出会ったときと同じくらい、〝仕事〟忘れがたい瞬間だった。

オープニングの夜が来た！　というか、そのリハーサルの夜が。私はステージに立って、入っていくのを待っていた。午前四時のことだ。まごうかたなき天才であるデヴィッド・シェイファーは、どこか近くに隠れてR2の制御装置を操作している。デヴィッドはそのころもまだ、世界中であらゆる類のイベントに出演する私に付き添ってくれていた。私はトムと話したとき、デヴィッドを褒《ほ》め、彼の技術はディズニーにとってかけがえのないものになる、と推薦した。そこで彼らはデヴィッドに仕事を与えた。まったく、私ときたらなんて愚かなことをしたのだろう。これでもうデヴィッドと一緒に楽しい時を過ごすことができなくなってしまうではないか。しかし、デヴィッドには、私の顔を拭いたり、R2を操縦したりという仕事よりも、自分の能力を存分に発揮できる仕事が相応しい。とはいえ、これはまだ先のこと。いまはアナハイムのディズニーランドで、驚くべきライドの初公開に、〝すべてのシステムが準備完了〟となった。

スタート！

はるか上の夜空に巨大な空飛ぶ円盤が現れた。近づいてくると、デリケートな長いアームが丸い船体を縁どっているのが見えた。すばらしくドラマティックな登場だ。それは私に向かって飛んでくる。頭上に近づくと、私の録音された声がスピーカーから響いた。R2と自分の到着をミッキーが迎えられるように、3POが着陸の手順を開始する。誰もいない公園に私の声が響き渡り、円盤が止まった――ほぼ止まった。それから円盤が遠ざかり、また近づき、巨大な振り子のように振れはじめた。両方のアームが空気を打つように動き、その動きがどんどん大きくなって、突然、宇宙船のパーツが落ちてきた。宇宙船は失速し、落下して、墜落する。

まるで巨大な小道具がワイヤーで空中に吊るされているように見えた。それを支える、ライトを消して窓を覆った黒いヘリコプターは、百二十メートル上を飛んでいる。それは決まった位置で止まり、ホバーリングしていた。だが、小道具のほうはこの短い飛行のあいだに慣性がついたらしく、止まらなかった。それは状況を考慮しているかのように一瞬ためらい、それから反対の方向に触れ、振動しはじめ、とうとう地上に落ちた。不気味な沈黙。駐車場に降りたヘリコプターの轟音だけが響く。

それから五時間ほどあと、私はサウンド・ブースで新しい脚本を録音していた。今度は不時着ではなく、宇宙から〝ビーム転送〟される、という内容だった。

二十二年後、再びトムから連絡があった。もともとスター・ツアーズがオープンしたとき、新しい冒険とともに数年ごとに映像を変更する予定だったのだ。オリジナル映像は数十年にわたり使用されていたが、ついにそれを大幅にアップデートするときがきた。今回は、セルロイドのフィルムの映像をキャビンの後ろの投影機から映すわけではない。半導体デジタル、しかも3Dで映せる。全六作（当時）のスター・ウォーズ映画から枝分かれしたストーリーラインを含めれば、数えきれない冒険の組み合わせが生まれ、搭乗客は様々な目的地に向かうことができる。それにほかの特殊効果もあった。実に特別な効果が。わお！

そこで、トムは言葉を切った。悲しい知らせがある、レックス船長は金属疲労のため引退したから、スター・ツアーズには新しいパイロットが必要になった。そう、3POだ。

私はトムとともにバーバンクに戻り、操縦する3POのセリフを録音した。どうやら、またしても荒っぽいライドになりそうだ。「スター・ツアーズ：ザ・アドベンチャーズ・コンティニュー」。私はILMが新しく作りだした映像に驚嘆し、何度もセリフをつけ忘れた。だからもう一度観た。すばらしかった。そのまえに、私たちは出発前の乗客にモニターで観せる、ライブ・アクション・シークエンスを撮影していた。新三部作の内容も含まれるとあって、そこには初期の型であるスター・スピーダー1000が登場する。実際、1000はライドで乗る型よりも大きかったから、3POスーツを着た肩幅の広い私でも乗りこむことができそうだ。私は興奮して格納庫をうろうろし、搭乗ランプを上がって扉へと近づいた。いや、3POが入れるほど広くない。作り直して撮影のスケジュールを再調整させるのはしのびなかったから、私は横向きに滑りこんだ。

離陸前、3POがキャビンのモニターに表れる。それから搭乗客を危険から守るシャッターがおろされ、3POはくるりと向きを変えて搭乗客と向き合う。私たちは実際に操縦席についている私（3PO）を撮った。ただ、旋回メカニズムは思ったよりも最新鋭ではなかった。実際にはクルーのなかでいちばん小柄なメンバーが、見えないように椅子の下で体を縮め、トムの指示で私の椅子をくるりと回し、ややあって元に戻した。映像ではバッチリなはずだが、セットではなんとも滑稽に見えた。プロトコルにより3POは乗客に片手を上げて挨拶するはずだと主張したが、それは勧められない、と断られた。この乗り物が銀河を一日中、毎日すごい速さとダイナミックな動きで飛ぶことを考えると、ボルトで留めていないものは、一週間でももげてしまうだろう。3POの手が落ちてはたいへんだ。私はあわてて譲歩した――彼の手は操縦しているあいだずっとひじ掛けの制御装置に糊付けされていてかまわない、と。

もちろん、3POはこのフライトに同行する予定ではなかったのだ。彼はメンテナンス・チェックをしていただけなのに、宇宙管制官がその宇宙船を自動発進させてしまう。かわいそうな3PO。宇宙の旅は嫌いなのに、長年にわたってホスやキャッシーク、タトゥイーン、ナブー、コルサントへと光よりも速く飛び、恐ろしいデス・スターに立ち寄るはめにまでなったばかりか、いままたトムと彼のチームによって、新たなサーガの三部作に基づいた、もっと危険な冒険に送りだされるとは。要するに、3POにとっては内部の機械が消耗するまでずっと、ノンストップで冒険の旅が続くことになる。おそらく毎日、毎時間、恐怖を味わうことになるだろう。

しかし、スター・ツアーズは私の人生の最高のライドだったし、いまでもそうだ！

## 43 ラジオ

その電話が鳴ったときには、『帝国の逆襲』のラジオ版の収録を終えてから、十年以上の年月が経っていた。ナショナル・パブリック・ラジオ（NPR）で放送されるオリジナルの『新たなる希望』と『帝国の逆襲』のラジオ・シリーズを収録したときは、マークとふたり大いに楽しんだものだった（口絵参照）。そして、この三部作のすべてをシリーズ化できなかったことを悲しんだ。世界中のスター・ウォーズ・ファンの寝室には、ありとあらゆる三部作関連のグッズがあるというのに、ラジオ・シリーズだけはひとつ欠けてしまうのか、と。

ラジオとは長い関わりがある私は、ＮＰＲの翻案に参加できて嬉しかった。それに、ラジオの収録にはスーツを着なくてもすむ。何よりも、ジョージ・ルーカスが作りだしたこのすばらしい物語を、ラジオを持つ者なら誰でも楽しむことができるようになるのだ。入場料も必要なく、列に並ぶ必要も、ポップコーンのにおいを我慢する必要もない。俳優の声とトム・ヴォーゲルの効果音と、聴く人々の想像力。それで『スター・ウォーズ』の世界を思う存分楽しめる。一九八五年には、この試みはとてもうまくいった。

それから十年間、沈黙が続いた。

そしていまハイブリッジ・オーディオが、ジョン・ウィリアムズの名曲の未公開の楽節を使って『ジェダイの帰還』の制作を計画しているという。三時間もののラジオドラマには、映画よりずっとたくさんの曲が必要になる。このドラマに関わりたいか、と聞かれ、私はまたブライアン・デイリーが脚本を書くのだろうか、と尋ねた。〝イエス〟、という答えに、私も〝イエス〟と答えた。

数か月後、私は再び編集を行うトムと、前回の二作を監督したジョン・マッデンとともに、ロサンゼルスの会議室に座っていた。癌《がん》と闘病中のブライアンからは、脚本の会議に出席できなくて残念だという連絡が入っていた。私たちも残念だった。どんなプロジェクトもリライトが必要だ。私たちは各々のコメントや提案を書きだしていた。ジョンとふたりで少々おおげさにセリフのやりとりを始めると、そうした提案の多くが消え、ブライアンのセリフ、彼が書いたとおりのセリフが生き生きと命を持った。私もジョンも時差のせいでぼうっとして、声の演技がふだんよりおおげさだったせいもかもしれないが、ブライアンのユーモラスな脚本に、会議室には大きな笑い声が響いた。

ブライアンの脚本を検討すると、エキゾチックなシーンを音だけで表現するのが、いかに難しいかがわかる。

たとえば、ジャバの宮殿をセリフと効果音だけで伝えようとしてみてほしい。まさしく悪夢のように恐ろしいことになる。ブライアンは私にひとつ難問を課していた。シーンの情景のほとんどを、悪の巣窟にたむろするキャラクターたちのひとりと3POとのやりとりを通して描写することにしたのだ。不幸にして、彼は私の相方にボバ・フェットを選んでいた。だが、3POがあの賞金稼ぎと親密な絆を結ぶ気になるとはどうしても思えない。それはプロトコルに反する行為だ。そこでこのピンチヒッターとして、私たちはアンソロジー『Tales From Jabba's Palace（ジャバの宮殿の物語）』中、ティモシイ・ザーンが書いた短編に登場する人物を借り、3POの相棒をボバ・フェットからアリカに変えることにした。アリカは品性の劣る集団のなかで踊るエキゾチックな美女である。

映画では字幕で示されたジャバのセリフは問題にはならなかった。3POはまるでそれが自分の言語であるかのように流暢に通訳してみせた。ときどき、偉大なるジャバは特別おぞましい言葉を吐いたが、その意味は翻訳など必要ないほど雄弁に伝わった。

それに、もちろん、私自身のセリフもあった。私は昔から、ブライアンの3POの扱い方がとても気に入っていた。彼には、このドロイドのくそ真面目な滑稽さと妙に根暗だが愛すべき点がユニークに混じりあった性格をうまく捉える才能があった。映画の脚本を除けば、ブライアンのように巧みに3POを描くことができた脚本家はひとりもいない。イウォークに反乱軍の窮状を語るシーンの最後で、3POがハン・ソロに感じた苛立ちをラジオで表現できるのは、ブライアンだけだった。

さて、私たちは再び集まった。私、レイア役のアン・サックス、ハン役のペリー・キング。誰もが最後に会ったときから十年経ったようには見えない、と嘘をついた。このチームに新たに加わった喜ばしい仲間ジョッシュ・

ファードンは、ルーク・スカイウォーカー役に抜擢されていた。少なくとも、キャストのメンバーのひとりは役に相応しい年齢だったわけだ。アリー・グロスがランド役。映画に出演したオリジナル・メンバーでスタジオに来ているのは、私ひとりだった。私はみんなにアドバイスを与えたくてうずうずしたか？　いや、そんな気持ちには一度もならなかった。チームのメンバー全員が自分たちの演じる役柄をしっかり把握していたから、助言などまったく必要なかったのだ。それに、ジョンが持ち前の忍耐力を発揮し、確信に満ちた監督ぶりで巧みに私たちを導いてくれた。こうして、全員がジョンの作り出す和やかな雰囲気のなかで心地よく仕事をした。

トムはポストプロダクションに備え、各自の声を別々に録音する必要があった。私はガラスのスクリーンの向こう側で何日もひとりで過ごし、ヘッドホンを通じて繰り広げられるドラマに聞き入った。ひとりで過ごしたのは私だけでない。トムがスタジオ内にスペースを確保できなくなると、ベイダー役のブロック・ピーターズ、もっと恐ろしい皇帝役のポール・ヘクトも同様に、部屋の片隅や戸棚のなかに姿を消した。このラジオドラマで皇帝の謁見室の不気味にこだまする声を聞いたら、よけいな音を遮断するために毛布をかけ、小さな戸棚に潜りこんでいるポールを想像してほしい。エド・アズナーがあのおぞましいジャバ・ザ・ハットのセリフを口にするときは、彼を観るためにみんなが廊下の先へと鶴のように首を伸ばした。

自分の出番がないキャストは手狭な制御室に押しかけ、スタジオで行われているやりとりに耳を傾けた。それだけで、このラジオドラマのキャストの演技がどれほど秀逸だったかわかると思う。トムは各テイクが別々にマルチトラック卓に録音されていることを注意深く確かめながら、作業を続けていた。自分の周りに集まった仲間が大きな声をあげて感心しても、集中を保った。とりわけジョン・リスゴウがすばらしく再現したヨーダは、大喝采を博した。

当然ながら、スタジオの窓を通して見えるものと、スピーカーを通して聞こえる声は違う。イウォークの罠にかかったことを示そうと体をよじっている私たちは、とりわけ間が抜けて見えたにちがいない。だが、声の演技はその状況を生き生きと描きだしていた。ハンの情熱的な演技もそうだ。脚本に仄めかされていた指示では、ペリーはため息をつくプリンセス・レイアを抱きよせ、キスを浴びせる――ことになっていた。実際は、もっと平凡だった。ペリーはマイク3、アンが一メートルほど離れたマイク4を前にして立った。ペリーが左手に台本を握りしめ、マイクに迫る。アンは自分のマイクを抱きしめて、荒い息遣いになる。ペリーも息を乱しながら、右手を唇にやり、自分の手の甲に情熱的にキスをした。「ムムム」制御室ではこの音が熱いキスそのものに聞こえ、スタジオではみんなが腹を抱えて笑い転げた。

映画と同じように、ラジオドラマでも、ポストプロダクションで様々な修正や編集が行われる。収録中、キャストたちはR2とは一方的な会話を交わすしかなかった。彼の電子音はあとから加えられるのだ。イウォークの会話も同様に、映画で彼らの会話を造りだしたベン・バートがあとから付け足すことになっていた。実際、見ないで聞くだけのほうがいいものも存在する。イウォークはラジオのほうが可愛く〝見える〟と私は思う。

群衆の声などは映画ですでに撮った素材から抜きとろうという計画だったが、幸い、ジョンはカチカチ、ウーウーいう俳優たちを雇うことに決めた。彼らがジャバの取り巻きの悪党を再現する声の演技は実にすばらしかった。が、見ているほうがもっと面白かった。のちに彼らはモン・モスマと状況分析室にいる勇敢なパイロットたちになった。ルーカスフィルムのライセンシング部門のヴァイス・プレジデントであるハワード・ロフマンすら、反乱同盟軍の一員に加わるよう説得された。ハワードは頭のきれる男だが、ラジオでは群衆が一斉にしゃべるのがいまいちのみこめないらしく、ほかの俳優のセリフをうなずきながら礼儀正しく聞いていた。うなずくのは、ラジオではなんの意味もない。ハワードはどうやらラジオ役者には向いていないようだった。「ラジオで演じるのは楽でしょう。セリフを覚えなくてもいいんだから」。この言葉を何度聞いたことか。けれど、これはまるで的外れな指摘だ。まず、ほとんどの映画では、一部にしかブルースクリーンが使われていないが、ラジオはすべてがブルースクリーンのようなものだから、俳優はありとあらゆるものを想像しなくてはならない。実際はビバリー大通りにある狭い鏡張りの録音ブースにいるのに、エンドアの緑の森にいるふりをするのは、そう簡単なことではないのだ。

セリフに関しても同じことだ。自分のセリフをよく知り、それが脚本のページのどのあたりにあるかがわかっていなければ、収録のあいだずっと脚本から目が離せないことになる。だが、ほとんどの俳優は、それを心もとなく感じ、相手を見る必要がある。しかしセリフをしっかり覚えておかなければ、それを見失い、その結果、ぎこちない間があくことになる。私の問題は、読みやすい字で書く習慣を身につけなかったことだった。自分で脚本に書きこむメモや変更や指示は、どれも象形文字のようで、きちんとタイプされたページを鉛筆書きの迷路にしてしまう。

五日間が過ぎ、収録が終わった夜、私たちはメルローズ・アヴェニューのにぎやかなレストランに集まった。LAのレストランにしては奇妙なことに、この夜は店内で自分たちの話し声が聞こえた。ひょっとすると、惑星間の戦いの爆音のさなか、大声で叫ぶ癖がついてしまったのだろうか？　私たちは不在の友人たちとブライアンに乾杯した。その後、ひと仕事終えてほっとしたこともあって、かなりの杯を空けた。とはいえ、こういう場には常に一抹の寂しさがともなう。いつかまた顔を合わせる日が来るとしても、未来は未定。仕事は楽しかったが、キャストにとっては今日で終わりなのだ。私たちはそれぞれの家やホテルへ散っていった。誰かがこう言ったかもしれない。「フォースとともにあらんことを」と。私はベッドにもぐりこんだ。

翌朝早く、電話の音で起こされた。ブライアンが昨夜亡くなった、とジョンが知らせてきたのだ。私たちが昨夜レストランでブライアンに乾杯していた、ちょうどそのころに。

どのシーンでも3POが最後の決めゼリフを盗むというのはジョークになっていたが、これはブライアンの脚本も同様だった。私のためにそのセリフを書いてくれたブライアンの早すぎる死を心から悼む。

ブライアン、きみと出会えてとても幸せだった。きみと知り合えたことを誇りに思う。

## 44 喫煙

光栄なことに、私はロビン・ウィリアムズにも会った。本物の彼は、スクリーンで観るのと同じように、とてもエネルギッシュだった。

テレビシリーズ「モーク&ミンディ」で彼が演じたおどけたキャラクターは実に愉快で楽しかったが、一九八六年五月二十五日、「ハンズ・アクロス・アメリカ」というチャリティ・イベントで、私はこの愉快で愛すべき人物の隣に立っていた。アメリカで行われたこのイベントは、飢えに苦しむ自国民とホームレスに対する意識を高め、彼らを手助けする資金を集める目的で、約六百五十万人の人々が東から西まで手を繋ごうという試みだった。ミスター・ウイリアムズはウェストハリウッドで3POの手を握っていた。私が公共広告（注：公共の福祉に貢献するようなメッセージ）に参加したのはこれが初めてではない。

十年前、別の公共広告に参加したことがあった。当時のアメリカでは予防接種をしない子どもが多く、はしかや小児麻痺、百日咳が若い命を奪っていた。そのときも今日同様、広告にこめられた狙いは重要だったが、それを告げるスポットコマーシャルはひどい出来だった。有益な情報を盛りこんだ脚本かもしれないが、少しも面白くない。私たちはＳＦっぽい偽物の制御室で撮影した。最も印象的だったのはＲ２が物理の法則にまったく注意を払っていないように見えたことだ（口絵参照）。

制御コンソールはまずまずの、標準的なものだった。床は大きな白黒の千鳥格子。監督はぼうっとしているように見えた。もしかすると、３ＰＯのセリフに聞き惚れていたのかもしれない。仕上がったものを観ると、カメラ・アングルが変わるごとに、Ｒ２の立ち位置が魔法のように変わっていた。まるで、〝けんけん〟と〝だるまさんがころんだ〟を合わせた遊びでもしているように。実に滑稽な、継続性の失敗の教訓となった。しかし、この撮影に閃きを得て、私は禁煙のスポットコマーシャルを作ろうとアメリカ保険省とルーカスフィルムを説得した。どちらも、脚本をきみが書くなら作ってもいい、と言うので私は脚本を書いた。

数か月後、私は再びスーツを着ていた。今回の撮影はロサンゼルス北部にある、何やら恐ろしげな電力施設で行われた。


不気味な施設のセット。３ＰＯは火花を散らす機械のそばにいる。

**C－3PO**　いてて！

3POは相棒を探してきょろきょろ見回す。

C-3PO　R2？　どこにいるんだ、R2？

R2を探しにいく。そびえたつ機械が並ぶ向こうから煙が上がっている。R2が嬉しそうにさえずるのが聞こえる。3POは角を曲がる。

R2-D2　ピーッ、ピッ、ピーッ……

C-3PO　R2??

R2から煙が出ている。

C-3PO　たいへんだ！　燃えてるぞ！

R2-D2　ピーッ・デヴォップ！

カメラが引くと、R2はピンセットのような腕の先に煙草を挟んでいる。

C-3PO　R2-D2！　煙草を見つけたのか？

R2-D2　ピーッ・ボプ・バプ。

C-3PO　喫煙は大人のしるしだ？　その説には賛成できないな。

R2-D2　ピーッ・プー？

C-3PO　とても危険だからだ。

R２-D２　ピーッ？
C-３PO　喫煙は肺に恐ろしいダメージを与えるんだぞ。心臓にもものすごく悪い。
R２-D２　ピーーッ・プゥ。
C-３PO　もちろん、私には肺も心臓もないとも。だが、人間にはある。私たちはよいお手本になるべきだぞ。

R２は煙草を落とし、ピンセットの腕を体のなかに収納する。

C-３PO　そうだよ、R２。それでいい。

３POは視聴者を見る。

C-３PO　おや、初めまして。喫煙が健康に悪いのはごぞんじですね。また、これは大人になったしるしでもありません。ですから……煙草は吸わないように。

カメラが引く。

C-３PO　R２。私にはほんとに〝心〟臓がないと思うか？
R２-D２　ピーーーッ。

少し傾いたメッセージが、星々のなかに消えていく——観察力の鋭い視聴者にとっては、そのせいで、しんみりくる最後のセリフの重みがそがれたかもしれない。

〝はるか彼方の遠い銀河からのメッセージでした〟

どうやら制作陣の誰かが――何かを喫《す》っていたらしい。

## 45　裸んぼ

しかし、こんなことが起こるとは。

全世界の人々同様、私がこのニュースを知ったのも、突然のことだった。

『ジェダイの帰還』の制作から、長い年月が経っていた。私にとっては、『スター・ウォーズ』やそのスピンオフ作品とはまったく関係のない仕事で大忙しの日々だった。

私は呆然とすると同時に、再び『スター・ウォーズ』銀河に戻れることに興奮した。

「きみはアナキンに作られたんだ」

ジョージはリーヴスデン・スタジオで、最初の三部作の前日譚となる映画のプロットのひとつを説明していた。一九九七年のことだ。私は喜び、感動した。サー・アレック・ギネスは、とても思いやりのある温厚な紳士だ。彼と共演してから何十年にもなるが、いまでも尊敬の気持ちとともに懐かしく思い出す。彼の演じたキャラクターが３ＰＯを作りだす？　なんと相応しい筋書きだろう。

ところが数日後、これは思い違いだと気づいた。最後の映画を撮ってから十四年も経っているから、事実を取り違えるのも仕方のないことだ。サー・アレックが演じたのはオビ＝ワンで、アナキンではなかった。私の愛する、心優しい、常に不安にかられている３ＰＯは、悪党に作られたのか。３ＰＯがあれほど心配性なのは、そのせいなのかもしれない。

その日、そしてその後しばらくのあいだ、私がストーリーに関して聞かされたのはそれだけだ。脚本も見なかったし、ジョージにも会わず、制作陣からも何週間も連絡ひとつなかった。どんな調子なのか？　準備は進んでいるんだろうか？　漠然とそう思い、私が付け加える演技がどんなものであれ、準備が整えば、そして必要があれば、連絡がくるだろうと考えて、私はふだんどおりの日々を送っていた。そんなある日、セットを見学しにリーヴスデン・スタジオを訪れると、そこには３ＰＯがいた。が、私が知っている彼ではなかった。３ＰＯを子どもに作らせるとは、なんとすばらしいアイデアだ。内部の仕組みをさらけだしたプラスチックとむきだしのワイヤー、電気のモーターが、創意に富んだ操り人形バージョンのわが友人を作りだしていた（口絵参照）。

実物大の人形を体に着けて操っているのは、その創造主であり、小道具造りにかけては名匠ともいえるＩＬＭのマイケル・リンチだった。どうして、私にあれを操ってみるか、と訊いてくれなかったのか？　私はちらっとそう思った。もちろん、マイケルはその仕組みを熟知しており、巧みに３ＰＯを動かしていた。しかし、私が操る方法を学ぶこともできたはずだ。いつものように私は、どんな意味でも形でも、自分は３ＰＯに関して所有権を持つことを許されていないのだと、思い知らされた。あのドロイドが誕生したときから、私がそれに与えてきたものなど一顧だにされない。目の前の３ＰＯには感銘を受けたものの、そのとき私は深い疎外感を味わった。３ＰＯがどんなふうに誕生したかを決めるのに、アンソニーも意見を述べたかったかもしれない、とは誰ひとり思いもしなかったのだ。映画産業はときどき、驚くほど無神経だ。

セットでナタリー・ポートマンとジェイク・ロイドに会えたのは、すばらしいことだった。どちらもとても若くて、初々しくて、熱意にあふれていた。ふたりはスター・ウォーズ映画に出演できてどんなに感激しているかを語ってくれた。だが、マイケルは私を避けているようだった。ふだんはとても友好的な男だが、どうやら長年演じてきたキャラクターの発展に私がまったく関わることを許されなかった事実に、気づまりな思いをしているようだ。3POの著作権を持っているのはルーカスフィルムだが、自分も〝作りだす〟側の人間であるマイケルは、私の内心の思いを理解していたのだろう。やがて、アフレコ作業で映像を観ながら自分のものではない動きに声を加えたときに、3POを操る彼の技術に心から感心した。

お気に入りのシーンはこれだ。

「パーツが丸見えだって？」

かわいそうな3PO。

やがて撮影されたフィルムが編集され、CG映像などが加えられた。コンピューターがせっせと迫力のあるシーンを、風景を、キャラクターを作りだす。ほとんど声の出演だけの短い触れ合いで、この作品とのあいだに以前のような絆を感じたかどうか、自分でもわからない。しかし、新しいスター・ウォーズ映画の一部となれたことは嬉しかった。しかも、この映画への期待度は、少なくともアメリカでは、すさまじかった。

地理的な問題により、私はファンが長いこと待ち焦がれていたこの新三部作の第一作目をソルトレイクシティで観た。歓声をあげ、口笛を吹く人々のなかにひっそり座った私は、いまや有名なオープニング・シークエンスを見守った。観客が静まり、銀河の政治的策略に関する文章を読んでいく。黄色い文字が宇宙空間へとせり上がっていった。私は混乱していたが、その後の展開を楽しみにゆったりと座席に体をあずけた。けれど、楽しんだとは言えないかもしれない。映画が終わったあと、長々と続くクレジットの途中でじれったくなって席を立ったあと、立ちどまった。通りに出る観客の、悲しいとはいえ的を射た感想が聞こえてきたからだ。

「次のエピソードを待つしかないな。少しはましになるかもしれないし」

とはいえ、新三部作の一作目となるこの映画の評判は、いまではそれほどひどくない。当時若かった多くの人々は、あの作品にまだ愛着を持っているし、ジャー・ジャー・ビンクスをこのサーガの大切な思い出とみなしている。

私は――『ファントム・メナス』が対象としている観客層ではなかった。

## 46 セレブレーション

皮肉なことに、その私が、長いこと待望されていたこの映画の宣伝にひと役買うことになった。

ダン・マドセンとは、何年かまえ、彼がスターウォーズ・ファンクラブを運営していたころからの知り合いだった(口絵参照)。ダンはファンクラブの会報《スター・ウォーズ・インサイダー》の編集をしていた。私はそこに最初の三部作の思い出から皮肉やからかいをこめた「裏話」のコラムを書いていた。これは頭の体操にもなった。そうした記事が、ほかの人々の頭にどういう影響をおよぼしたかは想像もつかないが、読者からはまだ感謝のメッセージが届く。ダンと私は最初から相性がよかった。だから、このイベントをプロデュースするのを手伝い、そのホストになってくれないか、と頼まれると、快諾した。

当時、『スター・ウォーズ』は長いこと休眠状態にあった。映画に関するかぎり、このサーガは『ジェダイの帰還』で終わったようだったが、新三部作により、オリジナルの三部作が息を吹き返した。エピソード1から通して観てもらえるチャンスが生まれたからだ。『スター・ウォーズ』はこの業界では耳慣れない、〝前日譚（注：日本では新三部作と呼ばれている）〟という言葉とともによみがえったのだ。これは祝うに値する画期的な出来事であり、ファンとの固い絆を復活させる願ってもないチャンスだった。

〈セレブレーション〉。それが実際にどんなものなのか、このときはまだよくわからなかった。急速に世界中で出現しはじめた通常のファンの集い、〈コンベンション〉とは異なり、〈セレブレーション〉は公式な集いだ。ダンはルーカスフィルムの要請で、初の〈セレブレーション〉を企画しているのだった（口絵参照）。

私たちは何か月も協力しあい、ファンが楽しめる〝お祝い〟の計画をたてた。私が参加ゲストを探すのに協力するあいだ、ダンは開催場所をリサーチした。私がステージの催しを計画するあいだ、ダンは建設業者や屋台と仮契約を結び、必要な安全許可を取った。私の仕事は比較的たやすかった。声をかけた人々は、来る映画を紹介する絶好の場となるこのイベントにふたつ返事で参加を承諾してくれたからだ。それに私は昔からステージ管理の理論と実践に興味があった。

この催しに相応しい大きな会場は何か月も先まで予約が入っていたため、ダンの仕事ははるかに難しかった。ダンの住むデンヴァー最大の催し会場も全米ライフル協会が押さえていた。時間は刻々と過ぎていくが、会場として使えそうな場所はなかなか見つからない。ダンはそれでもあきらめずに探しつづけ、ようやく航空博物館（ウイングス・オーバー・ザ・ロッキーズ・エア・アンド・スペース・ミュージアム）を見つけた。ほとんどの建物には、様々な航空関連の記念品が展示されているものの、イベント用の巨大なテントを建てられるだけの開けた広い場所も、野外展示場や駐車場に使えるスペースもある。通常のコンベンション・センターはみないっぱいだったが、この博物館ならいけそうだ。それに、大量の車、大勢の人も収容できるから、訪れたファンは爽やかで暖かい春の日差しのなか、安全かつ快適な時間を過ごすことができるだろう。

この一大イベントの二週間まえ、私は期待に胸を躍らせてデンヴァーに到着した。ホテルの七階の部屋からは、日差しに照らされてきらめく、街を囲む山々のすばらしい眺望を楽しむことができた。電話やメールだけでなく、ダンと顔を合わせて働けるのも嬉しいことだ。とはいえ、それまでの連絡手段がなんであれ、準備は順調に進んでいた。私は〈セレブレーション〉の会場となる場所へ車で向かい、ダンが設置した基幹設備に目を見張った。ふたつの巨大なテントと、様々な食べ物を売る屋台のスペース。スター・ウォーズ関連のグッズを販売する〝スター・ウォーズ・ストア〟は小さなレンガ造りの建物のなかにあった。その近くには、私がゲストを相手に大半を過ごすことになるスカイウォーカー・ステージが造られていた。そこよりも少し小さいステージでは、作家にして俳優でもあるコメディアンのスコット・チャーノフの司会で、様々なインタビューが行われる予定だ。

会場に送られてきたあらゆる類の工芸品、実際に使われた小道具やコスチュームなどを展示するため、博物館の建物のなかにも広いスペースが設けられ、実物大のXウイング・ファイターすら展示されていた。万事順調。ファンはきっと楽しんでくれるにちがいない。

だが、その日のなかごろ、実に胸の痛むニュースがもたらされた。近くのコロンバイン高校で十三人の生徒が撃ち殺されたのだ。大勢の生徒や教師にも重傷を負わせたあと、犯人ふたりは自殺した。

その事件への憤りとそれがもたらした悲しみはともかく、ダンはこのままイベントを開催するかどうかを決めなくてはならなかった。責任者として、世界的規模のこのスター・ウォーズ・イベントを作りあげてきた彼は、迷っていた。こんな悲劇が起きた直後に、お祭り騒ぎをしてもいいものか？　このまま準備を進め、〈セレブレーション〉を開催するのは、死者やその死を悼む人々をないがしろにする行為ではないか？　しかし、いまキャンセルすれば、大損害となるばかりか、文字通り世界中からデンヴァーを訪れようとしているファンが、どれほどがっかりすることか。ルーカスフィルムの重役のひとりは、実際、キャンセルすべきだという意見だった。その理由はみんなわかってくれるはずだ、と。まだショックの冷めやらぬ状態で、最善の選択を模索しながら、私たちは何日も議論を重ねた。

そんなとき、デンヴァーの市長からこんな手紙が届いた。言葉にならぬほど衝撃的な悲劇のあとで、街の人々には気持ちを鼓舞するようなものが必要だ。生徒たちの死が忘れられることはないが、人生は続いていく。悲しみに沈むデンヴァーにはこのイベントが必要だ、と。

ダンと私は暖かい四月の日差しを浴びて会場を歩きまわったが、喜びの一部は失われ、足取りもともすれば重くなりがちだった。それでも、いよいよ明日に控えたイベントへの期待に、胸がときめかなかったといえば嘘になる。そして、ついにその日が来た。

窓からの眺めを楽しもうと窓のカーテンを引いたとたん、私は呆然と立ち尽くした。遠くの山々がまったく見えない。どしゃぶりの雨はその悪天候を作りだしている雲すら覆い隠していた。

まだ早い時間だったが不安にかられて会場に向かうと、何千というファンがすでに到着していた。開場を待って並んでいる人々はずぶぬれだったが、仮設ステージのある巨大なテントに入れる時を黙って待っている。

それから数時間は、ただただ荒波にもまれているような気がした。雨だけではない。何をすべきか、どうやって直し、何を直せるのか――ステージ・エリアの準備と照明グリッドの設置さえ、まだ完了していなかった。今朝、最初のパネルが始まるまえに済ませようと思っていたのだ。だが、残りの準備はとりあえず後回しにするしかない。私はスタッフを組織し、巨大テントの扉を開けた。ずぶ濡れのファンが雪崩こんできた。レインコートや傘を手にしている人々もいたが、天候の急な変化に不意をつかれた人々も多かった。彼らはTシャツ姿だ。近くにいる人々と握手を交わすと、まるで死人のように手が冷たかった。しかし、寒さで震えていても、彼らの顔には笑みが浮かんでいた。

消防署員がテントはすでにいっぱいだと言ったが、非常口は十分ある、と私は訴えた。そもそも、これだけ濡れていれば、火のついたマッチが落ちても、たちまち消えてしまう、と。そのころには座席は満員だったが、私たちは横の通路にさらに何百人も入れた。少なくとも、テントのなかにいれば、降りそそぐ雨と冷たい風は避けられる。

ステージ上で入場者を整理し、さすがにそれ以上は無理だというほどテントが満杯になると、私はジェダイのマインド・トリックを使った。私は幻で、実際にここにはいない、と説明したのだ。でも、すぐにここに来る、そう言って、まだ何ひとつ始まっていないというのに疲れ果てて、舞台裏に引っこんだ。

実際に〈セレブレーション〉が始まったときには、暖かいのは集まった人々の歓声だけで、ほかのすべてはその正反対だった。ダンは開会の挨拶をするまえに、コロンバイン高校の被害者たちを追悼し、一分の黙祷《もくとう》を捧げた。会場に訪れた静粛な沈黙のなか、聞こえるのはテントを叩く激しい雨の音だけだった。私たちはコロンバイン高校のスクールカラーである銀と青の花飾りをボタンホールにつけて、言葉に尽くせぬ残虐行為で被害を受けた人々に対する、ささやかではあるが心からの同情を表した。

とはいえ、私がダンにお祝いを述べ、新しい映画のキャストたちを紹介するのを聞いている人々の笑顔には、善意と熱意が刻まれていた。

アナキン少年を演じたジェイク・ロイドは驚くほど大人びた、自信たっぷりの少年で、楽しいやりとりでファンを楽しませてくれた。私たちはちょっとしたライトセーバー戦すらやってのけた。たしかジェイクに勝たせてあげたと思う。それとも、あの子は元気いっぱい戦って、自力で勝ったのだったか。あの少年が、その後、映画の物語をなぞるかのように実際にダークサイドに堕ち、苦しむことになったことを思うと悲しくなる。しかし、このときのマスター・アニーは喜びそのものだった。

ジャー・ジャー・ビンクスの声を演じたアーメド・ベストもステージに上がり、機知に富んだユーモアでファンを魅了した。私はこれから三日間ゲストを紹介し、インタビューをすることになっていたが、時間の配分を間違えた。自分の休憩を入れるのを忘れていたのだ。べつに自己犠牲の精神に富んでいたわけではない。うっかりしただけだ。が、アーメドの登場でようやくひと息つくことができた。彼が『ファントム・メナス』の新しいキャラクター、ジャー・ジャー・ビンクスについて話すあいだ、ステージは彼に任せておけば大丈夫だ。

ペルニラ・アウグストは、男性の多いこのイベントに、穏やかな魅力を加えてくれた。ペルニラは映画でジェイクの母親を演じることを認めてもよいという許可を得ていた。ベテラン女優である彼女は、私ったら、土砂降りのデンヴァーのテントで何をしているのかしら？　と思ったかもしれない。

この日のハイライトはレイ・パークだろう。彼はステージを跳びまわって見事な武道の型を実演し、観客を熱狂させた。ジョン・ウィリアムズ作曲のレイ演じるダース・モールのテーマ、「運命の戦い」をファンが聴くのは、これが初めてだ。ファンはもちろん、私もすっかりこの曲が好きになった。そしてファンはレイに熱狂した。

しかし、私はしぶしぶではあるが、彼に悪い知らせを告げなくてはならなかった。それまで誰も、彼の声が俳優ピーター・セラフィノウィッツの声に置き替えられたことをレイに告げていなかった。私がそれを告げるのもおかしなものだが、彼のことを好きだったから、友人たちと映画館に入って初めて知り、傷つくのは気の毒だと思った。本当は制作チームの誰かが話すべきだったと思う。ピーターはすばらしい俳優だし、声域も広い。だがライトセーバーで、それも両刃のセーバーで戦うのは、おそらくレイのほうがうまいだろう。映画では短い出番しかなかったが、ダース・モールはいまでも好きなキャラクターのひとりだ。

ステージから離れると、降りつづく雨による影響を見て呆然とした。大テントの屋根を叩く雨音は聞こえていたが、これほどひどい状態だとは思わなかったのだ。スター・ウォーズ・ストアへ行く道は、渦巻く水路に変わっていた。店のなかは新しい商品に目を輝かせるファンで混みあっていたが、みな膝まで茶色い泥水に浸かっている。実際、泥水があらゆる場所から染みだし、会場全体が戦いで荒れ果てた戦場のようなありさまだった。土砂降りの雨は夜になってもまだやまず、私は疲れ果てて、早く体を乾かしたいとホテルへ戻った。少なくとも私たちは全員生き延びた。明日はいったいどんなことになるのか?

翌日の雨はもっとひどかった。

あまりにひどかったため、デンヴァー市の消防署員は、嘆くファンを何百人と追い返さなくてはならなかった。私たちが用意した施設の規模では、訪れた全員を低体温と凍傷まがいの足の炎症から守ることができなかったのだ。私は時間の都合がつくかぎり、外で並んでいるファンを訪れた。雨は降り続いていたが、私が話した人々はひとり残らず、悪天候などなんのその、たいへんにこやかだった。もっとよい天候ならどんなによかったことか。しかし集まったファンは心からこの催しを応援してくれた。彼らはスター・ウォーズを愛してやまず、〈セレブレーション〉に参加できたことを喜んでいた。

ステージに戻った私は、このイベントのために特別に作った金色のジャケットを再び着た。これはC－3POというキャラクターを称えつつも、私という存在をあまり真剣に捉えないでくださいと告げる、自分なりの方法だった。なぜなら私も、平静を装ってはいたが、心のなかは不安でいっぱいだったからだ。ステージの上で雨に打たれたのは、これが初めてだった。次にステージに出たときには、傘をさしていた。観客のなかへ下りると、事態はさらに悪化した。

会場にいる観客の声を拾おうと、無線マイクを手にしてステージを下りたのはいいが、感電死するのではないかと怖くなった。幸い、マイクは電池式で、アンプは私から離れた、水に濡れない場所にあることがわかった。かがみこんで、熱狂的なファンにマイクを向けると、気味の悪い感触に襲われた。大テントのなかに敷き詰められた偽物の草の上に立っているのに、足がほんの少し沈むのだ。偽物の草が水浸しで、その水が靴の上からなかに入ってきた。私はインタビュー相手に気の利いたジョークを飛ばしながら、靴をキュウキュウ鳴らしてステージに戻った。なんとも言えずみじめな気持ちだった。その日はずっと、靴から水が浸みだしていた。まったくひどすぎる。だが、一日がようやく終わり、訪れたファンは楽しんでくれたようだ。重要なのはそれだった。ホテルの七階に戻ると、私は足を乾かし、靴のなかに新聞を詰めた。明日はどんな日になるのか？

ようやく青空に太陽が輝いた！

私は湿った靴を履き、同じく湿った金色のジャケットを着てステージに戻った。テントのなかに射しこむ陽光が、偽物の草のなかに溜まった水たまりに反射している。プログラムが進むにつれ、今度は暑くなってきた。見ると両腕から蒸気が上がっているではないか！　太陽が大テントとそのなかにある湿ったものすべてを暖め、ひとかたまりになった私たちの周囲に厚い霧が立ちのぼっているのだ。私たちはみな、このとんでもない状況をなんとか切り抜け、しかもそれを楽しんだ。〝数のうえでは劣るが、幸せでは勝るわれら、兄弟の一団〟というシェークスピアのセリフが頭に浮かんだ。私たちはまさに〝兄弟〟だった。ほかの人々はこの〈セレブレーション〉に参加できなかったのを嘆くことになるだろう。

ダン・マドセンは自分の成し遂げたことを自慢する人間ではない。だから私が彼に代わって胸を張ってこう言うとしよう。一連の容易ならざる、計りがたい出来事にもかかわらず、彼はその場にいたすべてのファンが『スター・ウォーズ』をさらに愛するような、奇跡的なイベントを作りだした。気の毒なことに、大テントが解体され、水浸しの会場が再び乾くあいだ、後片付けに追われるはめになったとはいえ、彼はひとつの伝統をスタートさせたのだ。

〈セレブレーション〉はいまでは恒例の行事となった。日本、ヨーロッパ、アメリカ。それがどこで開催されるにせよ、着々と増える友人たち、同じ思いを分かち合う個々の人々の気持ちをひとつにまとめ、世界的なコミュニティを作りだしている。それもこれも、ダン・マドセンがすばらしいボランティア精神で始めたからこそだ。

デンヴァーの空港へと向かう途中、全米ライフル協会の大会を宣伝する巨大な広告掲示板を通過した。誇らしげにライフルをつかんだ険しい顔のチャールトン・ヘストンが、私の上にそびえたっていた。その下のキャプションは？

〝仲間に加わろう〟

# 47 ピュンピュンピュン！

新三部作の二作目。

再び『スター・ウォーズ』のセットに立つことを待ち望んでいたはずだったのに、どういうわけか喜びで胸がはちきれんばかり、とはならなかった。

『スター・ウォーズ』に戻ってくることができて喜んでいる人々は多く、映画作りは、三年ごとに開かれるクルーの同窓会のような様相を呈していた。とはいえ、私からすると、撮影現場は楽しいものではなかった。セットの雰囲気がどうも落ち着かない。ときめきも興奮もないばかりか、上からの重苦しい経営理念をひしひしと感じた。ジョージはこの映画を監督するのに忙しく、実際の制作に関わる仕事は、ほかの人々の手にゆだねられていた。しかし、プロジェクトの軌道を保つには、たんに列車を時間通りに走らせるよりももっと重要なことがあるはずではないか？　キャストとクルーを思いやりと敬意をもって扱うことも同様に重要だろう。ところが、悲しいことに、そのどちらもまったく省みられなかった。そう感じたのは私ひとりではない。今日、仕事場でのいじめは、昔に比べてはるかに厳しく取り締まられているが、昔は多くの制作現場で当然のように横行していた。この映画の現場でも、残念ながら例外ではなかった。

しかし、少なくとも今回、彼らは私が3POの骨格を操ることに同意した。私に言わせれば、これは芸術的観点ばかりか、マイケルをわざわざ飛行機の乗せて呼ばずにすむのだから、経済的観点からも道理にかなっている。

もっとも、ユアン・マクレガーとサミュエル（サム）・L・ジャクソンに会えたのは嬉しかった。3POとの共演に、ふたりとも子どものような驚きと喜びを示した。私自身も、気さくで才能あふれるベテラン俳優たちとの共演に驚嘆していた。クリストファー・リーと同じシーンを撮ることはなかったが、セットの準備ができるあいだ一緒に過ごすことができた。彼は映画史の生き字引そのもの。次々に彼の口から飛びだす面白おかしい体験に夢中になって耳を傾けていると、時間があっというまに過ぎた。

このプロダクションのハイライトは、美しいオーストラリアでの撮影だった。それまでにも何度も訪れ、楽しいときを過ごしていたが、そこに行く理由、目的があるときは、いっそう特別な気持ちがするものだ。そこに属しているという気持ちがあるときはとくに。そして、私はこの映画に属そうと努力していた。

フォックス・スタジオの〝クリーチャー部門〟で、種々雑多なゴムの頭と四肢に囲まれて稽古しているそばで、モデラーとスカルプターのチームがプラスター・キャストを触角のあるエイリアンへと変えていく。その結果できあがった興味深いものが、まるでひときわ珍奇な見世物みたいにワークショップの至るところに置かれていた。ドン・ビーズ、ジャスティン・ディックスと彼らのチームは、私にドロイドの人形を操るリグを取り付けた。重くて、かさばるうえに、ちっともうまく動かない。この仕事を引き受けたのは間違いだったたか、と一瞬悔やんだくらいだ。私の体の前に置かれたその仕掛けは、足、腰、肩、ヘルメットをかぶった頭の四箇所に取り付けられている。人形の肘に取り付けられた棒を両手に持った私と3POは、まさに切っても切れぬ関係だった。

今回はかなり大きな鏡がいくつも置かれ、私がやろうとしている動作ができているかを確かめることができる。私はステディカムのハーネスに似たこのリグを付けて、何時間も練習した。日本の芸術である文楽を思い出す。あれは美しい人形を〝見えない〟黒ずくめの人形師たちが陰で操る人形芝居だが、私はあの人形遣いたちとは違う。あちらは独立した人形を動かすわけだが、私は人形と一体になっている。人形が私の動きをそのまま真似るのだ。足元を見下ろすという選択肢はない。3POが見ない場所は私も見てはいけないのだ。クルーがちゃんと姿勢をまっすぐ保ってくれると信頼しなくてはならない。やがて私はなんとかそれらしく歩き、立てるようになった。準備はできた。

最初のショットは3POが座るところだった。警告されていて助かった。私はオーウェンのガレージにいて、座っている3PO人形に固定され、痛みをこらえて床の上に膝をついていた。自らまいた種だが、やり通せるかどうか不安で仕方がなかった。カメラが回りはじめた。青いナイトガウン姿の美しいパドメが、黄昏の部屋に佇んでいる。彼女は少しまえにアナキンとともにラーズ農場に到着したのだが、そのシーンはまだ撮影されていない。したがって、人形はまだダメージを受けておらず、ばらばらになっていない。

**屋内　タトゥイーン――ラーズ農場――ガレージ（満月）――夜**

アクション！

「どうか私たちをここに置いていかないでください、ミス・パドメ。ここの人たちにはあなたの助けが必要です」

「私はどこへも行かないわ、3PO。ただ眠れないだけ」

「そういうときのお気持ちはわかりません。プロトコル・ドロイドとして、私は起動されているか停止しているかで、その中間はありませんから」

「運がいいこと」

「本当にそう思われますか……？　こんな期待はすべきではないのでしょうが……」

「ここで幸せではないの？」

「不幸せではありません……ご主人様たちはとても親切ですから、おふたりを悩ませたくもないんです。ただ……こんな状態では……その、恥ずかしくて」

「こんな状態というと？」

「裸の状態です。卑猥《ひわい》な言葉を使って申し訳ありません。ですが、マスター・アニーが私を作ったとき、覆いを付ける時間がなかったのです。とても恥ずかしい状態でした。パドメ様が、回路が丸見えの状態で歩きまわらなくてはならないとしたら、どう思われますか？」

「気に入らないでしょうね」

「もちろんですとも。気に入る者などおりません。プロトコルに反するのですから」

「それはなんとかできるかもしれない」

「できるのはマスター・アニーだけだと……」

「どうして？　この箱には古い覆いが入っているようだわ」

「さようで？　なんと観察力が鋭い方でしょう。もちろん、私は機械には疎いものですから……どういう意味かわかっていただけましたら」

「ええと、これを……ここに付ければ……」

「ああ、くすぐったい！」

なんと可愛い。しかし、３ＰＯはここで何年も暮らしていたのに、覆いの入った箱があるのに気づかなかったのか？　このシーンは、ナタリーがドロイドに胸のパーツを当てて終わる。

異なるシーンからのカットバックでは、3POはほぼ完全な形でそこに立っている。ナタリーが金色の顔を差しだし、私の頭に留める。ドンは私の頭部に止められた後部のパーツの周りに冷蔵庫用マグネットを着けていた。ナタリーは、同じくドンが造った特殊リグに3POの目を付けた私の顔のワイヤーとレンズの上に、異なる極のマグネットの付いた3POの顔を被せなければならない。これは簡単ではなかった。かなり難しい作業で、正しい位置にはめるには何度かかかった。しかし、ようやく満足のいくカチリという音がして、3POは完全になった（口絵参照）。なんとすばらしい！　誰もが喜んだ。パドメもベルーもオーウェンも。こうして観客は子供時代に愛したドロイドの姿をついに観ることができる――ところが、このシーンはそっくりカットされた。ジョージはストーリーがもたつくから、と言った。

だが、このシーンを書いたのはジョージではないか？　それをナタリーとともに演じることで、とくに感動的なものになったと思う。ついに観客は3POの内部の仕組みだけでなく、このドロイドの気持ちも垣間見るのだ。少なくとも私は、このシーンに本物のパトス（悲哀）を感じる。静かなシーンがあってこそ、アクションの部分が生きる。そしてこの場合、すでに3POをとてもよく知っている観客も、ここで描きだされる彼の繊細な内面を嬉しく思うのではないだろうか。ジョージがこのシーンをじっくり味わっている時間はないと判断したのは残念なことだ。しかし、彼が編集の段階でその判断を下すまえに、気の毒なドロイドにも私にも、さらにひどい運命が待ち構えていた。

オーストラリアのフォックス・スタジオから何千キロも離れた地面の穴のなかで、私は若きベルーおばとオーウェンおじを、帰郷した私の創造主とその恋人パドメに礼儀正しく紹介していた。私たちはドーム型住居の入り口のセットからはだいぶ離れた場所にあるマトマタの地下の住まいに戻っていた。マトマタに行くには、トズールの塩類平原の道路を何十キロも走らなくてはならないのだが、ここでも映画の魔法がその二か所を同じ場所にあるように見せた。

実際には、私は目の前の岩の床を見ていた。当然ながら、それはでこぼこだった。私は板を敷いて表面を平らにしたほうが賢明ではないかと提案したが、板は一枚もないという。では注意深く歩くしかない。そこで私たちは撮りはじめた。まず、広角でエスタブリッシング・ショットを撮り、それから五回のセットアップと、多くのテイクのあいだ、何事もなく重い人形を操った。さて、お次は3POのクローズアップだ。

**屋内　タトゥイーン――ラーズ農場――昼間**

アクション!

「オーウェン様、とても重要なお客様が……」

これまでのように、私はまっすぐ前を見て、近くの動かない複数の点を目印に、三角測量の要領で位置を割りだしながら足を踏みだした。人形の顔が私を前へと運んでいく。人形の足は私の足に留めてあった。ふいに私の足か人形の足が石につまずいた。私は傾き、体が地面に近づいて――周囲の光景がスローモーションになり、左側にまっすぐ倒れた。人形の左側、3POの左側だ。恐ろしい音がして、静まり返った。駆け寄ってくるドンの声が近づいてきた。

「大丈夫か?」

私は足の指を動かした。どうやら背骨は無事らしい。走ってくる足音がさらに近づく。ドンが急いで私を巨大な人形からはずし、私はほかの人々に助け起こされた。呆然として下を見ると、３ＰＯが石の上に投げだされていた。注意深く作られた腿の砕けたパーツが目に入ったとたん、ショックが二倍になった。私は貴重な小道具を壊してしまったのだ。チュニジアの砂漠はおろか、世界でたったひとつしかない操り人形の３ＰＯを。だが、ショックを受けたのはそのせいではない。友人に怪我をさせたような気がしたからだ。自分が不器用だったために、彼に取り返しのつかない怪我をさせてしまった。

「次はきみのクローズアップだな」

ドンはそう言うとメタルカッターを取りだし、パチッと音をさせて、人形を文字通り真っ二つに切ってしまった。

アクション！

自分の靴を履いた私は、裸の３ＰＯの上半身だけを自分の胸に押しあててバランスを取り、たしかな足取りで前に出た。

「オーウェン様、とても重要なお客様が……」

先ほどとは打って変わって、とても簡単だった。でも、転んだのはこれが初めてではない。最後でもないだろう。

３ＰＯが『エピソード1』と『エピソード2』のあいだで、なんらかの形で自分の覆いを手に入れたのは、周知の事実だ。オーウェンには、水分を凝結させる以外の才能もあるのかもしれない。ひょっとすると、裸のドロイドがガレージの床にあるパーツ箱を見つけ、強烈な羞恥心《しゅうちしん》にかられて自分で覆いを付けたのかもしれない。いずれにせよ、ジャスティンは金色のスーツのひとつに、いかにもそれらしくペンキを塗った——錆《さび》だらけにするために（口絵参照）。私たちはその人形を使って、すべてを実際に撮った。私は茶色がかかった灰色のスーツを着て、ブルースクリーン——いやグリーンだったか——の前でこの演技を再現しなくてはならなかった。だが、これで終わりではなかった。今度こそ、首の骨を折ることになるのか？

　奇妙なことに、彼らは私が怪我をする可能性があっても気にしていないようだった。スタジオの床から六メートルほど上の戸口に近づき、そこでぴたりと止まってほしい、というのが彼らの要望だった。私にはその穴の縁が見えないというのに、下に敷いてある詰め物に落下するのを防ぐためハーネスを付けようとも言わなかった。私の腰にロープを巻き、反対側の端をセットの奥の手すりに結ぶかどうかは、少しだけ検討した。ちゃんと目が見えていて、普段着ならば、これは悪くないアイデアだっただろう。けれども錆色の３ＰＯスーツを着ているのだ。私は彼らの一見無頓着なアプローチに驚いた。何年もあと、三作目の撮影で、思いやりのあるチームに安全なハーネスを付けてもらい疾走するスピーダーの手すりにしがみついているとき、このときのことを思い出した。『エピソード２』の現場では、そこまで気を遣ってもらえなかったし、脚本のセリフもばかげていた。

## 屋内　ジオノーシス——ドロイド工場

「機械が機械を造っているとは！　なんと異様な！」

　まったくそのとおり。最終的に、ジョージは落下シーンを編集時にデジタルで入れることにした。その結果のシークエンスは、ＩＬＭにとっても、３ＰＯにとっても、私にとっても、最高傑作とはならなかった。

　スタジオの床に近いほう、ブルースクリーンの世界に話を戻そう。私は空港の動く歩道に似た、うねる道の上に立っていた（余談だが、動く歩道に立っていると、人はつい自分に脚があるのを忘れて通り道を塞《ふさ》ぐことになる）。この道にいるのは私だけだ。

アクション！

道が後ろに動きはじめ、私は前へと走り、頭上と周囲から迫る想像上の危険から必死に逃げた。

カット！

道路が止まり、私は最初の立ち位置まで歩いて戻り、再び同じシーンを繰り返した。セットでは短いローラーを使っているが、編集後には、はるかに長く見えることになる。私は少しでも時間を節約しようとして、止まった道の上を歩いて戻る代わりに、まだ道が動いているときにスタート地点に走って戻り、また前進するシーンを二、三度繰り返した。

カット！

道が止まり、私も止まった。そのとき集中力が乱れ、アドレナリンが切れて、私は空気を吸いこみたがっている肺をふくらませられなくなった。マスクに隠れた顔が苦痛にゆがんだが、誰にも見えない。このままでは死んでしまう。私は肺に残った最後の空気を使い、どうにか叫んだ。

「これをはずしてくれ！」

瞬く間にドンが飛んできて、頭を外してくれた。これからは、時間を節約しようと気を利かせるのも考え物だ。

とはいえ、私の手には昔から欲しかったものがあった。私自身のブラスターが。両手で物をつかむのはまだ難しかったから、ドンはワイヤーでそれをこぶしのなかに留めてくれた。３ＰＯが初めて手にしたブラスターだ。

まあ、これは完全な３ＰＯではない。私は錆色のスーツを着ていたが、編集の最終段階で、ＩＬＭは３ＰＯの頭をバトルドロイドの頭とすげ変えた。いずれにしろ、私は大きな砂の穴のなかに立ち、手にしたブラスターでカメラの向こうに狙いをつけ、気持ちを戦闘モードに切り替えた。

**屋外　ジオノーシス――処刑アリーナ――昼間**

アクション！

「死ね、ジェダイめ！　死ね！」

カット！

引き金を絞り、銃の反動を装いながら、ピュンピュンピュンと言わずにはいられなかった。おそらく3POにライトセーバーを与えても、同じことが起こるだろう。あのブーン、ブーンというかん高い音がつい口をついて出るにちがいない。しかし、クルーはそれを面白がっていた。いや、そこではなく、別の部分に大笑いしていた。「死ね、ジェダイめ！　死ね！」私は後日、そう録音した。セットでこのシーンを見ていた人たちがゲラゲラ笑っていたところをみると、私がそう言わなかったのは明らかだ。〝ジェダイめ〟という部分を、同じ長さのほかの表現につい変えてしまったのだ。笑い転げたクルーは、3POのコミュニケーション装置には一般的な罵り言葉も含まれているとは思わなかったらしい。

これはまだ名前のない、『エピソード2』の撮影最終日だった。楽しんだ、と言いたいところだが……。悲劇の最たるものは、アナキンとパドメの結婚式だ。面白いことに、この状況には陰気なユーモアがにじんでいる。私は昔から自分が花嫁にはなれないと感じていたが、なんと公式に花嫁の付き添いを務めることができたのだ。もうひとりはR2だ。どうやらケニーは、昔のよしみでこの映画にせめて一シーンだけでも出られないか、と頼んだらしい。彼はこの印象的なショットのために、最後にもう一度R2のなかにもぐりこんだ。残念ながら、ここはコモ湖の美しい岸ではなく、そこより少しエキゾチックさの欠ける、ロンドンのイーリング・スタジオの、ブルースクリーンの前だった。

やれやれ。

**屋外　ナブー——湖水地方のロッジ——庭——午後遅く**

アクション！

私はそれまで出席した結婚式のすべてを思い出した。そのすべてが、これよりも楽しかったような気がする。私は不幸せなカップルから注目を奪わぬように、黙って付き添いを務めた。苦痛に満ちた歯の治療のように、二分後にはすべてが終わった。

カット！

撮影は終わった。映画の最終ショットとあって、本物の結婚式のように、それを祝うおつまみとワインが用意されていた。ただ、そこには何かが欠けていた。

というよりも、誰かが。花婿と花嫁であるアナキンとパドメは、そこにはいなかった。ヘイデンとナタリーはすでにイタリアの湖のほとりで結婚式の撮影を済ませていた。3POとR2が付き添いを務めたシーンはILMへ送られ、のちほど挿入されることになる。

そして容赦なく、新三部作の最後の映画の準備が始まった。

## 48　ふたりの関係

3POとR2の関係は、オリジナルの脚本で私が非常に魅力的だと感じた要素だった。ふたりの奇妙に現実的な言い争い――3POが何か言えば、R2が辛辣な答えを吐き、3POはこの侮辱に侮辱で返す。とてもチャーミングだ。私はてっきり、映画の撮影が始まったら、相棒とこの楽しいやりとりをするのだと思っていた。だから実際は違うと知って、ショックを受けた。

何十年もまえ、チュニジアのロケ地で、私はまったくなんの答えもフィードバックもなしに、セリフを口にしなくてはならないことを知って仰天した。誰ひとりとして、無言の相棒を相手役に演じることをひと言も教えてくれなかった。R2のユニークな声は、数か月後にベン・バートの手で加えられたあとで初めて聞くことになる。これはちょっとした衝撃だった。私はすぐに、いくら待っても来ない返事のために間を残すようになった。そしてほどなく自分の頭のなかで、ときには紙に書き留めて、R2の返事を推測することにした。そして耳を傾けるふりをして、その返事に対する適切な反応をジェスチャーで表した。もちろん、編集者がポストプロダクションで順序を入れ替えてしまう可能性はある。だが、撮影中は、自分でなんとかするしかなかったのだ。

最初の六作は様々なR2バージョンを使って撮影が行われた。その大部分で、私が一緒に過ごしたのは、ショットごとの必要に応じてモーターや電池、その他の装置が詰めこまれた機械のR2だった。その後の映画では、ほとんどの場合、ILMによりCGで加えられた。これはR2が突然、飛んだり、階段を上がったり、と驚くばかりの新しい能力を発揮するときには、とりわけ役に立った。

R2はピアノ線や釣り糸で引っ張られて、さもなければ箒の柄でつつかれて動くこともあった。農場で獣医が家畜の尻から手を突っこんで内臓を調べるように、ドン・ビーズに後部パネルから片手を突っこまれて、元気いっぱい動かされることもあった。

もちろん、ケニーがなかに入れるバージョンもある。これは体をゆすったり、お辞儀をしたり、ときどきドーム頭を回したりするのに使われた。R2が脱出ポッドに入るシーンは、とくに記憶に残っている。固い殻のなかに閉じこめられたケニーは、ほとんど動けなかったが、あの小さな〝独房〟に忍耐強く座って耐えた。ケニーには私がしゃべっている言葉など聞こえなかったし、ほとんど何も見えなかった。これは私にとっては苛立たしかったし、間違いなく彼も苛々したはずだ。一緒に会話をしているのに、真の意味で〝共演〟できないのだから。しかし、私たちはふたりとも、与えられた仕事を、与えられた条件で果たそうと折り合いをつけていった。

スクリーンでは、このふたりのキャラクターの愛すべき関係が描かれている。しかし、スクリーンの外のケニーと私の関係は友好的とは言いがたかった。この不幸な状況は、時が経つにつれてますます悪化した。ケニーは、ちょっとした〝再会の集い〟というか、人間のお笑いコンビとして、自分と一緒に世界を回ってくれと繰り返し頼んできた。私たちは一度も親しい友人だったことはなかったが、ケニーは一緒にステージに立てば、ひともうけができると思ったのだ。私はあまり気が進まなかった。自分の演技があのサーガにもたらしたものを貶めるような気がしたのかもしれない。

長い年月のあいだに、ケニーが公の場で口にした発言に私はひどく傷ついた。彼が何度も繰り返す批判が、かなりの信奉者を集めたことはわかっている。たいていの場合、私はそれに対するコメントを差し控えたし、ここでもそうしたい気持ちを抑えるつもりだ。ケニーは自分が『スター・ウォーズ』やR2、そしてファンと関われたことに感謝し、無数の集会に参加し、ファンに熱狂的に歓迎された。悲しいことだが、スクリーンを離れた私たちの歴史のせいで、私はそうしたファンと同じ気持ちになることができなかった。

## 49 将校

「ジョージ、スター・ウォーズ映画のどこかに、ぼくの顔を入れたいんだ。どこかでエキストラとして出演してもかまわないかな？」

「いいとも」

この会話を交わしたのは、『クローンの攻撃』を撮影しているときだった。オーストラリアで仕事をするのは、すばらしかった。とはいえ、脚本を見ると3POには大した役割は与えられていない。私は突然、この偉大なサーガで、私自身として演技をしたい、自分の顔を見せたい、という衝動に駆られた。第一ADが、バーのシーンはどうかな、と言った。脚本を見ると、リーアナ・ウォルスマン演じる美しいザム・ウェセルが若きオビ＝ワンにライトセーバーで切られ、おぞましいクリーチャーに変わるシーンだ。コスチュームを着たリーアナはとても魅力的だったが、シェイプシフトしてクローダイトの暗殺者の姿に戻ったあとは、あまり魅力的ではなくなる。

それはさておき、コスチュームはどれにしようか？　私はワードローブ部門へ足を運んだ。

「残念、ほんの少し遅かった」

アシスタント・コスチューム・デザイナーのマイケル・ムーニーが言った。驚くべき才能の持ち主なのに、実に奥ゆかしいトリシャ・ビガーのアシスタントだ。体にぴったりしたザムの華麗な衣装や、パドメのたくさんのドレス、パルパティーンのそれよりもさらに豪華なローブを含むトリシャのデザインがアカデミー賞を受賞しなかったのは、実に残念だし、永遠にアカデミー賞の主催者側の判断ミスだ。まあ、それは一年あとのことだが。

それよりも、いまは私のコスチューム。

マイケルはスコットランド人特有の穏やかな調子で、気の毒そうにこう言った。すべてのコスチュームがすでに割り当てられ、残っているのは二着の軍服のような衣装だけだ、と。軍服でかまわない、と私は思った。仮縫いで着てみると、なかなかよかった。とても粋に見える。金色の縁取りが目立つ青いジャケットは、私よりも小柄な俳優に合わせて作られたらしく、高い襟を留めるのに少々苦労した。まもなく私は、ぴかぴかのブーツと、サム・ブラウン作のホルスター・アレイを与えられることになった。たった五分の名声のために、ずいぶんと細部にこだわるものだ。もちろん、私のキャラクターがオペラの常連だなどということは知らなかった。それがわかったのはあとのことだ。しかし、このコスチュームには思わぬ欠点があった。

問題は私の腕だった。私の腕が長すぎる、逆に言えばジャケットの袖が短すぎるのだ。マイケルは袖の長さを直すのは簡単だと請け合い、一時間で青い布を足し、カフにたっぷりした金色の帯をつけてくれた。これで袖の長さは補修されたばかりか、あとから付け足したディテールで階級が上がり、私は将校になった。

何か月もあと、カリフォルニアのルーカスフィルムで、ポストプロダクションのクルーであるフェイ・デイヴィッドが、このすてきな制服に身を包んだ将校の名前を決める仕事を与えられた。手首についたスクランブル・エッグ模様のおかげで、少なくとも彼が中尉だということは明らかだ。よし、こうしよう。姓はダニエルズだからダニエル、名前のほうはフェイとアントニーの省略形トニーを足して、フェイトーニだ。フェイトーニは略歴すら得た。私の役は詐欺師だったのだ(口絵参照)。

## 屋内　コルサント――アウトランダー・クラブ

これはスター・ウォーズ映画に必ず登場するパーティ・シーンのひとつ。毛色の変わった、きらびやかなエキストラがたくさん出演するシーンだ。ジョージは私をバーに配置した。そこはあらゆるアクションが起こる場所だったから、私の顔がスクリーンに登場することはこれで保証された。第二ADがとびきりの美女をふたり私の横に立たせ、マット・ドラン演じるエラン・スリーズバガーノがデス・スティックを手に反対側の肘の近くに立った。すでに長いキャリアを持つマットは、とても楽しい話し相手だった。これは幸運だったといえよう。こういうパーティ・シーンの撮影は、長い時間がかかる。

ユアンとリーアナ(オビ＝ワンとザム)のシーンがヒートアップする。が、ジョージが、このシーンを効果的に見せるために、どれほどたくさん撮るかを考えていなかった。撮影には、実際ずいぶん長いことかかった。背景にたたずむ俳優の人生は、見た目よりもずっと厳しいのだ。ジンジャーエールのグラスを手にして、一日中カウンターに立つはめになり、その夜帰宅したときには、間違いなくもっと強い飲み物が必要なほど疲れきっていた。

素顔でエキストラ出演させてもらえることになった、とアーメド・ベストに話すと、ジャー・ジャーはこのシーンに出ないからと、彼もエキストラとして加わることにした。いつも〝被り物〟で顔の見えない彼も、私と同じような立場だから、顔を見せたかったのだろう。さきほど衣装は二着あった、と書いたが、最後の衣装を着た彼は、私よりも颯爽として見えたと思う。顔に精巧な飾りを入れたあとはとくに。しかも驚くなかれ、彼とフェイトーニは組んで悪事を働いていたのだ。アーメドも最後は名前をつけてもらった。アチク・メドベクだ。この日、フェイは冴えに冴えていた。

## 50　グリーン

これは様々な利益のある仕事だった。

私たちは最後のスター・ウォーズ映画となる予定だった『シスの復讐』のために、再びオーストラリアに戻っていた。３ＰＯの出番がまたしても少ないことは、ちらっと脚本に目を通しただけでわかった。したがって、私の仕事もごくわずかだ。アナキンがダークサイドに堕ちるという、この三部作を通して継続する筋のなかに、多くのエキサイティングなシーンがあるのは明らかだった。このシリーズの政治的な面はそれほどいいとは思わなかったが、脚本を読むかぎり、とてもよい映画になりそうだ。私はそれをいわば〝舞台袖〟から見ることになる。ストーリーには常に3ＰＯの能力を利用できる余地があるとはいえ、これは3ＰＯの物語ではない。たぶん彼は、観客が子供時代に見た映画のキャラクターとして、過ぎ去った過去を懐かしく思い出せるようにそこにいるのだろう。私はこの映画に出られるだけで嬉しかったから、それはどうでもよかった。私があの場にいられること自体が奇跡だったのだから。

何はともあれ、『クローンの攻撃』の撮影中に感じた居心地の悪さは、さらにひどくなっていた。程度の差こそあれ、不快な思いをした俳優はほかにもいる。撮影中はビジネスライクな、どちらかというと脅迫じみた雰囲気を感じた。

これまでと同じように、このプロダクションのハイライトは、シドニーの街とギャヴィン・ボケー率いるデザイン部門との日曜日のランチだった。美しいトリシャも一緒だった。彼女はこの作品でも、再びすばらしいコスチュームをデザインした。パドメのドレスだけではない。最高議長パルパティーンのワードローブは、さらに多くの豪華なガウンやローブでいっぱいになった。水際にいる腹をすかせたペリカンが隙あらばと目を光らせていたが、日曜日のランチは毎回くつろげる時間だった。

カリフォルニアからはお客が訪れた。エネルギッシュな宣伝部長のリン・ヘイル。ルーカスフィルムの販売部を総括するハワード・ロフマン。ハワードは賢いヨーダのような存在で、私はよく彼に意見やアドバイスを求めたものだ。

シドニーのレストランは世界中によく知られている。その理由は食事をすれば明白だったが、私はワンサイズのスーツが恐ろしいネメシス（注：報復の女神）のようにスタジオで待っていることを、肝に銘じておく必要があった。ホテルのジムで定期的に運動し、食べる量を控えて、体形を維持しているものの、スタジオのケータリングを拒否するのはとくに難しかった。みんなが機嫌よく仕事ができるように、食べ物にかなりの予算を費やすのは理にかなっている。フォックス・スタジオの食事はなんとも豪華で、食欲をそそられ、つい食べすぎそうになった。デザート・ビュッフェはなるべく見ないようにした。撮影の最終日、彼らは私にクリーム入りの巨大なメレンゲケーキを作ってくれた。

そのケーキのおいしかったこと！


オーストラリア人は率直に話すことで有名だ。私はそこが気に入っている。オーストラリアにはすばらしいところがたくさんあり、フォックス・スタジオは快適で、気持ちのよい〝職場〟だった。楽屋の窓からは青々とした芝生の遊び場とその周囲の木立が見えた。ある日、急に窓の外が陰り、私はなぜ夜がこんなに早く来たのかと、外に出てみた。そのわけは日照時間とはなんの関係もなかった。ユアンがばかでかいオートバイを取り付けた巨大なキャンピングカーを、私の窓のすぐ外に駐めたのだった。私は何も言わなかった。ユアンは撮影一日目から、C－3POと一緒に仕事をしているなんて信じられない、と感激しつづけている。同じシーンで彼と演技をするのは、いつも楽しかった。

陽が陰ったのがキャンピングカーのせいだとわかったあと、私は紫色のドレッシングガウンを着たまま、芝生でサッカーをしているエキストラのグループを通り過ぎ、爽やかな空気を胸いっぱいに吸いこみながら、ボールを蹴っている彼らを見守った。ひと息入れた彼らは、木の下に立っている私に気づき、映画に出ている俳優に会えることに興奮して近づいてきた。それも大勢のストームトルーパーのひとりではない。

「よお、あんた、ジェダイ・ナイト？」

彼らが感銘を受けるのを予測し、私は一拍置いて答えた。

「いや、実を言うと、金色のロボット、３ＰＯを演じているんだ」

「ああ……」

「そっか」

彼らはあからさまな失望を浮かべ、またボール蹴りに戻っていった。

もちろん、撮影の合間には遊ぶ時間もあった。クルーはあらゆることをてきぱきとこなし、どんな要求にも忍耐強く対処していた。互いのあいだを縫って重い精密機器のすべてをあちこちに移動させ、仲間のクルーに対しても、キャストに対しても、とても礼儀正しく接した。彼らと一緒に仕事するのは喜び以外のなにものでもなかった。私は現場のいやな雰囲気を振り払い、仕事を楽しもうとした。金色のスーツを着るのはこれが最後で、いまや親友となった3POに悲しい別れを告げる時が近づいている。もっと満足のいく結果を望んでいたかもしれないが、結局は身体的不快に苦しむ端役で終わってしまった。将来は未知の国、先のことは誰にもわからないし、夢見ることなどできない。それとも、もう充分演じたと感じていたのだろうか？

ジョージはグリーンスクリーンのテクノロジーに入れこんでいた。ほとんどの場合、撮影はペンキを塗りなおされつづける床の上で行われているように思えた。私たち俳優は重力により半分現実の世界にいるとはいえ、周囲のほかのものすべては、ジョージの想像のなかとＩＬＭの数人の頭のなかにしか存在していなかった。私が立っていた場所がどこだったのか、それがわかるのは何か月もあとになる。私がドアを開けたとたん、どんなエイリアン生物がかすめすぎたかを知ったのも、一年後だった。

目印（マーク）――正しいタイミングで正しい場所に立つために目指していく場所――にたどり着くのは、最初からずっと難しかった。そこに立つとカメラに映り、私に焦点が合うことになる。どんなものでも目印になりえた。チョーク、小石、小枝、ソーセージ型の砂袋。視界が狭すぎて近づくと見えなくなるから、つまずきそうなものは目印として使えない。カメラが回るまえに、よくスタート地点から目印までの歩数を数えたものだ。それから、目印に爪先で触れ、３ＰＯの足の下でそれを感じる。正しくやってのけるのは、ほぼ不可能だった。回を重ねるにつれ、目印にどれくらい近づいたかを見ることも判断することもできない場合は、障害物に近づくのが嫌になってきた。ひょっとすると３ＰＯの不安が私に乗り移ったのかもしれない。しかし、カメラ・クルーとその助手（フォーカス・プラー）は常に忍耐強かった。彼らが金色と黒のテープでとても目立つＴ字型の目印を作ってくれたときは、実際には見えなかったにせよ、私も３ＰＯも特別労わってもらっていると感じた。

パドメの居間は印象的なセットだった。夢見るような淡いブルーと金色で、カメラに映らない場所に置かれた扇風機の風でカーテンがやさしく揺れている。床から天井までは十二メートルもあり、広々としてとても上品に飾りつけられていた。階段の一番下に停まっているオビ＝ワンのヴィークルを見て、ジョージは機体前部に突きだした航行ソケットのなかのＲ２を指さした。

「Ｒ２を出してくれ。デジタルでやる」

「どうしてです？」ドンが尋ねた。

「ショットのなかの位置が高すぎる」

「低くすることもできますよ」

「あー、わかった」

ジョージはムッとしたように見えた。彼はデジタルで作りだす方が好きになっていたのだ。

**屋外　コルサント――パドメのアパート――ベランダ――午後**

到着したばかりの厳しい顔のユアンが階段を上がり、３ＰＯの挨拶を受け、その案内で女主人のところへ向かう。ナタリーはブルースクリーンを見つめていた。そこにはのちに遠くで燃えるジェダイ聖堂が挿入されるのだ。３ＰＯは気を利かせ、ふたりを部屋に残して立ち去る。といっても、控えめに立ち去るなんてことは３ＰＯにはできなかった。

そのセットは多方向にカーブし、下に行くにつれて幅が狭くなる階段を組みこんで、ゴージャスにデザインされていた。オビ＝ワンとパドメはアナキンを心配し、銀河の行く末を案じている。私はカメラの範囲外に出る必要があったが、このときにかぎって、フレームの端がどこなのか確認するのを怠っていた。まもなく別の端を見つけ、細くなった階段に向かい——前のめりになったとき、例によって恐怖にかられた。幸い、窓を突き抜けて落ちるまえに、なんとか出っ張りの上で足を踏んばり、留まることができた。すぐ下では、セットの横を駆けてきたドンが重ねた硬い板の上に載った拍子に、板どうしが滑り、大きな音を立てて転がった。私はなすすべもなくそれを見ながら、彼のように倒れないことを願って足を踏んばりつづけた。すると、突然——

「大丈夫かい、アンソニー？」

ユアンの心配そうな声がした。せちがらい世の中になっても、こんなに思いやりのある俳優もまだいるのだ。ドンが足を引きずりながらも私を窮地から救いだし、パドメとオビ＝ワンは悲劇的なシーンの演技を撮りおえた。私が新事実を知ったのは翌日のことだった。演技に合わせてセリフを編集室で録音したあと、昨日のシーンが偶然映しだされた。とても美しい、感動的なシーンだ。ナタリーもユアンもひどく心配そう、不安そうに見える。ナタリーが真剣な顔で話し、ユアンが彼女の懸念に耳を傾けていると、突然、奇妙な音がした。ふたりは話すのをやめ、周囲を見まわした。一瞬の間。それからふたりとも口に手を当てる。驚いたからではない、笑いをこらえるためだ。カメラが回り、声を殺して笑うふたりを撮りつづける。3POが金色の尻を突きだし、窓から落ちる寸前で足を踏んばる姿に、ベテランのふたりですら、笑いをこらえられなかったのだ。やがてユアンがどうにか笑いをこらえ、心配そうにこう言った。「大丈夫かい、アンソニー?」まったく、役者ってやつは！　まあ、数日後には私も一緒に笑うことになるが。

**屋内　ナブー――スキッフ**

パドメは悲しみに満ちた顔で私の隣に座っていた。私はなんらかの飛ぶ機械を操縦している。それがなんなのかは、そこにないためわからない。ILMがあとで付け加えるのだ。私たちが座っているかなり立派な操縦席は本物で、砂袋で押さえつけた操縦桿《かん》らしきものもある。実際にあるのはそれだけ、あとはグリーンスクリーンだった。私が操縦しているふりをするあいだ、ナタリーはとにかく泣きそうな顔をしつづけた。

その後のシーンでは、ユアンが私の席につき、私はもうひとつの席に移ろうとしているように見える。

「それはいいよ。昨日のパドメとのシーンからきみを取りだして、デジタルで入れられるから」

「でも、アンソニーはここにいるんだから、彼が腰をおろせばいいじゃないですか?」

ジョージがユアンをじろりと見る。ユアンと私はこらえきれずにくすくす笑いながら、並んで座り、演技をした。

セットで最も印象に残っているシーンのひとつは、ヘイデンとユアンのライトセーバーによる決闘だ。あれは見事としか言いようのない戦いだった。振り付けされた足運びも、ライトセーバーの振りも、どんどん速くなり、ふたりはまるでダンサーのように優雅に舞った。その後この映画全体を強化することになるデジタル・エフェクトなどなくても、あれは手に汗握る、迫力満点の美しい戦いだった。最後はふたりとも疲れ果てていたが、誰も怪我をしなかった。このシーンが終わったときは私も含め、その場にいた全員が思わず拍手をしていた。

なつかしい瞬間をひとつ。新たにキャストに加わったジミー・スミッツは私の新しいご主人となるベイル・オーガナを演じた（口絵参照）。とても気持ちのよい男で、セットでは、最初の『スター・ウォーズ』、とくにC－３ＰＯに関する自分の思い出を懐かしそうに語ってくれた。

だからかもしれないが、彼は自分が言わなくてはならないセリフのことを気に病んでいた。彼には個人的なことに思えたのだ。実際、私には個人的なことだった。しかし、私はわざと本心とは逆に、気にするなと言って彼を安心させた。３ＰＯは家電製品と同じようなもの。たしかに長いあいだにある程度愛されるようになったとはいえ、皿洗い機程度の繊細さしかないのだ、と。彼は納得しなかったが、プロの俳優らしく職務を果たした。

**屋内　オルデラン・スタークルーザー——通路——宇宙空間**

アクション！

「このプロトコル・ドロイドの記憶は消せ」

たしかに、これは少しばかり非情なセリフだが、脚本にあるのだから仕方がない。

別の日には、こんなこともあった。

## 屋内　コルサント――元老院の建物――大廊下――午後遅く

「私もチューンアップしようかな」

グリーンの海のなかで、私は右手にいるR2を叱りながらカメラへと速足で近づいていく、という簡単な演技をリハーサルした。スーツは着ていたが、まだ頭をかぶってはいなかった。それからスタートの目印のところに戻ると、ドンが頭をかぶせ、R2のリモコンを手に取った。ドンは何でも屋なのだ。私は向きを変え、カメラのほうを見た。

アクション!

さきほどのように、私はせかせかと前に出て……突然、混乱した。私の頭は自分が朝食用のシリアルが入った巨大な器のなかに落ちていく、と告げている。パリパリ、ポキポキという音が盛大に聞こえ、私は戸惑いと不安を感じながら倒れた。またしてもドンが走ってくる。

リハーサルの最中、クルーはカメラに向かってまっすぐ歩いてくる3POのぴかぴかの表面に、周囲のグリーンスクリーンがかなり映りこむことに気づいたのだった。それをポストプロダクションでデジタル修正するのはかなりの手間になる。そこで彼らはレンズの下に大きな黒いポリボードを外側に傾けて何枚か置くことにした。ポリボードは私の行く手をふさいでいるのだから私にも見えるはずだ、クルーはそう思った。が、私には見えなかった。そしてまっすぐそこに突っこんでしまったのだ。もちろん彼らは私のことを心配してくれた。ありがたいことに、今回スーツには損傷はなかった。

しかし、別の場合には――

「ひとりでしゃべってくれ。あとでR2を入れるから」

そこで、いつものようにブルーの床とブルーの壁に囲まれ、私は一人芝居をはじめた。R2と一緒に演技するのはもうすっかり慣れていたし、R2の高さもわかっていたから、目線の見当もすぐについた。どうやらカーペットの掃除をしたばかりらしく、掃除機が近くに置いてある。カメラ・リハーサルでは、ドーム型のその掃除機をホースで引っ張り、脚本どおりにしゃべりながら歩いていった。このR2はふだん見慣れている相棒よりもずっと背が低かったが、それはどうでもいい。彼の名前は額に貼りついていた。〝ヘンリー〟だ。彼はかわいかった。私はこの新たな相棒は愉快だと思ったし、クルーも同感だったが、悲しいことにヘンリーのシーンは映画には残らなかった。

これまた悲しいことに、私の出番はこれが最後だった。が、ある程度ほっとしたことも確かだ。私は六作の撮影を生き延びた。そして最後の撮影が無事に終わった。セットで最後の日を迎えたアーティストに昔からするように、第一ADが私は〝役目を終え、撮影を去る〟とアナウンスした。クルー全員が大きな拍手をくれたあと……別のステージで次のセットの準備をするために、さっといなくなった。

私は長い年月のあいだに、六作の映画に関わった。いまやそれが終わり、過去となった。ドンはグリーンスクリーンに囲まれた静かな広いスペースで、最後にもう一度3POの頭をはずした。だが、実はその場にいたのは私たちふたりだけではなく、私たちの穏やかで有能なドキュメンタリー制作者であるティッピー・バシュキンもいた。彼女は私の前に立っていたが、カメラは持っておらず、シャンパンのボトルと発泡スチロールのカップを差しだした。

「ご苦労さまでした」

二〇一二年、私はシドニーからいちばん近いサーフィンにもってこいの海岸、マンリー・ハーバーへ向かうフェリーのベンチに横になっていた。といっても、サーフィンをするわけではない。この大きな国に旅行者として戻ってきたのだ。マンリーはまるで一九五〇年代に足を踏み入れたような雰囲気を持つ、興味深い観光地でもある。すると、そこにそれがあった。《スター・オブザーバー》だか、《モーニング・ヘラルド》だったか……ほかの客が置いていった新聞が、映画のなかの魔法のシーンみたいに、潮風に吹かれてぱらぱらと音をたててめくれた。開いたページの見出しには――。

〈ジョージ・ルーカス、スター・ウォーズをディズニーに売却〉

## 51　展示会

二〇一五年、私はニューヨークで、壁一枚隔てた場所に立ち、入る合図を待ちながら――会場の様子にショックを受けていた。

何年もまえに、私はロンドンのバービカンで開催された展示会、『ジ・アート・オブ・スター・ウォーズ』に招かれた。これは映画で実際に使われた小道具などのすばらしいコレクションだった。スクリーンではじっくり鑑賞できなかったものを、立ち止まって心ゆくまで見ることができる。会場を訪れた人々は、精巧なデザインと注意深くつくられたディテールに驚嘆し、実際にどんな大きさだったのかを知って驚く。ミニチュアのランコア、

『新たなる希望』でスクリーンを占領したスター・デストロイヤーの巨大な模型。ビデオのなかでは、製作に関わったアーティストの多くが、様々な展示品が実際にどんなふうに作られたのかを説明していた。

かわいそうに、３ＰＯはガラスの箱に閉じこめられていた(口絵参照)。展示品を保護するのは、なかなか大変なのだ。何らかの手段を講じないと、記念や土産代わりに少しずつパーツを剥ぎとられてしまう。来場者のすべてが、展示品に敬意を表するとは限らない。なかには本物の一部を持って帰りたいという衝動に抗《あらが》えない人々もいるのだ。とはいえ、３ＰＯが展示ケースに入るのはこれが初めてとあって、じっと動かずに立っている彼を見るのは不思議な気がした。しかし、私がガラスのこちら側で動きまわっているとあっては、彼が動くのは不可能だ。

それから、奇妙なことに気づいた。３ＰＯの膝がむき出し、肘も似たような状態で、黒い隙間ができているではないか。これでは不完全だし、あらゆるプロトコルに反している。私は忙しく動きまわっている展示デザイナーにこの点を指摘したが、彼女は、３ＰＯは常にああいうふうに見えた、いまからそれを変える方法はひとつもない、と言ってどこかに走り去った。幸い、ガラスのケースにはまだ鍵がかかっていなかった。そこで楽屋裏であれこれかき回して余っているコンピューター・ケーブルを見つけると、粘着テープを何枚かケーブルに貼りつけ、それを３ＰＯの膝の後ろに付け、肘の関節のなかへと滑りこませた。これで、会場を訪れる人々に会う準備は万全。彼らにはこのケーブルが実際に映画で使われたものでないことはわからないし、３ＰＯも秘密をばらすような真似はしないだろう。

３ＰＯが豪華な金の額縁のなかから外をのぞきみるようなポスターを見た瞬間から、ファンはこの展示会にすっかり夢中になった(口絵参照)。

私は、ルーカスフィルム特別企画部長であるキャスリーン・ホリデイから、この驚異に満ちたオープニング・

イベントの〝顔〟となるよう依頼されたのだった。新生501部隊（後述）が補佐につくことになる。ニューヨークの玩具店FAOシュワルツで、営業時間外に行われたスター・ウォーズ玩具の発売イベントに招かれ、スピーチをしている私を見たキャスリーンがホストに抜擢してくれたのだ。一言、二言、歓迎の言葉を述べるつもりでいた私は、恥ずかしい失言をからくも逃れた。挨拶のなかで、私は集まった人々にブロードウェイに足を運んでほしい、映画『ビッグ』のミュージカルが面白いと推奨するつもりでいた。世界的に有名な玩具店にある巨大なピアノの鍵盤の上で、主人公トム・ハンクスが踊るミュージカルだが、原稿をチェックしてくれたハワード・ロフマンの話では、テレビではまだ宣伝されているものの、ミュージカル自体はあまり人気が出ずに急遽打ち切りになったという。そこで、必死にほかの話題を探し、私がはるか彼方の惑星に初めて降り立ってから何年の月日が過ぎたか、みたいな感慨を述べ、3POの声であの不滅の言葉を口にした。

「私はC－3PO、ヒューマン・サイボーグ・リレーションズです」

集まったファンは、消滅したミュージカルに関する発言よりも、3POの声を実際に聞くことができて大いに喜んでくれた。

3POほどエチケットとプロトコルを熟知しているわけではないが、どうやら私にも彼と同じセレモニーの司会者としての能力があったらしい。この能力はスター・ウォーズ・サーガの混沌のなかより、展示会の世界で使うほうがはるかに役立つようだ。

〈スター・ウォーズ in コンサート〉もそうだが、こうしたライブ・イベントは、舞台の仕事と映画出演の仕事のかけがえのない思い出を繋ぐ、架け橋となってくれた。観客を目の前にして懐かしい思い出を分かち合うのは、すばらしい体験だ。美しい金色のコスチュームがガラスのケースにしまわれていて、たとえ私がそれを着けたいと望んでもできないことを、みな愉快に思っているようだった。それはかまわない。私にはこうしたイベントで一種のジェスチャーとして着ける金色のネクタイがある。そして、この種のイベントは実にたくさんあった。

映画との密接な繋がりと、司会者としての能力が幸いし、私は世界中の都市を回ることになった。二〇〇二年には、オーストラリアのシドニーにあるパワーハウス・ミュージアムで「Star Wars The Magic of Myth（スター・ウォーズ：神話の魔法）」と称される展覧会が催された（口絵参照）。イベントの初日に人々をあっと言わせるために、厳選された小道具などがひとつ残らず美しくアレンジされ、プロデュースされた。博物館の館長不在のなか、イベントは秒単位で計画されていた。スタート。照明を落とす。音楽。三十秒間待つ。照明をつける。開会の挨拶者がステージに出る。三分間のスピーチ。退場。次のスピーカーがステージに出る。三分間のスピーチ。退場。アンソニー・ダニエルズがステージに立つ。三分間のスピーチ。退場。館長の紹介。ステージに出てくる。開催の挨拶、七分――こんなふうに。プロの俳優である私は指示に従うのは慣れている。きわめて細かく区切られたスケジュールに沿うため、手元に準備していたコメントや逸話を線で消した。

もっとしゃべりたい衝動を抑えこみ、オーストラリアに戻り、シドニーでこのすばらしいスター・ウォーズ展示会が開催されることを祝えてとても嬉しい、と話した。時間切れになり、おざなりの拍手に送られて退場。続いて、館長がステージに出ていった。文字通り、ほんの少しまえにヨーロッパ旅行から戻り、時差ぼけ状態で博物館に到着した彼は、私の短い挨拶を聞いていなかったらしく、用意された原稿を手渡されてステージに出ていくとこう言った。「アンソニー、映画作りにおけるなんとも興味深い内輪話を披露してくれてありがとう」。ありがたいことに、私はすでにステージの裏のほうにいた。恥をかいたのは私か？　彼か？　幸い、私が内輪話を披露しそこねたにもかかわらず、展示会はたいへんな人気となった。

展示された印象的なコスチュームや小道具、様々なビデオのなかでいちばん楽しめたのは、会場の片隅にひっそりと置かれた小さなブースだった。照明を落としたそのブースには、ミニチュアのステージ・セット、沼の惑星ダゴバにあったヨーダの家の模型が設置されていた。節だらけのねじれた木や濁った沼から、地を這うように漂う蔓《つる》のような霧まで、映画の雰囲気たっぷりなシーンが完璧に再現されている。そこには、沼のなかに半分沈んだルーク様のXウイングまであった。

来場者は、自分たちのなかにあるフォースを見つけるため、『帝国の逆襲』でルークがしたように、このXウイングを沼から持ちあげるよう勧められた。大人がXウイングを水中から持ちあげて蔦《つた》や蔓が絡まる空き地に置こうと、両手を突きだして必死に集中している姿は、なんとも愉快な光景だった。彼らはついにしびれをきらし、何やら謎めいた仕草をして、両手を上に突きあげる。子どもたちも同じだった。少し経つとあきらめて、最後は自分にフォースがない、少なくとも、いまはないことを悲しむ。

ところが、ひとりの子どもが一心不乱に集中してXウイングを見つめると、驚いたことに奇跡が起こり、Xウイングが彼の心のなかの命令に従ってゆっくり上がりはじめた。子どもたちはうっとりとそれを見つめた。私も魅せられた。もちろん、Xウイングが持ちあがったからくりは知っていたが、それを子どもに話して興奮に水を差すようなことはしなかった。せっかく自分は強いフォースを持っていると喜んでいるのだ。相手が大人なら説明したかもしれないが。

この美しい風景には動体感知器が設置されており、セットのなかでピクリとも動かずに立たないかぎり、何も起こらず、Xウイングは永遠に沼に浸りつづけるのだ。

映画のなかであたりまえのように受け止められてきた点を取りあげた、もうひとつの大規模な展示会の司会を務めたときも楽しかった。スクリーンに描かれている先のこと、この惑星で将来実現するにちがいない本物の科学について子どもたちに考えさせることを目的としている点が、とくに気に入った。「スター・ウォーズ：科学と想像が出会う場所」は、ボストン科学博物館が創案し、エド・ロドリーとジャン・クロッカーが企画した展示会で、子どもばかりでなく大人にも大好評を博した。様々な小道具やガジェット、数々の試み、AR（オーグメンテッド・リアリティ）の仕掛けが数多く展示され、それで遊ぶことができた。ルークが乗っていた地上から浮いているランドスピーダーは、実際はどんな仕掛けだったのか？ 映画で使われた本物が展示され、車輪がついているのが見えた。C－3POのようなロボットを自分で造ることができるのか？ そこには、ガラスケースに入った〝裸〟の3POが展示されていた。マトマタでの不幸な事故のあと、ありがたいことに再び組み立てられたのだ（口絵参照）。

この展示会の陰のブレーンのひとりは、ロボットの専門家シンシア・ブリジール博士だった。一九七六年生まれの博士がMIT（マサチューセッツ工科大学）でソーシャルロボティクスを専門に研究することになったきっかけは、『新たなる希望』を見たことだった。とくにR2と3POが好きで、彼らを見た瞬間、映画のなかだけでなく、自分の世界にもこういうロボットがいてほしい、と思ったという。映画制作者は現実の可能性に縛られずに想像力をはばたかせる。彼らの発明品は実際にうまくいく必要はないのだ。ブリジール博士は人間と会話し、意思の疎通ができるパーソナル・ロボットの分野で世界の第一人者となった。この展覧会で博士とともに働くことができたことは望外の喜びだったが、博士の驚くべき研究と開発により、私（3PO）の仕事がなくなってしまうのではないかと少し心配になった。すると彼女は、3POは時代を百年先取りしている、と安心させてくれた。よかった。私にはこの仕事が必要だ。とはいえ、この本を書いている現在は、博士が正しいのかどうか自信がない。ロボティクスの分野は急速に進化しつつ近未来へと突入しているようだ。とにかく、博士の場合は、すべてがジョージの創造力から始まったのだ。

この展示会のすべてが、楽しいばかりかためになる経験だった。子どもたちは科学とファンタジーと自分たちが思いついたアイデアを混ぜあわせ、山ほど質問をしてくる。真空の宇宙空間では、爆発音が聞こえるのか？ もちろん、聞こえるとも——ただし、スター・ウォーズの宇宙だけだが。

二〇一五年の十一月に話を戻そう。このとき私は、タイムズスクエアにあるイベントスペース、ディスカバリー・タイムズスクエアで催された「スター・ウォーズとコスチュームの力」というコスチューム展のため、ニューヨークに戻っていた。そこにはまたしても大勢の博物館の常連や友人たちが集まっていた。ホストがゲストを歓迎し、関係者全員に感謝するのは当然のことだ。もちろん、そうだが、ゲストが会場でふるまわれる洒落た軽食やカクテルですっかりできあがっていたら？ 長々と話すのはやめたほうがいいだろう。ホストがようやくマイクを返したときには喜びの拍手が湧いたが、前振りはまだ終わっていなかった。別のスポンサーの代表者が、言葉こそ違うものの似たような挨拶をした。ルーカスフィルムのプロデューサーが用意した原稿のページをめくるころには、集まった人々は好き勝手に楽しみはじめ、すっかり騒がしくなっていた。まあ、それも無理はない。だが、ひとつ問題があった。私のスピーチは最後に予定されていたのだ。

このプロデューサーの次に。

そのときが来た。

私が隠れていた場所から出ていくと、それに気づいた人々は拍手してくれた。なかには少しのあいだ耳をすました人々もいたが、大半はエチケットなどなんのそのという態度だ。私は思い切った手立てを講じることにして、ざわつくなか、話しはじめた。しだいに、みんなが私の唇が動いていることに気づきはじめた。

「きみたちは、アンソニーの挨拶をおとなしく聞く」

けげんそうな顔に向かって、私はその過程を説明した。ゲストのなかには個人的な訓練が必要な人々もいて――みんなの笑いを誘った。やがて、彼らはどうにか声を合わせてこう言った。

「私たちは、アンソニーの挨拶をおとなしく聞く」

みな、そのシーンを覚えていた。オビ＝ワンが検問のストームトルーパーに向かって手を振る、例のシーンだ。そのあとはみな、私の話に耳を傾け、笑い、楽しいひと時を過ごした。私も楽しかったが、終わったあとはなんでもいいから一杯必要だった。ジェダイのマインド・トリックを使うのは、意外と疲れるのだ。

だが、そのまえに――。

前日タイムズスクエアのすぐそばにある会場に到着した私は、この最新のコスチューム展示会のすばらしさに深い感銘を受けた。ストームトルーパーのヘルメットがたくさんの鏡のなかに延々と映っているかと思えば、ダース・モールが両刃の剣を手にダイナミックなポーズを取っている。どきっとするほどドラマティックな照明もあり、最後にドロイド・ルームもあった。フォースはついに覚醒し――とうとうにドロイド一家に新たなメンバーが加わった。

やれやれ。

R2といつもは元気いっぱいのBB-8が、うつろな目で前方、私の後ろの空間を見つめている。その姿からは、動きも彼らの個性もまったく感じられない。たんなる物体でしかなかった。が、ひどいのはそれだけではなかった。数時間後にはオープニング・イベントが始まるとあって、プロダクション・クルーはほかのエリアの最後の仕上げに忙殺されている。たしかに鏡を磨くのも重要だが、こちらにも助けがほしかった。ふたりの背の低いドロイドたちは放置され、悲しがっている。しかし、彼らは3POに比べればまだましだった。3POはまるで手当てを待つゾンビのように、スポットライトのなかで肩をすぼめている。映画でこういう演技をするのは、決まってスイッチを切られたときだ。3POをこの状態にしてはおけない。たしかにこのドロイドは何事も少々悲観的ではあるが、こんなふうにわびしげに立たせるなんてひどすぎる。私は靴を脱いで3POがいる黒く輝くステージに飛びのった。

まず、彼の腕をなんとかしなくては。私はぐったりした姿勢の根源であるワイヤー部分をあらわにすると、何かを折ってしまわないかびくつきながら、ひねったり、押したりして調整した。片腕が肘を曲げて上がり、手が何かのしぐさをしているような格好になる。よし、今度は反対側だ。わびしげに床を見つめている3POの肩はまだ動かない。だが、彼はいつもまっすぐに人間を見て、六百万語のどれかで話しているのだ。

ほかの展覧会のときと同じように、余った備品を探しにいき、発泡スチロールをいくつか回収し、3POの顎の下、首の内側に入れた――何も折らずにすんだ。やがてステージを下り、振り向くと、そこにはいつもの3POがいた。私は靴をはき、友人の手伝いができたことに満足して、そこをあとにした。振り返ったとき、3POがにっこり笑って応えてくれたと思いたい。

まあ実際に微笑んだら、ぎょっとするだろうが。

## 52　グッズ

正直に打ち明けると、私は首振り人形（ボビングヘッド）の良さがさっぱりわからない。世界中でたくさんのファンが喜んで買うようだが、少しばかり不気味な気がする。多くの人々が集めているFUNKO　POPのコレクションもそうだ（口絵参照）。玩具に巨大な頭を与えることに、どんな意味がある？　しかし、3POの姿を可愛く再現した人形、柔らかい金色のビーニーベイビー3POは大好きだ（口絵参照）。

グッズ。これはジョージが発明したようなものだ。石鹸から長く垂れるイヤリング、縫いぐるみのエイリアンやアクション・フィギュアまで――ありとあらゆるスター・ウォーズ・グッズが、次々に作られていく。ジョージは〝砂場（注：人々が集まって創作を繰り返す、何度も試行錯誤できる場）〟という概念を作ったことで有名だ。彼はファンが自分の映画を想像力の発射台に使うこと、スター・ウォーズという物語とグッズを使って新しいものを作りだすことを望んだ。もちろん、常にコピーライトの規定を守って、だ。スター・ウォーズは彼の砂場だが、誰もがそこに来て遊ぶことを歓迎されている。

映画のセットを見たとき、私はその独創性に圧倒された。それがいまやミニチュアの――玩具として手にとれるのだ。喜ばしいことに、そういう玩具が何箱も送られてくるので、私はそれらを友人や、地元の病院に配ってきた。驚くべきかな、そうした商品の価値はいまでは何倍、何十倍にもなっている。

幸いなことに、私は多種多様なテレビ・コマーシャルの撮影に参加することができた。ケナー社のすばらしい玩具のコマーシャルがダントツで多い。宣伝広告を作るのは一大ビジネスだ。威勢がよくてほがらかなプロデューサー、バーバラ・バロウの指揮の下で仕事をしているときは、誰も彼も楽しんでいた。彼女と玩具以外のコマーシャルを撮ったとき、私は役に立つことを学んだ。それはパフスというブランドのティッシュペーパーのコマーシャルだった。星のなかのベッドにいる小さな男の子が、ひどい風邪をひいて眠ることができない。R2と3POがパフスのティッシュとともに到着して一件落着。ところがそこで別の問題が生じた。

セットには本物の枕と毛布とベッド、そして子どもがいたが、残りはすべてブルーの壁とブルーの床で、星ももちろん、本物ではなかった。そこで、位置についたR2の周囲に、カメラで星空のエフェクトを挿入することになっていたのだが、なんと、R2のブルーの部分も銀河の一部に含まれてしまったのだ。まるでレントゲン撮影されたように、R2の腕や頭に星がきらめいている。クルーは腹をたて、バーバラも不機嫌になった。彼らがセットをグリーンに塗り直しているあいだ、私は半日休みをもらった。ブルースクリーンの使用法とその限界を最初に知ったのは、このコマーシャルのときだ。その後の数十年間で多くのブルーとグリーンを目にすることになるとは、このときは思いもしなかった。

私は〝C－3POのスター・ウォーズ神殿〟に住んでいるわけではない。そういうやり方は好みではないし、品物は場所をとる。とはいえ、3POがキュートなデザインのスター・ウォーズ切手の一部になったときは、その名誉を喜んだ。切手シートは平らなので、引き出しに入れても場所をとらない。そこには少々かさばるが、見るたびに笑ってしまうものも入っていた。派手で大きなペッツ（PEZ）ディスペンサー（注：ペパーミント風味のキャンディを一個ずつ取り出せる小型の容器）だ（口絵参照）。これは場所をとるが、それほど頻繁に取りだすわけではないから、よしとしよう。

ひとつだけ、隅のテーブルにさりげなく置かれているものがある。幸運にも私は何年にもわたり、様々なアニメーション・シリーズに関わった。『ドロイドの大冒険』『反乱者たち』『クローン・ウォーズ』――それぞれに大人気を博したシリーズのなかで、3POを演じるのはとても楽しかった。収録は通常、ロンドンのスタジオにぽつんとひとりで座って行われた。ディレクターが私の横に置かれたラップトップのスクリーン上で、スカイプのビデオ通話を通して見守ることもあれば、ヘッドセットを通して声が聞こえるだけのこともあった。3POはすでにほんの少し個性を誇張しているから、素朴な絵を誇張する必要はほとんどない。とはいえ、アニメの場合、ドラマティックな状況が実写版よりもっと過激になることもある。こうしたアニメは放送もされるが、DVDやブルーレイで、繰り返し観ることもできる。どのシリーズも楽しかったが、デイヴ・フィローニ監督によるアニメの『クローン・ウォーズ』は、とくに優れていたように思う。

けれど、私がいちばん好きなのは、抱腹絶倒の「ヨーダ・クロニクル」だ。これはレゴのキャラクターを使ったアニメで、本当に面白かった。あんなに面白い仕事なら、ただでも引き受けたと思うが、それは黙っていた。ふたりのマイケルと私は、笑いすぎてしょっちゅう涙を浮かべていた。私はロンドンのスタジオにいて、ディレクターのマイケル・ドノヴァンはサンフランシスコの自分のオフィスにいる。斬新なストーリーを書く脚本家マイケル・プライスは、しばしばロサンゼルスの高速道路40号線をもうひとつの仕事――「シンプソンズ」の脚本――へと向かいながら、スピーカーホンで打ち合わせに加わっていた。

声の収録が終わると、アニメーターの出番がやってくる。私は編集前のアニメーションを大笑いしながら観て、追加のセリフを挿入できる場所を見つけた。もちろん、常に完璧な仕上がりというわけにはいかなかった。レゴの3POのあとを追い、レゴの壁にある隙間を通り抜けるには、レゴのチューイが太りすぎているというギャグもあったが……おっと、まずい、書き直し！　レゴのキャラクターはすべて同じサイズだった！

私たちはとても気持ちよく一緒に働いた。電話でジョークを飛ばしながら脚本会議を、その後、集中的に収録セッションを行う。そして〈セレブレーション〉のステージで顔を合わせ、目の前に座ったファンたちの前で、自分たちの成果を見せるときの喜びときたら！　やがてふたりのマイケルとレゴ・マスターたちから、サプライズプレゼントが届いた。重さ十キロ、高さ五十センチのレゴの３ＰＯだ（口絵参照）。黄色いレゴブロックでできたどっしりしたポップ・アートは、実にすばらしかった。ブリティッシュ・エアウェイズから妙な質問を受けたものの、はるばるロンドンへと運ばれてきたそれは、魔法のときを思い起こさせてくれる鍵として自宅のテーブルに置いてある。

ロンドンで行った短い収録セッション、私の関わりはそれだけだったが、すべてプラスチックのブロックでできたスーパーヒーローが活躍する、アクション満載のレゴ映画に声の出演をするのは、心ときめく経験だった。完成版を観たのはニューヨークだった。奇抜な作品を見るのにぴったりの、四十二番街にある最新設備を備えた劇場だ。そこでは、目の前でファンがこの映画に熱狂している様子を見ることができた。３ＰＯがレゴ・ファルコンに向かって叫ぶと、大歓声が起こり、劇場のスーパー・マルチ・トラック・オーディオ・システムの声をのみこんだ。レゴ・ファルコンがレゴ超光速にジャンプし、消える……。どれほど多くの人々が『スター・ウォーズ』を愛しているかを、あらためて噛みしめた瞬間だった。

レゴの仕事ではとにかく笑った。デンマークのビルンにあるプロダクション施設に招待され、私はレゴ社の専用機でデンマークへ飛んだ。尾翼にレゴのロゴがあるのを見て、思わず笑みをもらした。ひょっとして、私はレゴで造られた飛行機に乗っているのか？　そう思うとちらっと不安になった。

なんという名誉だろう。私はレゴ社のチームと話し、それは楽しいひとときを過ごした。しかし、もっと嬉しかったのは工場を訪問できたことだ。連動する機械が、プラスチックにしるしをつけ、材料を送り、パーツを繋げていく。ひとつひとつのレゴが隠されたレールをスムーズに流れていくのを３ＰＯが見たら、どれほど感心することか。

　すると、ホストが工場を出ながらライトを消した。あの気の毒な〝ドロイド〟たちは暗がりで働きつづけるのだ。やれやれ、そんなことを考えるなんて、私と３ＰＯの共生関係がさらに進んでいる証拠だろうか？

　ロンドンの〈セレブレーション〉では、いつもと違うコレクターズ・アイテムにサインした。飛行機だ。本物ではなく、スマートな四・五メートルの模型だった。３ＰＯに対して敬意を表する、すばらしいオマージュ。全日空（ＡＮＡ）は、白い機体にブルーの帯が入ったＲ２－Ｄ２スタイルの飛行機をすでに運航させていた。私たちを、『フォースの覚醒』のロサンゼルスのプレミア試写会からロンドンへ運んでくれたのは、ひと目でＲ２だとわかるその飛行機だった。ＢＢ－８のバージョンもあると聞いていた。こちらは白にＢＢ－８の特徴であるオレンジのデザインだ。そして今度は３ＰＯの飛行機が実現した。ヒト型ドロイドを飛行機の形にデザインするのは相当難しかったらしく、最初の試みでは、３ＰＯがばたんと倒れて息絶え、ふたつの翼にはさまれた棺に納められたように見えたようだ。そこでＡＮＡのすばらしいデザイン・チームとルーカスフィルムのハワード・ロフマンは全体的に再検討し、賢明にも、３ＰＯの〝外見〟の目立つデザインを胴体部分に据えた。時が過ぎ、いまや私の手元には美しい飛行機がある――本物ではなく、ＡＮＡから贈られた一・二メートルの模型が（口絵参照）。

　時は再び過ぎ、私はＡＮＡの３ＰＯ飛行機の扉のところで、二百人のゲストとマスコミとテレビ局のクルーを見下ろしてスピーチをしていた。この飛行機は本物だ。黄色い機体のぴかぴかの新品で、東京の巨大な格納庫に駐機されている。なんとスリリングな体験だろう――私は流暢な日本語で集まった人々を歓迎した。何日も音声を聞き、忘れないように念のため太い黒マジックで階段のてっぺんに書いておいたのだ。それから、この見事な飛行機の機体にサインした（口絵参照）。３ＰＯの本質をこれほど壮大なスケールで目にして、私はとても感動していた。だが、家に持って帰るには大きすぎる。模型でさえ、ようやく収まるかどうかなのに。

　それに比べると、３ＰＯの声で録音した衛星ナビゲーション・システムはだいぶ小さかった。実に奇妙な脚本だった。何ページにもわたり単語だけが羅列された、言葉のリスト。最終的には、コンピューターが優れたアルゴリズムでそれを繋げるのだ。彼らは私が使うようにと、そのナビ・システムをプレゼントしてくれた。非常に性能がよく、３ＰＯに道案内をしてもらえるなんてと感激する運転手もいた。とはいえ、初めて訪れる場所へ道案内する自分の声を聞くのは、なんともいえず変な感じのするものだ。最後はあまりの奇妙さに耐えられなくなり、別の声に変えた。どうか3ＰＯには内緒にしてもらいたい。

　もうひとつ気に入っているのは、美しい青い箱だ。金色の3ＰＯが誇らしげにフルーツとシリアルが入った器を差しだしている、ケロッグの〝Ｃ-３ＰＯ〟。私はこれのオリジナル製品をひと箱、未開封のまま持っている。三十年後に開けたら、どんな味になっているだろう？　案外、変わっていないかもしれない。〝Ｏ〟の形をしたこのスナックは、当初、甘味料ゼロの健康食品として発売された。言葉の語呂遊びを使った愉快なコマーシャルは、カリフォルニアのエキゾチックなモノ湖のほとりで撮影が行われた（口絵参照）。この国立公園を訪れていた旅行者は、３ＰＯが岩場でぶらついているのを見て、仰天していた。

　私が青空の下で休憩しているのを見て、きっと面白がったにちがいない。突然クルーが、紅茶とビスケットを載せた銀のトレーを持ってやってきた。月面のような荒れ地にいても、私にくつろいでほしかったのだ。なんと思いやりのあるチームだろう。３ＰＯがいたら、お茶を淹れてくれた彼らの適切なエチケットにすっかり感心したにちがいない。

このときは厄介なことに雪が降りだしたが、幸い、誰かがヘアドライヤーを持っており、最大の風量で暖かい空気を吹きつけてくれたおかげで、凍りつかずにすんだ。コマーシャルの出来は最高だったが、シリアル自体はそうでもなかった。彼らはレシピに砂糖を加え、ふたつのOをくっつけた。「蜂蜜で甘いオーツをふたつ繋げた輪は、まさに銀河の朝食そのもの！」というのが宣伝文句だった。私たちはラスベガスの周囲の砂漠でもいくつかコマーシャルを撮った。そこはモノ湖よりも暖かかったが、私がOがふたつでは〝C－3P8〟に見えると主張すると、プロデューサーたちは不機嫌になった。

タンパで行われた発売記念イベントでは、照明とレーザー光線がステージで旋回する二・四メートルの箱を照らしだした。煙と色の渦のなか、拍手する観客の前で箱が止まると、蓋が開き、3POが手を振り、大げさな登場シーンに苦笑しながら出てくる。もちろん、私が苦笑しているのは誰にも見えないが、私はたしかに笑みを浮かべていた。我が家では、この〝ヒーロー〟ボックスが人気となった。これはスチール写真をもとにした手塗りのアート・ボックスだ。3POの上半身だけを着けた私が、健康によさそうなシリアルの器を抱えている(口絵参照)。しかし、ひとつ問題があった。牛乳を入れると、撮影しているあいだにシリアルが湿って、ぐにゃっとなってしまう。解決策は、近くの薬局で買ったねばねばした白いものだった。アート・ディレクターはフルーツとシリアルの位置を変えつづけ、綿棒を使って映りがよいように白いものを動かし、ひっきりなしにそれをちゅうちゅう吸っては、きれいにしていた。彼は翌日、飛行機で帰ったのだが、大丈夫だったのだろうか？　あのねばねばしたものは下剤だったのだが。

引き出しには、おそらくは最悪のスター・ウォーズ商品のサンプルも入っている。が、こちらは目に付かないよう、奥深くに隠してある。黄色と白のセラミックのそれは夢にまで出てきてうなされるはめになった。3PO

は両手を膝の上に置いて体を後ろに倒し、セロテープを間に置けるように脚を開いている（口絵参照）。これはオフィスの備品として作られた――婦人科医のオフィスがターゲットだったのかもしれない。そういえば、この姉妹品を作るつもりかと尋ねたことがあった。四つん這いになった３ＰＯが、もう少し大きなひと巻きを尻にはさむやつ。置く場所は――トイレとか？

## 53 偽造

ファンレターを受けとり、私はびっくりした。と同時にとても嬉しかった。

一度も会ったことのない人々が、時間と手間をかけ、私に手紙を書いてくれる。『新たなる希望』の演技はすばらしかった、とわざわざ褒めてくれるとは。そうした称賛は私の耳にも心にも音楽のように心地よく響いた。撮影中のセットでは、次のショットの準備で誰もが忙しく、褒められることはほとんどなかった。それに撮影が終わったあとも、大して理解も感謝もされなかった。それなのに、郵便局を経由して、３ＰＯを手放しで褒める手紙をくれるなんて、なんと思いやりのあることだろう。たとえサインをねだる一文が付け加えられていたとしても、それがなんだ。私は手紙に写真が入っていれば、要求に応えてサインをしようと努めた。手元には何も送るものがなかった。そういう場合にファンに贈る公式な写真を誰もくれなかったのだ。

やがて写真のないファンレターの要求を無視するのが申し訳なくなり、安物の写真を何百枚もプリントした。私の写真が左、３ＰＯの写真が右、いや、その反対だったかもしれない。なにせ、大昔のことだからよく覚えてないが、真ん中にサインをするスペースを残した（口絵参照）。

なかには写真と、アメリカの住所が書かれた返信用の封筒を入れてくるファンもいた。映画の配給が続くにつれ、様々な国の住所が増えていった。『スター・ウォーズ』が世界中で人気を博している証拠だ。私はカードにサインし、封筒に住所を書き、切手の後ろを舐めて貼りつけ、赤いポストに滑りこませた。それが正しいことに思えたのだ。

それから、ほかのキャストはサインを売っていることを知った。こんなことを言うと世間知らずだと思われるかもしれないが、私は衝撃を受けた。サインにお金を取るなんて、間違っているような気がした。ファンはすばらしい『スター・ウォーズ』を観た感激から、ただ記念品が欲しいと思っている。彼らは私に自分たちの感謝を示しているのだ。少なくとも、それに応えるのが礼儀というものではないか？　いま思うと、自分でもずいぶん世間知らずな古い考え方だったと感じる。というのも、少しずつ事実を知ることになったからである。

もちろん、多くのファンはサインを私たちと会った記念だと考えている。しかし、有名人のサイン集めは、それ自体が大きな産業になっているようだ。何千、いや、何百万のコレクターが完全なセットを欲しがるため、急速にうまみのある商売になっているのだ。いまでは私もサインを求めるファンにそれを売っている。そうしないほうがむしろおかしい。ファンが差しだすものに親切心でサインすることもあるが、ときどき出かけるコンベンションでは、サインは明らかに商売として扱われている。

私は自分たちキャストに会おうと長い列に並んでくれたファンと、できるだけ言葉を交わそうとする。けれどペンを手にしているときには、注意しなければならないのも事実だ。サイン帳にはすでにたくさんのサインが書かれていることも多いから、インクが飛び散って、せっかくの思い出の品が台無しになってはたいへんだ。あれこれ気を配ってサインを続けながら、長くなるばかりの列を見ていると、手ばかりか頭まで痛くなることもある。

私の公式ウェブサイトwww.anthonydaniels.comは、商業的なものはいっさい扱っていない。メールで購入できるサインも商品の販売もなく、あるのは好意と善意だけ。ときどき、私の連絡先を知っていると主張してファンに住所を教えるよう呼びかける企業が目につき、心を痛めている。彼らの情報はでたらめだし、ファンにとっては苛立ちの元以外の何物でもない。

このウェブサイトには、インターネット上で集めた偽造サインの一大ギャラリーがある。そこに並ぶ小さな画像をちらっと見ると、偽造の出来はピンからキリまで様々だ。なかにはかなりよく似ているものもある。油性ペンで書いた、侮辱としか思えないほどひどいものもあるが、そうした偽造サインが驚くほど高値で売られているのだ。ひょっとすると、買った本人が本物だと信じれば、本物でなくてもかまわないのかもしれない。中世のペテン師は、キリスト教徒を相手に、聖ペテロの脛骨やキリストが磔《はりつけ》にされた〝真の十字架〟だと称して、鶏の骨や木くずを売ったという。詐欺師やペテン師はいつの時代も存在し、不謹慎にもなんの疑いも抱かない人々をだましてきた。だがインターネットはこの問題を何十倍、何百倍にした。

ＦＢＩだって!?　ある日、エージェントＸからのメッセージが入っていた。〝ナイジェリアの王子からの相続財産をロンダリングします〟というメールと一緒に迷惑メールフォルダに捨てようとしたが、ふと電話番号も書かれていることに気づいた。そこで二日ほど間をおき、ためしに電話をかけてみた。

「連邦捜査局（ＦＢＩ）です。どちらにお回ししますか？」

驚いた。本当にＦＢＩからのメールだったのだ。

私はまもなくブルペン作戦の件で本物のＦＢＩ捜査官と話していた。彼は文書偽造の裁判で証言してもらえるとありがたいという。召喚状は出したくない、なんとかお願いできないだろうか？　数週間後、私は家族用の大きな聖書を見ていた。一ページにひとりずつ、あらゆるページにサインがある。下のほうには繰り返し練習した跡が残っていた。ページの横の空白にはどの色がいいかを試したとみえて、たくさんの線が入っている。

私はサンディエゴの法廷で証人席につき、そこに立つ被告の売った品物に私の偽造サインが入っていたことを証言していた。スクリーンに映された大きな偽造サインを見ると、ひどくいやな気分になった。それが自分のサインではないことは自信を持って断言できる、私がそう言うと、弁護士がどうしてわかるのかと訊いてきた。長年のあいだに数えきれないほどサインしてきたという事実が、ある種の専門知識を与えてくれた、とか？　そう思ったものの、私はそのサインが私以外の人間によって書かれたことを強力に示唆する細かい特徴をいくつか挙げた。その日証拠として提出された偽造サインは私のものだけではなく、法廷には、まだサインされていない、ありとあらゆる有名人の写真が何百枚も入った箱が山積みになっていた。すべて被告が自分で使うためのものだ、と弁護士は言った。

ブルペン作戦は、ＦＢＩの捜査官がサー・アレック・ギネスのサインを求め、しるしつきのポスターと料金を被告に送ったところから始まった。悲しいことに、サー・アレックはもう何年も前に亡くなっているというのに、そのポスターは要求どおり、サー・アレックのサイン入りで戻ってきた。被告の受けた刑はたった三年だった。

詐欺師はサインが本物だと偽証しようと、あらゆる手段を講じる。それが本物だという証書を偽造するのは、サインを偽造するのと同じくらい簡単だから、だまされてはいけない。そんな証書には、それが書かれている紙ほどの値打ちもない。これは自筆だと告げるホロ・ステッカーにも、なんの意味もない。実際、本物のサインを手にするには、当人に目の前でサインしてもらうのがいちばんだ。ほとんどの場合は不可能だが、唯一確かな方法はこれしかない。

　とはいえ、自分が持っているサインが本物だと信じる者にとっては、それは本物と同じ意味を持っているのかもしれない。

## 54　赤い腕

「初めまして、私はキャシー・ケネディよ。次のスター・ウォーズ映画のプロデューサーなの。Ｊ・Ｊ・エイブラムスから電話がいっても大丈夫かしら？　彼が監督するのよ」

　これまで受けた電話には印象に残るものもいくつかあったが、これはなかでもダントツにすばらしかった。それから一か月は何も連絡がこなかった。どうなっているんだ？　そう思っていると電話が鳴った。まるで興奮した学生と話しているようだった。Ｊ・Ｊは十歳のときに『新たなる希望』を観たという。やがてもう称賛の言葉は十分だと判断し、私は尋ねた。で、用件は？

「ぼくの映画に出たいですか？」

「出たいとも」

「声だけを演じたいですか？」

「いいや」

「そうですよね」

「だが、スーツは新しくしてもらいたいな」

「もちろんです」

幸先の良いスタートだ。これほど純粋な熱意はめったにない。

やがて私はパインウッドにいて、こう思っていた。お次はなんだ？

「電話をお預かりします」

「どうして？」

「脚本の写真を撮ることができないように、ですよ」

私は驚いた。携帯で電話をかけるのもひと苦労で、スパイ・カメラとして使うなど考えもしなかったからだ。

〝脚本の守護者〟に電話を渡し、彼の案内で天井から防犯カメラが見下ろす小さなオフィスへ入ると、本を読んでいた若い女性が顔を上げた。

「こんにちは。デイジーよ。レイを演じるの」

そう言われてもちんぷんかんぷんだったが、べつの机に黒い表紙の本があった。あれを読めば、もう少し何かわかるかもしれない。私は腰をおろして表紙を開き——驚いた。分厚い本はページ自体が深紅で、そこに黒い文字が並んでいる。どのページにも、文字の上に私の名前が薄く斜めに入っている。これが〝脚本〟だった。

手軽に読めるものではなかった。物語が錯綜《さくそう》していて、すんなり吸収できない。セキュリティ用の赤いページがそれに輪をかけ、しだいに頭が痛くなってきた。脚本は長かったが、魅力的だった。ようやく全体の感じをつかんで本を閉じられることにほっとしながらも、かすかな悲しみが胸を刺した。３ＰＯは物語の大筋にほとんど関わっていないのだ。だが、少なくとも彼の、そして私の出番はある。

私がその部屋を出たとき、デイジーはまだ脚本を読んでいた。孫と言っても通用するほど若く——好感の持てる女性だ。脚本に目を通したいま、レイが誰なのか、その存在が何を意味するのかわかった。私は部屋に戻り、集中して脚本を読んでいる彼女に声をかけた。

「きみの人生は一変するよ」

月並みな言葉だが真実だ。

その後、デヴィッド・メリーウェザーがフラットを訪れ、ラップトップ上で私のスーツの立体分解図を見せてくれた。電気機械系ＣＡＤの天才である彼が、再デザインの担当者だった。スクリーン上のスーツはすばらしく、希望に満ちて見えた。〝鉄の乙女〟に閉じこめられる拷問の日々が、ついに終わるかもしれない。やがて私たちはパインウッドで最初の〝仮縫い〟に臨んだ。ファイバーグラスはなし。コスチュームは３Ｄプリントしたものだった。

私が白いプラスチックの様々なパーツを着けて、どのパーツが使えてどれが使えないかを話し合っていると突然、Ｊ・Ｊが急ぎ足で入ってきて、私が着ているのはまだプロトタイプであるにもかかわらず、学生みたいにはしゃぎながら何枚も自撮り写真を撮りはじめた。そのあふれる熱意にはこちらもワクワクしたが、すべての点で意見が一致したわけではなかった。とくに３ＰＯの左の腕に関しては。なんと左腕は赤くなるという。

「どうして？」

「過去を示すためなんだ。背景として」

「『新たなる希望』の銀のふくらはぎみたいに？」

「そのとおり」

「でも、あれはあまり目立たなかった。気づいた人はほとんどいなかった」

「そのとおり」

赤という色は非常に目立つ。明らかにＪ・Ｊは〝赤〟に思い入れがあるようだ。しかし、監督は彼なのだ。私は切羽詰まって、フォトショップで、あるアイデアの実物大模型を作った。金属のバンドエイドをリベットで貼りつけた腕だ。私はそれが気に入った。

「いや、赤い腕がいい」

デザイン・チームは作業を続行し、やがてオリジナル・スーツのまずまずの複製ができあがった。大切な記念品であるオリジナルのコスチュームはルーカスフィルムのアーカイブにしまい込まれているが、彼らとディズニーのあいだに少々コミュニケーションの問題が生じ、デヴィッドはオリジナルを参考にして、正確な寸法を測ることができなかった。これは残念なことだ。正確なデータがあれば、ずいぶん助かっただろうに。デヴィッドは推測と直感を頼りに仕事を進めなくてはならなかったが、そのほとんどはうまくいった。

何よりも、３ＰＯの頭の留め具を再検討してくれたのは嬉しかった。様々なネジや穴を合わせる三十分の恐怖がなくなったのだ。デヴィッドがさっと手を加えたあとは、六秒で留まり、三秒ではずれるようになった。おかげで各ショットの合間に頭をはずしてふつうに呼吸し、こもった熱を冷ますことができるようになる。なんとありがたい！

だが、脚本のほうはあまりありがたくなかった。３ＰＯが周辺をうろうろするだけなのは、まあ仕方がない。しかし、Ｊ・Ｊはとてつもなく難しい綱渡りをしていた。この物語に、昔のキャラクターを大勢登場させようとしているのだ。正直言って３ＰＯが持てる能力を生かし、彼のもろさを表現する機会がもっとあれば、私も彼の考えに諸手を挙げて賛成しただろう。3POにはその価値がある、と私は思った。とはいえ、この新たな映画に参加できたことは非常に嬉しかった。

それに、前日譚を描いた〝新三部作〟から、今回の三部作への変わりようは実に鮮やかだった。もちろん、新三部作で仕事をしたときの苦い経験は忘れられないが、この作品はあれとはまったく違う。セットにはJ・Jの熱意が満ちあふれ、誰もが現場にいられることに大きな喜びを感じているようだった。多くのクルーが旧三部作の時代にはまだ生まれていなかったが、全員が『スター・ウォーズ』とともに育ってきた人々ばかり。これまでどんな大ヒット作で働いてきたにせよ、この映画に関わることができるのを心から喜んでいる。そのため、まるで本物の家族のような雰囲気ができあがっていた。それは、背景アーティストと呼ばれるエキストラも同様だった。J・Jは本物の愛情と尊敬とともにそうしたエキストラたちを常に歓迎し、〝世界をあっと言わせたいから、ここで観たこと、聞いたことは絶対に口外しないでもらいたい〟と頼んだ。秘密をもらした人間はひとりもいないと思う。エキストラたちは子ども時代の記憶に鮮やかに刻まれた物語の一部となれたことがどんなに誇らしいか目を輝かせて語り、新聞社に送ろうと、ドローンを飛ばしてセットやコスチュームの写真を盗み撮りする連中に腹を立てた。

ストームトルーパーが列を作ってセット入りする光景には、いい意味でぞくぞくした。各々が詮索好きの目から正体を隠すために黒い外套をはおり、ヘルメットを入れた黒い袋を手にしていた。邪悪な、宗教グループみたいなオーラを発した彼らの異様な姿は、撮影のときしか脱がない外套の下に着けた、ぴかぴかの白いアーマー姿同様、スリル満点だった。セット自体もすばらしかった。これまでの大量のグリーンスクリーンはどこへ行ったのか？　私たちは実際に在るものに囲まれていた。もう何もないのに、在るふりをしなくてもすむ。周りはすべて実物で埋まっていた。

でも、そのまえに読み合わせをしなくてはならない。私たちは大きな輪になって座った。ほかの俳優が私と同じように自意識過剰になっていたかどうかはわからない。でも、そこには脚本を読んでいるピーターがいた。ハリソンは上機嫌でジョークを飛ばし、キャリーはやがて後ろの席に移った。マークは私の隣、R2ユニットはまだ蓋の開いた荷箱に入ったまま、円になって座った私たちの向こう側に置かれていた。この光景を捉えた一枚の写真は、なぜかあっというまに世界に広まった。揃って座り、にこやかに談笑し、脚本に目を通している写真。だが、悲しいことに私だけが背中しか写っていない。またしても無視されたのだ(口絵参照)。とはいえ、古巣に戻れたことはすばらしかったし、最初のセリフを口にした瞬間、チームのみんなから拍手を受けたときは感激した。

その夜は、キャリーが私たちを夕食に連れていってくれた。常にそばを離れない彼女の愛犬ゲイリーがテーブルに加わり、尻尾を振りながら、彼が夢に見るようなご馳走が書かれたメニューの上で舌をだらりとたらしていた。その夜の食事はセラピー・セッションのようだった。キャリーとマークは、自分の役柄の描かれ方に腹を立てていた。その日パインウッドで、鳥肌が立つほど鮮やかにト書を読んでくれたマークは、とりわけ取り乱していた。なぜト書を読みあげたかというと、脚本のなかに彼のセリフがひとつもなかったからだ。にぎやかなファイアハウス・レストランのなかで、彼はひどく傷つき、大きなショックを受けているように見えた。

きっとこの映画はその後の展開への布石にちがいない、私はこう言って励ましたが、マークは納得しなかった。私はどうか？　私たちは物語に、この映画だけではないサーガ全体に、文字通り仕えるためにそこにいる。自分を守るためには与えられたものを黙って受けとるのがいちばん、私はそう自分に言い聞かせた。オリジナルのキャストとともに『スター・ウォーズ』の世界に戻れるのは嬉しいことだが、できればご主人であるルーク様とともに戻りたかった。だが、そういうわけにはいかないらしい。撮影のあいだマークとはめったに顔を合わせなかったが、キャリーが再びセットに戻ったのはうれしいことだった。

3POの最初の仕事はR2にかけてある覆いをはずすことだった。彼はレジスタンス基地の埃っぽい隅に置かれ、忘れられていた。これはJ・Jが初めて金色のドロイドを自分の目で見た瞬間でもあった。子ども時代に愛したキャラクターのひとつがよみがえるのを見て、J・Jはすっかり興奮した。悲しいことに、この無邪気な瞬間は台無しになった。

見事にデザインし直されたにもかかわらず、スーツのパーツのなかには、まだほとんど機能しないものがあった。3POの手も相変わらず役立たずだ。

このシーンでは、目の前に防水布を掛けられたR2がいる。3POはそれに向かって手を伸ばす。そこには陽の当たる場所へと上がる階段もあって、そこから射しこむまぶしい光がまっすぐに私の目を射た。私は真っ白になった視界のなかで手探りしながら大声で毒づいた。3POらしからぬ、エチケットに反する行為だ。ヘッドホンを通して聞いていたJ・Jは気の毒に怒りに満ちた罵倒を何度も聞かされ、大好きな3POの、子ども時代は想像もしなかったような一面を知ることになったのだった。

ブライアン・ヘリングとBB－8に会うというすばらしい経験もできた。この驚嘆すべきドロイドを操っているのが、ブライアンだ。私はその場でブライアンに〝グリーンの男〟と命名した。ポストプロダクションで〝消える〟ように、頭のてっぺんから足の先まで緑色を着ていたからだ。ブライアンと共同でBB－8を操作するデヴィッド・チャップマンは活発に動くこのドロイドの頭を、離れた場所からリモコンで制御していた。ジーンズ姿の彼は〝デイヴ〟。ブライアンは私のことを〝MIG〟、つまりオリジナルの〝マン・イン・ゴールド（金のスーツを着た男)〟と呼んだ。ささいなことだが、セットでふざけあう関係だったことがよくわかると思う。

ブライアンの演技は脚本にあるものの、即興の場合が多く、ぽこぽこという音や口笛のような音を気まぐれにつける。彼の出す突拍子もない音は、とにかく滑稽で、内容的には完全に理解できた。J・Jには、ブライアンがBB-8に付ける声の演技を聞いてほしかった。スクリーンの声にもそれが採用されれば、と思ったのだ。これは実現しなかったが、彼の声は私たちのシーンをとても楽しいものにしてくれた。唯一難しかったのは、隣にいるブライアンの表情豊かな顔ではなく、吹きださずに足元にいる小さな丸いドロイドを見なくてはならないことだった。

地下にあるレジスタンスの掩蔽壕《えんぺいごう》のセットがどれほどリアルだったとしても、日が経つうちに、だんだんとその新鮮味も薄れていった。

**屋外　ディカー——レジスタンスの基地——昼間**

楽しいシーンだった。昼の光。新鮮な空気。英米の俳優や制作陣が混ざったこの映画同様、撮影が行われたグリーナム・コモンもまた、イギリスとアメリカ両国に使用された空軍基地である。冷戦時代、ここにはアメリカの核兵器発射台があった。しかし、いま私たちが使っているフェンスが防いでいるのは、反核を唱え当時この施設を急襲しようとした何千という女性たちではなく、詮索好きな人々の目だ。この反対運動が功を奏して核ミサイルが撤廃された、かつて核の対立がこの世の終わりを脅かしていた場所には、いまやレジスタンスの戦いを支える雑多な機械や巨大な蔓の根がはびこり、滑走路にはあまり害のないミレニアム・ファルコンの姿がある。そう、驚いたことに、エルストリーで何十年も前に燃やされたはずのファルコンが、灰からよみがえっていた。いまや我が家の屋根裏で黴《かび》が生えているにちがいない。あのとき拾った欠片を返すべきだろうか？　私はかすかな罪悪感を覚えながらそう思ったが、結局、黙っていることにした。とはいえ、再びこの映画の象徴的な宇宙船を目にすることができたのは、嬉しいことだ。

それに、懐かしい思い出を彷彿させるシーンを演じるのも嬉しいことだった。遠い昔、レイアとハン――キャリーとハリソン――のキスの邪魔をして、あわてて引っこんだ3POは、今回もふたりの感動的な再会の邪魔をすることになる(口絵参照)。まったく、懲りないやつだ。

それはともかく、このシーンにもJ・Jの絶妙な監督ぶりがよく表れている。

**屋外　タコダナ――マズの城跡――昼間**

アクション！

「赤い腕では、おわかりにならないかもしれませんが」

私はこの瞬間がとても好きだ。空気を読み違えるのは、いかにも3POらしいし、こんなシーンを作りだすとは、創意に富んだJ・Jらしい。しかも、どうやら彼は私の言ったことを聞いていたようだ。

撮影のあいだ毎日、私は彼と顔を合わせるたびに「許さないぞ！」と言いつづけた。赤い腕のことを、まだ同意していなかったのだ。だが、監督は彼だから、彼の主張が通った。そこで私は大きなボタン――暗がりに吊るされた邪悪な赤い腕と、赤い文字で〝許さないぞ〟と入ったイラスト付きバッジ――を作った(口絵参照)。それを見た

Ｊ・Ｊは笑い飛ばしたが、この警告を心に留めてくれたのかもしれない。完成した映画を初めてプレミアで観て、私は心の底から驚いた。スクリーンでは、３ＰＯが基地を離れるファルコンに左腕を振っていた。もとどおりに金色になった左腕を。ポストプロダクションでＪ・Ｊが金色にしてくれたのだ。思いやりのある最後の贈り物だ、と私は思った――が、これは間違っていた。

やがて、３ＰＯに赤い腕が付けられた経緯がコミック「スター・ウォーズ：Ｃ－３ＰＯ」で語られた。深い思いがこめられた、忠誠と理解、記憶と自己犠牲の美しい物語だった。私はそれを読んで深く心を動かされ、〈セレブレーション〉で脚色化されたものを朗読した。観客はすっかり魅せられて静かに耳を傾けていた。気に入ったのだと思う。だから多くのファンに悪名高い赤い腕の由来を質問され、驚いた。彼らはその由来が、感情を持つドロイドの物語のなかで、感動的に描かれていることを知らないのだろうか？

ある日、ロンドンのヒースロー空港から電話がかかってきた。税関職員が好奇心をそそられ、尋ねてきたのだ。あなた宛ての小包の中身はなんですか？

「小包？　どの小包かな？　見当もつかない」心当たりがなかった私は、そう答えた。どうやら、カリフォルニアの〝バッド・ロボット（悪玉ロボット）〟という、あやしげな名前の会社が、何かを送ってきたらしい。申告書には何と書いてあるか尋ねると、職員は少しためらった。

「ファッジ・ブラウニー・ミックスです」

なるほど、税関があやしむわけだ。フラットを目指して走ってくるパトカーのサイレンが聞こえるような気がした。私は逮捕されるのか？

私は笑いながら名乗り、バッド・ロボットというのはＪ・Ｊ・エイブラムスで、彼は寛大にも贈り物をしてくれたのだ、と説明した。税関職員はこの説明を信じてくれたらしく、小包はまもなく届けられた。思ったとおり、中身はおいしいチョコレートファッジを作る材料だった。もちろん、バッドなおまけはひとつもなかった。

Ｊ・Ｊは私を逮捕させようとしたことを否定した。だがまあ、ふつうは否定するだろう。

## 55　『ローグ・ワン』

思いがけなく、ルーカスフィルムから電話がかかってきた。

「彼はとても熱心な『スター・ウォーズ』のファンで、きみに会いたがっているんだ」

どうやら『スター・ウォーズ』のスピンオフ映画を作ることが決まり、それを熱狂的なファンのギャレス・エドワーズという男が監督するらしい。おそらくサインか自撮り写真が欲しいのだろう。私はそう思った。

「フラットにお茶でも飲みにきたら？」

そこで彼はやってきた。新しい作品に対する少年のような熱意に満ちた、人の好さそうな男だった。それがどんな内容かは訊かなかった。極秘に決まっているからだ。しかし、ギャレスは自分の胸に閉じこめておくことができないらしく、どんなストーリーかをすっかり話してくれた。実に盛りだくさんな内容だ。彼はそれを延々と語った。しばらくはストーリーになんとかついていったが、やがて恐るべき危険に満ちたエキサイティングな展開の物語にひきこまれた。それから――

「失礼、いまなんと言ったのかな？」

「ぜひあなたに出演してもらいたいんです。３ＰＯに歩いてもらうだけでも……」

「それは面白いアイデアだね」

「あなたはこのサーガのシンボルのひとつだから、出演してもらうのはとても重要なことで……」

「喜んで出させてもらうとも」

「ただのカメオなんですが、承知してもらえたら、ほんとに、とっても……」

「だから、出る、って」

「ふだんはこういうのはやらないと思うんですが……」

「やると言ってるじゃないか」

ギャレスは言葉を切った。彼は出演依頼を承知してもらうのは難しいと思いこみ、なんとか説得しようとやっきになっていたのだった。私があまりにあっさり承知したので、呆然としていた。とはいえ、カメオ出演というアイデアはとても気に入った。まるで自作の映画に必ず顔をだしたヒッチコックのようではないか。そうでなくても、３ＰＯを復活させられる話に、私がノーというわけがない。ギャレスはほっとしたようだった。

「それじゃ、お茶を一杯どうかな？」

それはイギリスの片田舎、カーディントンでの、一日だけの仕事だった（口絵参照）。私たちは巨大な建物に車をつけた。高さ五十四メートル以上あるそのブリキの〝小屋〟は、飛行船がもてはやされたころの格納庫だった。陰気な鉛色の空の下で、なんだか恐ろしげに見える。なかで行われているシーンと同様に。

彼らが撮影しているシーンはとても深刻そうだった。パイロットらしき連中が戦略を話し合っている。私は才能あふれるヘルパーふたりを探し、ぶらぶら歩いていった。デヴィッドとジョナサンは私のイージーアップ・テントにいた。『フォースの覚醒』で楽しく仕事をしたあとで、こうして再会できるのはなんと喜ばしいことだろう。デヴィッドはいつものように、自分がスーツに加えたささやかな改良を逐一教えてくれた。みんなをあっと言わせるため、私はコスチュームをすべて身に着け、目のライトも点灯させてテントから出ていった。その日の朝着いたときは、私のほうを見た人々はほとんどいなかったが、日没を間近に控えたいま、巨大な小屋にいる人々すべてが、作業の手を止めて、こちらを見ているようだった。その多くが実際の3POを目にするのは初めてなのだ。彼らが畏敬の念に打たれているのが手に取るようにわかり、私は3POに対して抱いているプライドをくすぐられた。

私たちは巨大な扉のほうへ走っていく兵士たちと、彼らに遅れまいと急ぐ3POのシーンを、様々なセットアップで撮影した。空を覆っていた灰色の雲が奇跡のように消え、美しい日没になった。ようやく私が西に面した巨大な小屋の扉のところに立つと、金色の光が射しこみ、3POのスーツをきらめかせた。私はギャレスが用意した、このキャラクターにぴったりの、大して意味のないセリフを口にした。3POは混乱し、うろたえ、苛々していた。

**屋内　ヤヴィン4――格納庫――昼間**

アクション！

「どうして誰も私には何ひとつ教えてくれないんだ、R2？」

3POらしいぐちだ。とにかく、これで仕事は完了。悲しいことだ。とても楽しかったのに。

シーンを撮影する前も楽しかった。この映画にはK－2SOという別のドロイドがいるのだ、とギャレスは教えてくれた。名前自体はドライクリーニング製品か何かのようにしか聞こえなかったが、私はかすかな不安を感じた。またしてもBB－8タイプの丸い機械に注目を奪われるはめになるのか？

アラン・テュディックは食べ物が用意されたトラックのそばにいた。俳優たちはたいていケータリングの近くにいる。次の食事がいつ来るかわからないため、チャンスがあるときに――そしてただで食べられるときに――、蓄えておくのだ。私たちは、なんともいえずうまいジャンクフードを食べながら話した。

彼が新しいドロイドか。脅威を感じるべきだろうか？　いいや。長身でエレガントなアランは愉快な男で、私たちはとても馬が合った。セットでも、何か月もあとのプレミアでも会話が弾んだ。彼は自分の演技の上にILMがペイントすることを認めた。だから実際は私と違って〝本物のドロイド〟ではないのだ、と。どうやらデジタルにされても気にしない連中もいるのだ。デジタルはなま（の演技）とは違う、と言うと、アランはたじろいだ。実を言うと、私は彼が羨ましかったのだ。

『ローグ・ワン』はよくできていた。とても気に入ったと言ってもいいが、ひとつだけ例外がある。若いキャリー・フィッシャーが登場するシーンだ。頼むから振り向かないでくれ、キャリーの白いドレスとフレンチツイストに結った後頭部に向かって私は心のなかでそう叫んでいた。とはいえ、3POが登場したときの観客の反応は嬉しかった。3POも喜んだことだろう。私はギャレスを抱擁した。彼がサインを手に入れたかどうかはわからない。

あるいは3POとツーショットの自撮り写真を。

## 56　迷子

ジェットコースターのような『フォースの覚醒』のあととあって、各シーンが前もって完全に仕上げられ、練りあげられた『最後のジェダイ』は、観ていて面白かった。

テディ・ベアのような雰囲気のこのうえなくやさしいライアン・ジョンソンは、キャストの意見をとてもよく聞いてくれる、思いやりのある監督だった（口絵参照）。が、もちろん、どの提案にも従うとはかぎらない。とくに私の提案は無視されることが多かった。

ライアンは常に穏やかな、満ち足りた表情をしていた。『スター・ウォーズ』のファンである彼にとって、これはまさに夢の実現。サーガの最新エピソードを自分が監督していることに興奮し、大喜びしていた。だが、彼は非常に内気な性格だったため、いつもセットに明るい声を響かせていたのは、有能な第一ＡＤのジェイミー・クリストファーだった。私たちは再び本物の景色を使うことになり、デザイン部門がまたしてもすばらしい創造性を発揮した。彼らが造ったのは、私が常に好む――平らな床のセットだった。

**屋内　ラダス――制御室**

なんとも巨大な宇宙船のセットでは、リハーサル中、ビリー・ラードがみんなを大いに笑わせてくれた。あのユーモアのセンスは、母のキャリー譲りだろう。そして、オスカー・アイザック。３ＰＯの目を通して私は彼の演技テクニックを研究した。とにかく自然なのがすごい。セットの準備が整う直前まで談笑しているのに、〝アクション！〟と声がかかったとたんに、どんな場面にもすんなりと入りこむ。私はオスカーとローラ・ダーンと共演するシーンを楽しんだ。ふたりの演技は、まさにあうんの呼吸。ローラはあのカクテルドレスと奇抜な青い髪にもかかわらず、本当に美しかった。私はほとんど何もすることはなかったが、このシーンの一部だと強く感じた。それに脚本がポーの〝金ぴか〟への苛立ちを巧みに高めていくのを見ているのも興味深かった。それを読んで、ふたりとも笑ったものだ。

スタントマンのすぐそばに立ったときは、面白いというよりも感銘を受けた。レイアのブラスターに撃たれ、彼は着用している油圧式ハーネスによって勢いよく後ろに吹き飛び、壁に叩きつけられる。が、そのたびに立ちあがって次のショットに備えた。３ＰＯは？　そのたびに両手を上げて降伏した。彼はスタント俳優たちに圧倒された。私もそうだ。

ほかのセットも目を見張る迫力だったが、そこで演技をするのはそれほど楽ではなかった。トンネルのなかの撮影は恐ろしかった。隠れた赤いＬＥＤがひそかに通路をしるしていたとはいえ、足元が悪く、少しよろけるとごつごつした壁にぶつかる。あれは本物の迷路だった。明るく照らされ、クルーがいるときは問題なかったが、セットで記者会見をして戻ると、ライトがすっかり消えて、クルーはみな帰宅していたことがあった。私は実際にサウンドステージのなかで迷子になり、途方にくれたものの、つまずきながら歩きまわっていたその日のシーンを必死に思い浮かべ、どうにか自分の力で迷路をでて家に帰りついた。

**屋内　クレイト――鉱山の入り口――昼間**

このセットの床は、３ＰＯにとっては歩きづらいことこのうえなかった。たぶん、ほかのキャストも同じだったろう。もちろん、ＢＢ－８も。やがてそこはカント・バイトの豪華なカジノに変わるが、それはもっとあとのこと。それにカジノのセットには私の出番はない。いや、あったが、３ＰＯとしてではなかった。キャリーは前作よりも脚本が気に入ったようで、嬉しそうな姿を見ることができた。マークに再会できたのも嬉しかった。が、彼のほうはキャリーほど嬉しそうではなかったかもしれない。彼はほとんどの場合、アイルランドのケリー州にある島で日々の暮らしを営んでいるか、スタジオのバックロットで輸送コンテナに囲まれ、その島にいるふりをしていた。あの大きな鋼鉄の箱は、簡単に屋外にある別のセットを隔てる壁となるばかりか、詮索好きの目やドローンがのぞき込むのも防げる。今回は、一堂に会した脚本の読み合わせはなかった。

キャリーと私の最初のシーンは、撮影初日の医療センターのセットだった。最初に撮影されたこのショットは、レイアが戦艦の外の真空体験から戻ったあとのシーンに使われる。レイアが回復室に横たわっているのはそのためだ。オスカーとジョンとケリー・マリーと３ＰＯは、反乱を起こすかどうか議論する。私はセットの奥にあるベッドのほうにちらっと目をやった。あれはキャリーか？　たしかに彼女のようには見える。だが、キャリーがあそこで一日中眠っているはずはない。もしもいびきをかきはじめたらどうなる？

結局、それは小道具の人形だった。

まさにキャリーそっくり。ぴくりとも動かず、とても静かだ。

少し怖いくらいだった。

# 57 キャリー

そう、キャリーはこの世を去った。誰も予想していなかった悲劇だ。しかも、撮影を終えて間もなくだったから、『最後のジェダイ』の自分の演技がいかにすばらしかったかを見届けることさえできなかった。

スタジオに到着して真っ先に『最後のジェダイ』のセットをひととおり見てまわったときは、少しばかりよれよれだったが――キャリーは朝が苦手なのだ――、とても喜んでいるように見えた。

のちにすばらしい作品となる『フォースの覚醒』の撮影が始まったときは、照明のついていない肌寒いセットに、例の特徴的なヘアネットのまとめ髪にダウンジャケット姿で現れたものだった。まるで一風変わったコマーシャルに出演しているかのように、ダイエットコーラが入った缶を握りしめていた。コーラは一種のサポートシステムみたいなものだったのだろう。セットの裏で、常にぎりぎりまで握りしめているか、傾けていたあの缶は、レジスタンスの秘密基地が、実際は地球のイギリスにあるパインウッド・スタジオであることを思いださせてくれる存在だったのかもしれない。

キャリー演じるレイアは、新三部作、つまり『エピソード1〜3』には登場しない。私は、彼女やマーク、ハリソンといったかつての頼もしい仲間が恋しかったが、あの旧三部作の制作もはるか昔のこと。シリーズ七作目のいま、私たちにとっては時代も人生もがらりと変わり、私たちはいわゆるレガシー（遺産）役者となっていた（私は〝ヘリテージ（遺産）〟と言い続けていたが、アメリカではこの言葉は野菜の純種に使われるらしい）。

セットに少なくともひとりは見慣れた顔――おなじみの、3ＰＯの顔――があることに、キャリーは多少とも励まされているように思えた。ある時点で、レイアは、功績を称えて3ＰＯを温かいオイルバスに入れる。3Ｐ

Oにとっては至福の瞬間だ。結局そのシーンはカットされたが、キャリーとはたくさんの思い出深い時間を共有した。

私たちは静かな声で、合図やセリフをリハーサルしたものだった。赤い背景に黒く印字された小さなサイド(その日の脚本)は、読みにくかった。私たちの名前がでかでかと書かれたプラスチック・ホルダーが、そのなかに入っている〝極秘〟の言葉を見る権利があることを宣言していた。わびしい蛍光灯の光のなかでは、そのすべてがシュールに見える。とはいえ、J・Jは、すばらしい頭脳とあたたかい心の持ち主だった。彼がその頭にあるアイデアを実際にサウンドステージでどう実現するかを聞きながら、私たちはひと通りシーンを頭のなかでたどり、全員が大まかなアイデアを把握すると、二時間ばかりトレーラーに戻って朝食をとり、照明クルーが作業するあいだ、ゆったりと過ごした。キャリーは、数十年まえに出会ったときの、目を輝かせた若い女性とはすっかり変わっていた。その変化は、怖くなるほどだった。が、近頃では鏡を覗くと、自分の目にも同じ変化が見える。

もう一度セットに立った彼女は、美しく、静かな威厳をたたえていた。メーキャップとヘアセットにより、キャリーは以前私が知っていたのと同じプリンセス――この作品では〝将軍〟――になった。キャリーの目はとてもやさしく、とても雄弁に多くを語っていたが、彼女はセリフを忘れることもあった。これにはもちろん、私も共感できる。トレーラーでくつろぎながら、キャリーはいつものように品の良いユーモアを交え、ちょっぴり悲しそうな声で、演じるのは以前よりずっと難しいことを認めた。

『最後のジェダイ』の撮影も、それと同じような感じで始まった。少なくともこの作品では、私は彼女が少しずつ老いていくことに対する心の準備ができていた。まったく変わらないように思えるのは、彼女の穏やかな思いやりのある性格、頭の回転の速さ、笑いながら自分を卑下するユーモアのセンスだった。撮影現場で彼女がくつろげるように心を配るライアンやキャスト、クルーの暖かいまなざしが、新たなレイアの役を立派に演じてみせると決意させる助けになったのではないだろうか。

実を言うと、最初に会ったときも、最後に会ったときも、どういう状況だったのかよく思い出せない。セットで会ったのか、パーティのときか？　ディナーの席だったか、彼女の愛犬ゲイリーと一緒の夕食のときだったろうか？　しかし、それは些細《ささい》なことだ。

一九七六年、別の反乱軍基地のなかを、偉業を成し遂げたばかりのルークにお祝いの言葉をかけようと3POがレイアと並んで駆けていると、彼女はくすくす笑いながら、揺れる自分の胸をつかんだ——十三歳以下禁止——いや、R指定の出来事だ。

ルークが何者なのか、デス・スターと呼ばれる悪いものに何をしたのかエキストラがまったく把握していないことが明らかになったときも、私たちは腹を抱えて笑ったものだ。彼らはまだ映画を観ていなかったのだから仕方ない。まだ誰ひとり観ていなかった。かわいそうなマークは、Xウイングから飛びおりたあと、称賛されるどころか、走っていく彼らをよくやったと褒めるしかなかった。二度目のテイクは、うまくいった。大勢の人々がマークを称え、よくやったと背中を叩き——キャリーの胸もそれほど揺れなかった。

一年後、おいしいパスティラを食べたときも、大笑いした。ハリウッド大通りにあるレストラン、ダー・マグレブのお洒落な給仕長（『砂漠の歌』のエキストラみたいなローブを着ていた）が、『新たなる希望』のキャリーの演技を、くどくどと褒めてきた。けれど、次のひと言で私の夜は少しばかり損なわれた。〝映画で唯一気に食わなかったのは、あのばかげた金ぴかロボットだ〟と。そのシェフはイギリス人だった。キャリーはチップを二倍置いた。彼女はいつも寛大だったし、たいていのイギリス人と打ち解けていた。ロンドンのセントラル・スクール・オブ・スピーチ・アンド・ドラマで学んだからかもしれない。余談だが、私もそこに入学を希望したのだが、オーディションで落とされた。

ハリウッドでのあの夜は、本当におかしかった。その夜、ウェストウッドのホテルで私はぐっすり眠った。奇妙なことに、プリンセスの夢も、フード付きの外套を着た小太りのイギリス男の夢も見なかった。代わりに、新しい料理——ハトと砂糖とスパイス、ナッツという、すばらしい創作モロッコ料理を、夢のなかで味わった。

『新たなる希望』が興行記録を塗り替える大ヒットとなったあと、私はキャリーたちが世界中のマスコミにインタビューされ、ちやほやされるのを横から見ていた。『帝国の逆襲』で再会するころには、彼女は輝かしい国際的映画スターとなっていた。風変わりで、やさしいところはまったく変わっていなかったけれど——私とは異なる次元の存在となった。風変わりと言えば、ADは常に、通常より一時間早く彼女に電話を入れていた。運転手がコーヒーポットとともに彼女を起こし、時間通りにスタジオに出発して、セットに連れてこられるように。さっきも書いたが、キャリーは朝が大の苦手だったから。

とはいえ、私は、あの美しい瞳をじっと見つめることが許された、そして温かい深みのあるあの眼差しですぐ見返してもらった数少ない人間のひとりだった。彼女は3POの目も同じように見返してくれた。マーク同様、彼女の誠実かつ迫真の演技のおかげで、観客は、私が演じる金ぴかロボットが、主人公たちにとって本物の大切な仲間だと信じることができたのだ。もっとも、ファルコンのコクピットではあっさりスイッチを切られてしまったが。

キャリーはライブ・オーディエンスが好きで、いつも全力投球だった。私はどうも、あのキラキラ光る粉が苦手だったが、キャリーは〈コンベンション〉でファンに、あのどこにでもくっついてとれない粉をたっぷりかけていた。ファンとの交流が一生続いてくれればいいのにと思っているようだったし、ファンのほうもそんなキャリーに夢中になった。私もファンのひとりだったが、あの粉には閉口した――キャリーは、私が舞台で彼女にハグをしたときの復讐をしたのかもしれない。

そのとき、私は別の〈セレブレーション〉でホストを務め、キャストやクルーなどのインタビューをしていた。照明が全部自分やゲストに向いていたため少し暑かったが、いい雰囲気だった。それに、オスカーを受賞した特殊効果の巨匠、ローン・ピーターソンを紹介したときの私のスピーチはなかなか面白かったと思う――少なくとも、私に言わせれば爆笑ものだった。私はとても横幅の広い舞台であの才能あふれる男にふさわしいスピーチをした。ファンは盛大な拍手で彼を迎え……ようとしたが、ローンは出てこない。拍手が止んだ。舞台の袖に歩いていくと、彼は紹介されるのをいまかいまかと笑顔で待っていた。彼は耳が遠かったのだが、私はそれを知らなかったのだ。そんなわけで、私たちは大笑いしながら舞台に出ていった。数多くの『スター・ウォーズ』映画のセットでモデラーの責任者を務めた彼は、たくさんの逸話で私たちを魅了してくれた。彼の画期的な創造物に関して話を聞くのはたいへん興味深かったが、私はちらっと、時間どおりかどうか自分の手を見下ろした。手のひらに青い油性ペンで、午後の予定を書いておいたのだ。当時はとてもシンプルだった――制作者からイヤホンを渡されることもなければ、合図用のビデオ・スクリーンも、カウントダウンを刻む時計もなし。手と油性ペンがあればそれで十分。やがて私はローンに手を振ってお別れし、次の紹介に入った。キャリーだ。

袖なしのリネンのシャツというカジュアルな格好の彼女は、自分の名前が呼ばれ、スタンディングオベーションの拍手が始まると同時に舞台に入ってくると、大勢のファンを見た。私は彼女に歩みより、舞台中央の小さなインタビュー・セットに導こうと、そっと肩に手を置き、ほっぺたにキスをした。が、お互いの顔を離したそのとき、私ははっとした。日焼けした華奢な肩に、なんと私の青いマジックの予定がくっきりついているではないか。犯人は汗ばんだ手のひらだ。まるで奇妙な刺青をしたようなその跡がキャリーはすっかり気に入った。

精神的な問題を抱えていたと話題になることが多かったが、彼女は人間味あふれる誠実な性格でそれを乗り越え、その過程で数多くの人々にすばらしい影響を与えた。何百万という人々から愛される偉大な映画スターを作りあげたのは、彼女のもろい一面と固い決意だったにちがいない。彼女の能力と才能が、〝俳優というよりも作家〟だと感じている彼女の気持ちに打ち勝ったのだ。彼女の著書からは、間違いなく、実生活だけでなく文章のなかでも、思慮深く、痛烈かつウィットにあふれていた、キャリーの人柄が十分にうかがえる。

二度と会えないと思うと悲しいが、キャリー・フィッシャーはスクリーンの上で永遠に生きつづける。

## 58　ドロイド

3POを演じるのは、さほど大変ではなかった。ライアンの脚本では、たいした仕事はしないから。新三部作と『フォースの覚醒』を経て、私は脇役でいることに慣れていた。年に一度飾りつけられる、みんなが大好きなクリスマスツリーのような、おなじみではあるがとくに意味のない存在、〝懐かしいねぇ〟と思うだけの存在に。だからもちろん、出演はした。それに、誘われたのは嬉しかった。

やさしく寛大なピエール・ボハナが、私のスーツを再建する作業の指揮を執ってくれた。彼の〝ドロイド学校

〝プロジェクトに関われたのは、とても嬉しかった。若いキャストにいろいろ教えてあげてくれないか、私はそう頼まれた。カジノのシークエンスは、エキゾチックなキャラやエイリアンがたっぷり登場する大掛かりなシーンとなる。それに、五人のウェイター・ドロイドもいる。スーツのなかの俳優たちは、ウェイターを職業にしたことはあるかもしれないが、ドロイドになった経験はほぼ間違いなくないだろう。彼らを助けてくれないか？

――もちろんだとも。


面白い経験だった。私たちは服でごった返すワードローブ部門の一角で顔を合わせた。大きな姿見の前を急いで片づけ――ネイサン、ジョージ、ルーカス、ゾール、ホアン、そして私が集まった。『フォースの覚醒』のセットにおける私のコードネームは〝やせっぽち〟。それも当然、体重が増えれば自分が苦しいだけだから、それぞれの撮影に備えて、きちんと体調や体形を整えてきたのだ。映画の合間にはつい食べ過ぎてしまうこともあった。それはともかく、目の前に立っている五人は、私よりもずっと若く、スリムで、もともと私より引き締まった体形で、熱意に満ちていた。少なくとも、この熱意だけは私と共通している。私はアイソレーション・テクニックについて少し説明した。体のどの部分が何をしているのか、何をしていないのかを意識するのだ、と。そしてまったく周りが見えない状態で、指定の場所に向かって歩いていくことも忘れてはいけない。三角測量の要領で、小道具や人間、物、なんでもいいからそれを目印にする。もっとも、同時にほかの人々もそれぞれ指定の場所に動いていくことも頭に入れておかなくてはならない。それから私たちは衣装を着て、実際に動いてみた。

彼らは、品のある黒い騎士のような姿になった。粋な装甲スーツの縁は金色で、光る腕のカフに革新的なエフェクトが加えられ――すばらしかった。もらったメモからすると、彼らはたんなるウェイターではなく、つんと顎を上げた姿勢をとるウェイター長のようだと思ったが、こうして初めて衣装を着た彼らを見て、なるほどそのとおり。衣装デザイナーのマイケル・カプランは、きらめく黒いマスクをいかにも見下すように上向きにして、尊大な雰囲気を作りだしていた。そこまでは万事順調だったが、その後、小道具を使って演技をしてみると、問題が生じた。

なぜかトレーがとても重たかったのだ。この映画には何ひとつ安物はなかった――グラスセットは、さらに重い。デカンタときたら……。そこで小道具部門と掛けあって、ほとんどのものをプラスチックと替えてもらった。ドロイドのスーツを着けて重い割れ物を運ぶのは、トラブルを呼び寄せるようなもの。その指先は自分のものではないのだから、指先にトレーを載せるだけでも大変なのに。最終的に、私たちは手袋とトレーの下側にマジックテープを付けた。これで〝事故の確率〟を心配せずにすむ。まあ、だいたいは。

彼らの指導者になれたことは光栄だったが、ピエールはさらにもう一歩進み、セットでドロイドＡＤの役目を引き受けてくれないかと頼んできた。私にとっては新しい経験だ。もちろん、私はふたつ返事で引き受けた。

焦げ跡と砂だらけのクレイトの採鉱地がきれいに片づけられたあとのパインウッドの００７ステージは、いまや豪華絢爛たるカジノに様変わりしていた。きらびやかな装飾だけでなく、大きな賭け事のテーブルが置かれ、奇妙で不可思議な生物が、マイケルがこれまで作りだしたなかでもとびきり独創的な夜会服をまとっている。どこを見ても、目を疑うほどのクリエイティブなアイデアに目を奪われた。アカデミー衣装デザイン賞受賞間違いなし――ファッション界のインスピレーションの源となることもお墨付きだ。そのなかに立っているだけで、心が弾んだ。シーンには出演していないとあってなおさらだった。今回の仕事はスーツを着て演技することではなく、クルーとして助言することだ。本物のクルーも新参者の私を喜んで受け入れてくれたようだった。

ドロイドのウェイターそれぞれに、ふたりの衣装係が付き、私は彼ら全員のＡＤを務めた。その責務のなかには、彼らがちょうどいい匙《さじ》加減の尊大な物腰で演技するよう指示すること、正しい位置に立つ手助けをすること、彼らが苦痛を感じず、危険な目に遭わないようにすることが含まれていた。長い年月のあいだ、自分に注がれてきた注意と注目をお返しできる絶好のチャンスだ。マクシやブライアン、ドン、ジャスティン、そして近年はデヴィッド、ジョナサン、ソフィーとジョーの、辛抱強く親切な世話を受けてきたわけだが、今度は私がそれを返す番だった。

それにしても疲れる仕事だった。外見は実に魅力的だが、自分がどこに立っているかもわからない五人の面倒を見るのは、心身ともに重労働だ。007ステージは、ヨーロッパ最大のサウンドステージである。その片端にカメラが配置され、広大なセット全体に五人が散らばっているとあって、カメラと俳優たちとのあいだの四百メートル近くを、テイクのたびに全速力で往復するはめになった。ジーンズ姿だったのがせめてもの救いだ。働き者の五人は、エレガントかつプラスチックなスーツのなかで茹《ゆ》でだこ状態。周辺視野どころか、前も見えなかった。それだけではない、私はどのドロイドに誰が入っているかすぐに忘れてしまった。どれがネイサンだ？　ルーカスはどこにいる？　ドロイドはみな同じ外見だったから……。まあ、全員の面倒を見ているわけだから、誰が誰だかわからなくても問題はない。彼らも同様だったといいが。とにかく、恐怖の瞬間はそれとはまったく関係ないところで訪れた。

撮影後のポストプロダクションでサウンドを追加するのは、予算的に厳しい。そこで、スチュワート・ウィルソンは、テイクごとに、できるかぎり〝クリーンな〟音声を録音しようと決めていた。人間のキャラクター全員がボディマイクを着けていたし、オリン・ビートンは常に、先端にマイクを取りつけたブーム・マイクと呼ばれる重たくて長い棒をわれわれの頭上にかざしていた。私も一度だけ、両腕を目いっぱい上げてその棒を持ち、六メートルばかり先にマイクを向けたことがある。一瞬だけだったが、かなりの重労働だった。オリン・ビートンは、一度もフレーム内にマイクを入れることなく、テイクのたびにその苦行をやってのけた。

3POのプラスチックがプラスチックにぶつかる音をたえず聞かされて、気の毒なスチュワートは気が狂いそうになったにちがいない。外で聞いていた彼がひどいと思ったとしたら、なかで聞いてみれば、どれほど大変かわかる。私の耳に入る音はすべて、スーツの生地を通して倍増されるのだ。ただでさえ不協和音をひっきりなしに聞いているうえ、小さなイヤホンを着けていると、その状況はさらに悪化する。ほかの俳優たちのセリフを聞くため、開いているマイク・チャンネルすべてを聞いていた私は、そのシーンで行われている演技だけでなく、やる気を高めようと誰かさんが大声で歌う声や、かしましい噂話まで聞くはめになった。頭の側部に挿入された補聴器が、脳みそを突き刺さんばかりの大音量でシャーッという雑音をたてることもあった。まるで拷問だ。スチュワートは送信機の問題かもしれないと言って謝った。キーキー音を立てて自分の録音を台無しにした復讐だとは認めなかった。オスカーとのやりとりを書き直した直後、その複雑なやりとりをマイムで演じたらどうかという彼の提案に、私がくそくらえと答えたあと、私とスチュワートはすっかり仲良しになった。いま思い起こすと、あのスーツだけでも大問題なのに、これ以上の重荷を負わせるな、ときっぱり言ったのだった。私は、あのスチュワートが正しかったのかもしれない。まあ、絶対にそれを認めるつもりはないが！

だが、これだけは指摘する必要があった。われわれのウェイター＝ドロイド・チームのマスク内にあるとてつもなく小さなファンを切れば、あまりの暑さに彼らは死んでしまう、と。〝死ぬ〟は少し大げさだったかもしれないが、スチュワートは理解してくれた。完璧な音を求めた彼のチームは、カメラに写らない場所の床には必ず絨毯の切れ端を敷いた。足音を消してくれるからだが、この絨毯は安全面で問題になった。ネイサンが、あるいはジョージだったかもしれないが、演技の最中、スチュワートの絨毯の端に足を引っかけてしまったのだ。エレガントなドロイドが揺れながら前に進むと、その足がさらに絨毯の下にもぐった。プラスチックのスーツに入った彼自身は気づいていなかったが、私にはわかった。彼がまもなくその絨毯に足を取られ、大きな音を立てて盛大に転がり、スチュワートの録音を台無しにするばかりか、けがをするかもしれないことが。それにドロイド・スーツも壊れるかもしれない。幸い、この大惨事を防ぐためにシーンに飛びこもうとすると、カットという声が響いてネイサンを救った。私は彼の足を絨毯の下から引っぱりだした。

　手に汗握る状況は、ほかにもあった。

　オープニング・ショットでは、美しいギャンブル台の上に平行に渡されたブリッジの下に、カメラがぶら下がっていた。そのカメラは、カメラグリップに押し出される、ふたつの車輪付きの柱の上に載っていた。クレーンがすばやく前に動いていく。エキストラたちはのんきな調子で、すごい速さで通過するそのクレーンをよけた。リハーサル中、猛スピードで動くその機器が顔にあたらないようにするには、すばやくどくのが一番だと学んでいたのだ。上品なカジノの客がドリンクを飲み、動くレンズの目の前で別のゲストがゾールのトレーからシャンパンのグラスをさっと取る、という綿密な振付がスタートした。ゾールが位置に着くと、私は最後の瞬間に、マジックテープ付きのトレーをドロイドの友の手の上で安定させてやった(口絵参照)。

**屋内　カント・バイト――カジノ**

アクション!

ガシャン！

カット！

割れたガラスを片づけ、飛び散った液体を吹きとり、カメラ・ブリッジがもとの位置に戻る。次のテイクは、プラスチックを使ったが、何度も何度も繰り返すうちに、私の心臓はばくばくと打ちはじめた。

映画業界は、ときに非情だ。たくさんのショットに、たくさんのカット。完成版で見たくてたまらなかったシーンが編集であっさりカットされてしまう。カント・バイトのシークエンスでは、武器ディーラーに関する話が少し、それから美しいドレスがいくつかちらっと映り、目が覚めるほど美しい頭飾りがいくつかスクリーンを彩る。最初から端役だった元締めの出番は、さらに少なくなった。不気味なほどリアルなふたつ頭のある娘もカットされた。そしてわれらが勤勉なウェイター・ドロイド軍団は——最終的に、ちらっと姿を見せるだけに終わった。

## 59　恐怖

3POのいない『スター・ウォーズ』映画？　そんなものはサーガの伝説に反する！

誰もが愛する密輸業者を主役にしたサイドストーリー、『ハン・ソロ／スター・ウォーズ・ストーリー』には、金色のドロイドが入る余地はまったくないようだった。私はこの作品以外の、シリーズすべての映画に出演してきたが、今回はたとえ一秒でも栄誉に浴すチャンスはまったくなかった。それから、新たなアイデアが浮上した。

CZ-3やフェイトーニ中尉で経験済みの案だ。——エキストラや、群衆内のカメオ、端役で出演してはどうか？プロデューサーたちはこのアイデアに心躍らせた。

そういうわけで、私は運転手付きの車でロンドンの郊外に連れていかれ、ますます栄えるのどかなパインウッド・スタジオに案内された。そこには専用のトレーラーもあった。が、ドアにあるのは私の名前ではなかった。私もほかのキャスト同様、これまでの映画ではセキュリティ対策として偽名を付けられていたから、それには慣れっこだった。彼らがつけた偽名は、〝キース〟とか〝のっぽ〟、〝やせっぽち〟などなど。しかし今回はスピンオフ作品だから、ドアには別の名前があった——〝人間の奴隷〟と。

その日は、コスチュームとメーキャップテストのために呼ばれたのだ。人間であろうとなかろうと、たかが奴隷のために大変な手間をかけるものだ。とはいえ、まずふたりの監督と顔合わせをしようとセットに向かった。監督ふたりというのは斬新なアイデアかもしれないが、主要撮影はほぼ終わっていたのだから、うまくいっているのだろう。フィル・ロードとクリストファー・ミラーは、私が撮影に加わることにすっかり興奮していた。それは私も同様だった。ふたりは私を非常に友好的に迎えたあと、周囲の人たちを紹介してくれた。主役を演じるオールデン・エアエンライクもまた、魅力的な笑顔で盛大に歓迎してくれた。チューバッカを演じる〝のっぽ〟のヨーナス・スオタモは、おなじみのヤク毛のスーツに身を包んでいる。前回までの撮影で楽しい時を共有した彼に会えて、とても嬉しかった。それから、私は言葉を失った。これまで会ったスターには失礼かもしれないが、私ははっきり言ってスターに会って大感激することはない。だが、今回は別だ。タンディ・ニュートンがあたたかく、私の手を握ってくれた。私はどぎまぎしながら、こんにちはともごもご言うと、後ろ髪を引かれる思いでその場を離れ、ADに導かれてトレーラーに戻った。

私の衣装は、小さなワードローブにかかっていた。ずいぶん複雑そうだ。アンダーシャツにオーバーシャツ、コート、包帯、スカーフ、帽子、醜いブーツ——すべてしわくちゃで汚い。新しいのに、汚れている。どれも安物とはほど遠い、デザイナーものならぬデザイナー〝ボロ〟だ。衣装係が何時間もかけて、デザインを描き、作りだしたものだった。彼らが大喜びでさらにボロを付け足すのを見て、私たちは大笑いした。そうやってみすぼらしさ満点になったあと、私はメーキャップに向かった。

私はこの役のために顎鬚《あごひげ》をのばしていた。まあ、完全な顎鬚というよりも、無精髭が少しのびたようなものだ。かゆいし白髪だから好きではなかったが、役にはぴたりとはまる。とはいえ、それでは足りなかった。私の顔には少しずつあざやしわ、傷跡が付けられていった。最後の仕上げに、醜いざんばら髪のかつらをかぶって出来上がり。もちろん、注意深くぼさぼさに見えるように作られたかつらで、サイズはぴったりだった。全身を映しだす鏡には、〝人間の奴隷〟の完成版が映しだされていた。トレーラーの周囲にいた人々がみな笑いながら、私の〝変装〟に拍手を送ってきた。

再びセットに戻り、お披露目をした。クリスとフィルは大いに気に入った。衣装もメーキャップも私も、合格だ。翌週には戻り、〝人間の奴隷〟として撮影に加わることになったが、実際には二か月後になった。

クリスとフィルはその翌日〝芸術的感覚の相違〟により、現場を去った。私がとやかく言うことではない。つかのまとはいえ、ふたりと会えたことは嬉しかったが、それを聞いたときは、この先どうなるのだろうと心配になった。私はスケジュール帳に、この先行われるにちがいない撮影の予定を入れるスペースを空けた。最終的に撮影は再会されたが、セットに戻った私は驚くと同時に笑いたくなった。人間の奴隷役はカット。私のトレーラーには〝タック〟とある。私は新しい監督ロン・ハワードの前にぼろぼろの服、傷跡、新たに生やした白い無精髭とともに立った。ロンは感じのいい男だった。テレビドラマ『ハッピーデイズ』で主演を演じて以来、ハリウッドで活躍してきた彼は、中断された箇所から撮影を再開するという仕事を請け負った。彼は私の〝容貌〟にOKを出したが、もっと汚らしくしたいと言った。最終的に私がセットに入ったのは数週間後、スケジュール帳はめちゃくちゃになった。とはいえ変装は楽しかったし、これで映画に出られる。

数週間後――不運なタックになるのはこれが三度目だ。ぼろをまとい、トレーラーからセットへとカートに乗せてもらって移動した――セットは、アート部門とセット制作部門により、目覚ましい変貌を遂げていた。靄《もや》のかかった黄色いトンネルには、私よりもっと汚らしい格好の人々が大勢いた。チームの仲間と一緒に移動するなか、様々な穴を掘る機器が緊迫感を高める。ひとりは背の高いやせたウーキーだ。友人のヨーナスは私が通りすぎるときには、先頭で重い荷を押していた。それから濃い白い霧のなかに入った。目がくらんだものの、階段を転げ落ちずにすんだ。数テイクのあと、撮影は終わった。

ところが、トンネルを抜けたあと、そこには別の奇妙な風景が広がっていた。黄色い崖が、ぶよぶよした岩地の上にそびえている。地表に噴出する硫黄ガス、砂だらけの地面、とにかく黄色い景色。すばらしかった。それにこのバックロットには、外の光がある――蒸気の充満する下の光景を見たあとでは、ほっとする。私は新たな遊びを編みだした。

少し前に知り合った顔、だいぶ前に知り合った顔を通りすぎながら、私はまず、熱狂的なサウンド録音技師、スチュワートに歩み寄った。彼の真ん前に立ち、「こんにちは」と、ふだんと違う声で言う。彼はぼろをまとった私を見て、礼儀正しく挨拶を返してきた。私はその場に立ってじっと彼を見つめた。スチュワートが気まずそうにもぞもぞしていたが、やがて目を見開き、驚いたとばかりに笑いだした。

「きみか！」

いつもと違う、誰にも見分けのつかない格好で人を驚かせるのは、なんとも楽しかった。それから仕事の時間がやってきた。

トレーラーでは脚本が私を待っていた。ロン・ハワードがメガホンを握っているとはいえ、このシーンには不安が募った。わけのわからないシーンだ。まあ、それが狙いなのだが。ロンは辛抱強く、すべて――いや、ほとんどすべてを説明してくれた。サグワとは誰なのか？　タックにとってどういう人物か？　そしてタックはサグワにとっての何なのか？　ふたりのあいだには、何かいきさつがあるのか？　続編で説明があるのかもしれない。

**屋外　ケッセル――採鉱現場――昼間**

**アクション！**

「サグワ！　こっちだ、早く！」

私はそう叫びながら、即席で作った奇妙な武器を持って、人間の奴隷たちとエイリアンたちの合間を縫って走った。蒸気がシューッと上がり、泡をたてる（口絵参照）。特殊効果チームが岩の壁に目がけて放つブラスター・ビームが、通過する俳優すれすれに飛んでいく。

**カット！**

もちろん、何度か同じシーンを撮った。奴隷役を演じるのは大変だった。群衆の一部がすっかり疲れ果て、ADたちは必死になって〝ものすごい騒ぎ〟を保たなくてはならなかった。最後には全員が脱出したが、私は仲間の逃亡者たちと大きな貨物エレベーターで上昇するシーンを撮りに、別の日にセットに戻った。このシーンはカットされたが、私はやり遂げた。そう、少なくとも3POにとっては何より恐ろしい伝説の地へ足を踏み入れたのだ。ケッセルのスパイス鉱山へと。

## 60　喜び

ただでうまい料理を食べられるチャンスが到来した。しかも、ロンドンの私の好きなレストランで。

そこで私は飛行機の予約を変更し、イギリスに戻った。約束の時間までは、着替えるだけの余裕しかなかった。ロンドンのレストラン、アイヴィはもうずいぶん長いこと第二の我が家のようになっている店だったが、今夜はいわば家族の再会のようなものだ。隣の席は空っぽだったが、J・Jにキャシー（キャスリーン・ケネディ）、オスカー、デイジー、ジョンとケリー・マリーもいた。彼らにまた会えたことが嬉しかった。しかもナオミ・アッキーとケリー・ラッセル、ほかにも多くの愉快な仲間たちがテーブルを囲んでいる。料理もワインもいつものように美味だったが、私は食べるもの、飲む量に気を配っていた。体重が増えないように、常に意識しているのだ。噂では、まもなく『エピソード9』が作られるという。

再びJ・Jと仕事ができるのは喜ばしいことだ。だが、『最後のジェダイ』のあととあって、どんな映画になるのかという不安はある。ストーリーのことはまったくわからない。いったい、あの物語は、これからどう展開していくのか？　どうすれば、すべての要素や断片をまとめあげ、満足のいく完結編を作ることができるのか？　3

POの最期の言葉は消え入りそうな失望の叫びになるのか？　3POも私も、ほんの付け足しとして扱われるのは慣れっこだったが、どんな扱いにしろ、戻ってきてくれと頼まれるのは喜ばしいことだし、スターとの食事に招かれたことも嬉しかった。

エレガントなリチャード・E・グラントに、小声でまだ脚本を見ていないのだ、とつぶやくと、彼も見ていないという。いや、それよりひどい。少なくとも、私の役には名前があるが、リチャードは自分がどんな役を演じるのかも知らなかった。おそらく悪役だとは思うが、名前さえ決まっていない。

私たちは乾杯した。大いにけっこう。少なくとも私にとっては、完結編となるにちがいない仕事にふさわしい始まりだった。が、内情に通じた人々が3POの果たす役割を興奮気味に話すのを聞いていると、あらすじすら知らない欲求不満はいっそう募った。

隣の空席には、クリス・テリオと書かれたカードがある。具合が悪くてこのディナーに参加できなかったが、クリスは『エピソード9』の脚本家だ。ひょっとして、私に会うのを避けているのだろうか？　参加していたら、彼の手がけたすばらしい『アルゴ』の脚本について、楽しくおしゃべりできただろうに。独創的で、ユーモアに満ち、エキサイティング――おまけに『スター・ウォーズ』を喚起させるような筋書きのあの映画はお気に入りのひとつだ。ぜひとも顔を合わせて称賛したかったし、ついでに最新作である『スター・ウォーズ：エピソード9』について聞きだせれば、なおよかった。

だが、その内容については待つほかなさそうだ。

それから何日も過ぎたが、私はまだ脚本を見ることができなかった。J・Jは、快復してきたクリスから送られてきた最新バージョンを見せたいのは山々だが、クリスはラップトップに張りついて夢中でキーを叩いている最中だという。〝最新バージョン〟が何を意味するかは、まもなくわかった。やがて私のトレーラーには、毎朝最新バージョンが届くことになる。新たな日の出とともに、新たなバージョンが届く。どれもよく練られており、斬新で、改良されたバージョンだ。その後の数か月は、色付きの紙に印刷されたアップデート版が届きつづけた。青、緑、ピンク、ベージュ、そして私の好きな黄色がかった〝金ぴか〟版。

そのすべてが始まる何か月かまえ、私はJ・Jにこんなメールを送った。

送信日時：二〇一八年一月二十三日火曜日、午前九時十一分
送信者：アンソニー・ダニエルズ
宛先：J・J・エイブラムス
件名：

例の件で何も連絡がないので、気になりはじめている。

まもなく始まる、フォースにバランスをもたらす完結編で、私が最後に演じる役のことを誰に相談すればいいのだろう？　3POはどこで、どんな形で物語に関わることになるのか、いつ脚本を見ることができるだろうか？　視覚的なデザインの改良、とくに塗装の仕上げに関するショックと驚きを乗り越える必要があると思うんだが。個人的には、昔のリベットが突きだした漆喰仕上げが気に入っている……

監督は覚えているだろうか……？

混乱した状況において、3POは個人的に（彼は機械とはいえ知的生命体でもある）危機に瀕しているときこそ、そして遠くのオフィスの戸棚の中で録音された心配そうな声としてだけでなく、観客の懸念を反映した理性の声に従うときこそ、チームのメンバーとして最も役立つことを。

3POはどの作品でも、相手が人間にしろ、態度に問題のある機械にしろ、（良きにつけ悪しきにつけ）キャラクター間で繰り広げられるひねりのあるユーモアと、独特な（エピソード4、5、6、7を参照のこと）セリフを通して各作品のユーモラスな要素を助長し、生き生きと輝いてきた。TLJ（『最後のジェダイ』）で、彼が（彼の意見では）素行の悪い人間に適切な行為を教えるために敢然と立ちあがる徴候を見せたことを覚えているだろうか。彼の予測は常に無視される（実際、誰かに耳を傾けてもらえたら、おそらく言葉を失うだろうが）し、好ましく思っている人間、ルーク様が逝ってしまったことを残念に思っている。

3POは、静かに通訳し、お茶を淹れる平和な暮らしを心から望んでいる。

観客はセリフ、態度、その他なんでも、3POの昔の経験が言及されると大喜びする。このすべてを思い出してほしい。

３ＰＯは40年間3世代にわたり観客とともに歩んできたのだから、叙事詩の最後で、どの世代の観客もがっかりさせるべきではない。
私がまだ思いつかないことはあるにちがいないが、今日の宿題にはこれで十分だろう。私も書き疲れた。

Ａ

ＸＸ

何週間も、なんの音沙汰もなかった。

送信日時：二〇一八年四月二十一日土曜日、十八時十六分五十四秒
送信者：Ｊ・Ｊ・エイブラムス
宛先：アンソニー・ダニエルズ
件名：

この新作で、自分がどれほどの大仕事をやってのけなきゃならないか知ったら、きみは歓喜するか

悪態をつくかのどちらかだろうな。

J・J

XoXo

これは、どういう意味だ？

送信日時：二〇一八年四月二十一日土曜日、十一時二十八分
送信者：アンソニー・ダニエルズ
宛先：J・J・エイブラムス
件名：

悪態をつくことにしよう。そのほうが手っ取り早い。

A

XX

それでも何も起こらなかった。

何度も探りを入れてみたが、最新のバージョンを私に見せたくてたまらない、という答えしか返ってこない。J・Jの直感は信頼できる。だからあまり気をもまないようにしようとしたが、どうしても気になった。

ようやく脚本が読めることになった。ただし、この貴重なテキストに目を通せるのは、セキュリティの厳重なパインウッド・スタジオ内のみ。幸い、ショーン・オコナーが私をそこに連れていってくれた。ショーンは最後の二作で私の運転手を務めてくれた男だ。マークに何度かくすねられたことがあるが、この日マークはいなかった。

私は東の敷地に新しくできたキャリー・フィッシャー・ビルのテラスに落ち着いた。このサーガの締めくくりとなる作品を、彼女の名前が付いたこの場所で読むことが相応しく思えたのだ。太陽の光が、植えられたばかりの緑をまだらに染める、穏やかな日だった。私はつかのま、ほろ苦い思い出に浸り、それから――渡された電子リーダーをどう使えばいいかさっぱりわからないことに気づいた。それまでの魔法が解け、誰かテクノロジーに詳しい人間に教えてもらおうと席を立った。

しばらくしてテラスの同じ場所に戻ると、私は脚本を読みはじめた。ふと気づいたときには、三時間半が過ぎていた。二度と戻らない人生の一部があっというまに過ぎさったが、なんとも充実した時間だった。J・Jは私のメールを熟読したか、私があのメールを送ったときには、すでにどうすればいいか正確に心得ていたにちがいない。おそらくその両方だろう。

すばらしい脚本だった。クリスがこのサーガに没頭し、細部を調べあげたこと、私の金属でできた友に関して熟知していることは疑いようがない。3POは長いこと不在だったが、この映画でカムバックを果たす。

私は少しのあいだ、前二作『フォースの覚醒』と『最後のジェダイ』を声高にけなすYouTubeの動画を観るという間違いをおかした。彼らの指摘のなかには同意できるものも多少はあるとはいえ、あまりに悪意のある批判が多すぎる。このサーガを愛するファンが、自分たちの忠誠心が軽んじられたと感じているのは本当に悲しいことだ。

考えてみれば、三部作の最後のエピソードに出演するのはこれで三度目になる。興味深い状況だった。好ましく思い出されるものも、それほどでもないものもあるが、〝三作目〟の作品はどれも独自のダイナミクスを持っていた。新三部作の撮影に参加したときの冷ややかな対応は、私の頭のなかにくっきりと刻まれている。しかし今回は新たな始まり。そう、最後へと続く始まりなのだ。

撮影初日、私は、どんな悲壮感が漂っているのだろうかとびくびくしながら、パインウッド・スタジオに入り、撮影現場に向かった。

ところが、そこで待っていたのは、たぎる情熱と愛情だった。たくさんの顔なじみや、これまでの映画で一緒に仕事をした同僚がみな、満足な結末だと感じられるこの脚本に興奮していた。私はその後YouTubeを観るのをやめた。

スタジオ入りするまえにコスチュームFX部門を何度か訪れ、3POのスーツの様々な調整を試していた。デヴィッド・メリーウェザーは変わらず熱意に満ち、クリエイティブですばらしい人物だったが、この部門を率いるピエール・ボハナは、『最後のジェダイ』のクルーだったソフィー・アレンとジョー・フィッシュを呼び戻し、セットで私の面倒をみるスタッフに割り当てていた(口絵参照)。

気心の知れた、よく気がつく人々と働けるのはありがたいことだ。彼らが細心の注意を払って着せてくれたスーツ姿で、私はトコトコと作業場を歩きまわった。四十年ほどまえにエルストリーで初めて試着したときのことが頭をよぎる。自分たちの作業場を歩く3POを見て、みんなが胸をときめかせているようだった。誰かの愛犬が好奇心にかられて、3POの臭いを嗅ぎにきた。おそらく私が街灯の柱か何かだと思ったのだろうが――幸い、事無きを得た。

そしていま、私はセットに立っていた。ほとんどの映画と同じように、私たちは時系列に従うのではなく、実用性に沿った順序で撮影していた。様々なシークエンスを頭のなかで適切な位置にはめこむには少し時間がかかるが、混乱を防ぐには必要なことだ。少なくとも、3POを演じることに関しては知り尽くしている――そのはずだが、別の種類の難問が生じた。それも、よりによって最初のシーンに。

セットはとてもリアルで雰囲気たっぷりだった。しかし、不安定なうえに高低の差が激しい地形は、3POにとってはひどく歩きにくい。密閉されたスーツ内がたちまちサウナ状態になり、ジョーは頻繁に私の顔の汗を拭かなくてはならなかった。コスチュームには新しい追加があった。キャピラリー・チューブを使った冷却ベストだ。細いプラスチックのチューブを編みこんだ薄いアンダーシャツに、氷と水で満たされた袋と循環ポンプを繋げ、冷水を流しこむ。そうすると、ほぼ即座に効果が表れた。少しばかりぎょっとするほどの効果だったが、砂漠のロケ地での撮影を考えるとありがたかった。

私たちは困難な地形を苦労して進んだ。俳優たちはみな自分が演じているキャラクターをよく把握し、見事に演じていた。セリフもよどみなく口にしている。私はどの脚本もぎりぎりに届けられることに、少しばかり不安を感じていた。昔と違って簡単にセリフを覚えることができない。ごく単純な言葉が出てこないのだ。何千回も繰り返しても頭に入らないし、コスチュームに埋れた口から出ていかない。そこで、適当なガラガラという音を出しておいた。それを聞いたオスカーが愉快そうに眉を上げた。翌日はすんなりセリフを言えた。前日に思い出せなかったのは〝共通の象徴〟という言葉だった。

毎日のようにメモリー・ワイプをかけられているかのような気がした。人間でありドロイドでもある私にとっては、実に恐ろしい事態だ。ある日私は、３ＰＯと複雑な会話をする相手の俳優が身構えているのに気づいた。やれやれ、今日一日うだるような密室セットに閉じこめられることになるな、と。だが、私はまったくとちらず、口ごもりもせずに、完璧にセリフを口にし、みんなを驚かせた。私自身もびっくりしたし、おそらくＪ・Ｊも驚嘆したのではないだろうか。

私は、周囲を取り巻く途方もなくクリエイティブな才能にも驚嘆させられた。届いた脚本には、巨大で邪悪なクリーチャーのことが書かれていた。これはきっと、サンフランシスコのＩＬＭで、ＣＧで造られるのだろう。私はそう思った。きっと、空っぽの空間か、モップの頭か、せいぜいよくてもボール紙を切り抜いたそれらしき物体に目を凝らすことになるにちがいない、と。だが、とんでもない。クリーチャーは本物だった。巨大な生きた獣が、私の目の前にそびえたったのだ。

もっと驚いたのは、ついに自分の手と連動する手のパーツが与えられたことだ。ピエールのチームが奮闘してくれたおかげで、３ＰＯはたやすく物をつかみ、身振り手振りができるようになった。小道具をつかもうとして金色の指がぱたついたり、ひらついたりすることはなくなった。物をつかむために、両面テープを貼り付けて、バシンと叩く必要もない。見ることができれば、つかめる。この新しい能力がいかに重要であるかは、すぐに判明した。３ＰＯは不気味なトンネルが明かした秘密に対処することになったのだ。

突然、週末に、全ユニットがイギリスの田舎に行くことになった。のちにドキュメンタリー映像で見られるかもしれないが、大規模な一行の移動は、文字通り途方もない大仕事だった。私たちはすばらしい断崖の上にいた。

何百万年も前に途方もない力により押しあげられた巨大な丘の上に。もっと月並みなことを言うと、食べ物もトイレも、生活を楽にするどんな設備も、はるか彼方の平らな地面の上にあった。私のトレーラーも、ほかのトレーラーと一緒に運ばれてきた。寝室、シャワー、居間、キッチンにたどり着くには、ショーンの車で十五分走るしかない。誰もがみな、トレーラーよりも少し近くにある屎《し》尿運搬車、つまりトイレへ連れていってくれ、と子どものようにせがむしかなかった。これこそまさに平等主義だ。

崖の上ではドラマティックな場面が演じられているというのに、ありふれた白いワゴン車が下の道路を走っていく……この光景は、浮ついた心を鎮めるような、奇妙な効果があった。はるか上で作りだされる魔法のことなどまったく気づかずに、車はうなりをあげて走りすぎていく。たいていの場合、常時目を光らせている警備員チームのおかげで、私たちはプライバシーを保つことができた。〝バード・ウォッチング〟と称してカメラを手に藪のなかをうろついている侵入者が見つかったことがあったが、彼女はほとんど情報を得られなかったはずだ。そこには興味深そうに周囲の景色を眺める数人の人々と、ぴんと背筋を伸ばした姿勢を保とうと努力する私しかいなかったし、シルクのようなグレーの毛を風になびかせ、雷のような音をさせて斜面を上り下りしているオーバクですら、まだそれらしく見えなかった。だが、何もかもがすばらしかった。ＩＬＭが遠くの牧草地をペイントしたあとの完成版は、もっとすばらしくなるだろう。すべてが魔法だった――と、突然、不快な事件が起きた。

晴れていた空が突然、小さな飛翔物体に占領された。大発生した昆虫が降下してきたのだ。大惨事というわけではない。不快なだけだ。昆虫の群れはキャストとクルーのべつなく、まわりを飛びまわった。誰もが自分の体を叩き、手を振っていた。滑稽な光景だったが、非常に腹立たしかった。昆虫は容赦なく襲ってくる。ジョーとソフィーがスカーフにくるまり、３ＰＯの頭を私の頭にかぶせた。私は３ＰＯの頭部のなかに虫が入らないように、夢中で顔のなかに息を吹きつけていた。

スタジオに戻ると、私の優秀なサポートチームは忽然と姿を消していた。撮影が始まり、デイジーとジョン、オスカーが全速力で走り去っていく。そこで、私も輸送車のランプを駆けおり、急いで彼らのあとを追おうとした。そして磨かれた床に転ぶまいと、低く下がった台輪（アーキトレーブ）のなかに腕を叩きつけてしまった。もっとドロイドにやさしい斜面にデザインすることはできなかったのだろうか？　同じシーンを六テイク撮るあいだに、しだいに恐怖が募り、転びたくないという恐怖で体がこわばった。私はスタントをする人間には決してなれないだろう。スタントマンのアンディ・ウェアハムとおしゃべりして、ますますそう確信した。

転がるように駆けおりたあとまもなく、私たちはレンズの前にあるそれぞれの目印の上にいた。3POは落ち着きを取り戻していたが、アンディの胸には爆竹と、油圧ピストンに繋がったワイヤーが付いている。話している途中、彼があまりに早く姿を消したので、私は演技ではなく本気で驚き、あとで自分の音声反応の録音を吹き替えなくてはならなかった。その瞬間の声には心がこもっていたが……下品な言葉を使ってしまったから。

ファルコンと〝再会〟したときの喜びはまた格別だった。ファルコンは見るたびに、違う場所にいた。ブラックウッドの屋外だったり、どんどん拡張されるパインウッド・スタジオの、十五分ほど離れたサウンドステージのなかだったり。とはいえ、いまみんなの目を奪っているセットは、〝基地〟だった。われらがささやかな戦士たちの編隊が資源を集める場所だ。この基地は驚くほど巨大だったため、なかと外は別の場所に造るしかなかった。どこから見ても広大な自然のなかにあるようにしか見えない基地の内部は、ステージ5に造られた。外から見ると何の変哲もない銀の箱だが、内部には驚くばかりに美しい自然が再現されている。日々、あれほど見事な環境のなかで働くのは、めったに経験できない喜びだった。リック・カーター、ケヴィン・ジェンキンスといったプロダクション・デザイナーたちが創造性を発揮し、足場と木材、ポリスチレン、ペンキ、漆喰を使い、多大な時間と努力を注ぎこんで、本物としか思えないセットを作りだした。しかし、3POのことを念頭に置いてはいなかったようだ。

私は『フォースの覚醒』のように、平らな床のセットでを望んでいた。あの映画の宇宙ステーション内部の、平らで、つるつるに磨かれすぎていない床を。だが、この望みはかなわなかった。草などを使った自然の根覆《ねおお》いは、庭いじりの好きな私には本来なら喜ばしいものだが、3POがそこを歩くとなると、まるで事故が起こるのを待っているようなもの。あらゆるでっぱりや溝に、一瞬で転ぶ危険性が潜んでいる。私が草むらか岩にぶつかると、よくデイジーとジョンがすっ飛んできて、受けとめてくれた。私が地元民の乗り物トレッダブルの奇妙なクラッチに引っかかったときも、デイジーがすぐそばにいて助けてくれた。外部の助けから遠く離れた六メートル上空を〝疾走する〟スピーダーに一緒に乗ったときは、ジョンが私の指を再度固定し、私に水を飲ませ、私のはずれた肩の関節をはめ……とてもよく面倒を見てくれた。

セットのほとんどが、あわれな3POにとっては危険な地雷原を横切るようなものだった。何エーカーもの、艶《あで》やかで滑る黒い床は、まさに思いがけない死の罠。何せ、ほとんど見えないパネルが、床からほんの少し持ちあがっているのだ。しかし3POのつま先は、それを見つけてくれるにちがいない。そう思うしかなかった。それに、J・Jはいつもこう言って鼓舞してくれた。

「すばらしかった！　もう一度やってみよう」

やがて、空を飛ぶという魔法と、この壮大な映画作りの魔法により――気がつくと、私は砂漠に戻っていた。チュニジアではなく、アリゾナでもなく、ヨルダン王国に。はるか昔にスキューバ・ダイビングをしたサンゴ礁が目に入ったときの懐かしかったこと！　だが、今回は暖かく澄んだ水のなかを泳ぐのではなく、アカバ湾で観光船のガラスの壁越しに見ることになる。だが、セットは水のなかではなく砂地だった。ここは惑星パサーナの砂漠となるのだ。

またしても、私はこの砂ばかりの荒れ地にいきなり出現した巨大な基幹設備に目を奪われた。天を衝くクレーン、巨大な照明リグ、ケータリングやエキストラ用のワードローブ、キッチン、制作陣とキャストとメーキャップ用のトレーラーを収容した大テント。トイレ用ワゴンも、いつものようにかなり離れているため、気軽に用を足すわけにはいかない。計画的に行かなくてはならないから、コーヒーは控えなければならないだろう。それに何キロも伸びる道路を削り、常に平らになるように蒸気ローラーでならす必要もある。それでも、たえまなく吹く風が、しつこくその〝傷〟を癒し、もとの波打つ荒れ地に戻そうとした。まるで、砂漠が私たちに一刻も早く出ていってもらいたがっているように。

毎日、街から近づいていくと、やがて両側に広大な景色が広がっていく。この世のものとも思えない白い埃の霧が、眼下の赤い砂と頭上に張りだす大岩のごつごつした暗がりに橋を架けていた。各々の断崖は様々な色合いの灰色。遠くにいくにつれ濃灰色になり、果てしない彼方に消えている。西欧社会がまだ存在の欠片もなかったころより千年も前に文明が栄えたこの土地は、いまや私たちの遊び場だった。あらゆるものが深い驚きに満ちていた。

この新たな地形は砂丘の連なるタトウィーンとは違うのに、初日にロケ地へと車で向かいながら、私は奇妙な既視感を覚えた。そう、果てしなく広がるこの眺めは『スター・ウォーズ』の前八作に出てきたどの光景よりも、ラルフ・マクォーリーの最初のコンセプト画、私の心を瞬時につかみ、この物語に繋ぎとめたあのコンセプト画を想起させる（口絵参照）。

平らな砂地。鋭くとがった高い山々。雲ひとつない朝の空にほかの惑星は見えないが、その夜ロケ地をあとにしたときには、月が冷たく白い光をこの光景に注いでいた。

なんとも奇妙なことに、そして悲しいことに、ヘッドライトに照らされた道路わきには犬の死骸があった。何十年も前、トズールの荒れ地を走る車のなかで、初めてマークとロケ地に向かったあの日と同じように。これは『スカイウォーカーの夜明け』の前兆のように思えた。最初の映画は大成功だったから、おそらくよい兆しだ。もちろん、犬にとってはそうではないが。

新しい惑星で迎える二日目の夜明け。

私は細かい砂がどれほどしつこいかをすっかり忘れていた。クルーやキャストはみなバンダナやサングラスをしているから、誰が誰だか見分けがつかない（口絵参照）。キャストは、各ショットの撮影前にはいつも砂から身を守るものをはずさなくてはならない。このときばかりは、金色のスーツが役立ち、太陽と飛び交う砂から私を守ってくれた。また、私のスタント役のマイケル・バーチが、私をほかの危険からも守ってくれた。

時速百十キロ以上で疾走したのは、３ＰＯのゴム製スーツを着けたマイケルだった。乗り物がひっくり返って閉じこめられないよう、彼はベルトも着けていなかった。私は何をしていたかって？　実に創意に富んだ遊園地のライドにつなぎ網で繋がれていた。太陽は照りつけていたが、私たちが〝飛ぶ〟あいだ、ずらりと並んだ扇風機が風を吹きつけてくるおかげで、ずいぶん涼しかった。

スタント・コーディネーターのユーニス・ハサートがロープで私を繋ぎとめていた。ユーニスは率直で、愛情深い、実際的な女性だ。リバプールの波止場のクレーンのような声に反して、とても穏やかな人柄だが、仕事に取り組むときは真剣そのもの。そんな彼女と一緒に仕事をするのはとても楽しかった。ユーニスはみんなの安全も確保しようと固く決意していた。その点は、『クローンの攻撃』の撮影時とはまったく違う。毎日ジムで運動していてよかったと思ったのはたしかだ。左の二頭筋だけで体を支えるせいで、相当腕の筋肉が酷使されることになった。このスリル満点のライドで私が落ちることはありえないが、まっすぐ立っているために左腕で踏ん張ったのだ。

ひとつだけ例外があった。

オスカーが前で操縦する別のリグに乗り、ジョンと私は離陸した。

飛べ、飛べ、飛べ。

アクション！

カット！

ところが、あまりに早くブレーキをかけすぎたため、乗り物がザザッと砂に引っかかる音とともに、私は前につんのめった。ライドが実際に止まり、反動で体がまっすぐに戻るまでの数秒間、腕の筋肉が悲鳴をあげた。むち打ちというより全身打ち。だが、オスカーのせいではない。彼の下でクラッチを握っていた男のせいだ。実際の〝操縦〟は彼がしていたのだから。この次はもう少し穏やかに止めてもらえないだろうかと礼儀正しく頼むと、彼はこの頼みを聞き入れてくれた。

何から何まで楽しいことだらけだったが、三日間スピーダーの上で傾きつづけたあとは、しばらく陸に上がった船乗りのようによろよろと歩くはめになった。〝惑星が不安定になる〟とはまさにこのことだ。私はどこへ行くにも揺れていた。まあ、太陽が沈んだあとの揺れはアラック（地元の酒）のせいだったかもしれないが。それはともかく、バランスを取り戻すには少し時間がかかった。少々ごつごつしているにせよ、翌日固い地面に戻ったときは、大いにほっとしたものだ。

しかし、今日は遠くの眺めを風が霞《かす》ませていた。デイジーのクローズアップ・ショットのためにカメラの外でセリフを口にしていると、彼女が砂混じりの日差しに目を細めるのが見えた。デイジーが、J・Jと私に、同情するならサングラスをはずしてよ、と言うので、チーム・プレーヤーである私たちはこの提案におとなしく従った。数秒後、とても耐えられず、〝デイジー、ひとりでがんばってくれ〟とばかりに、かけ直した。

脚本はこの地形のようにたえず変わった。各リライトは虹色の様々な色調の紙に書かれていた。まもなく私は、脚本を最初に開けたとたんに好きになったセリフや気に入った瞬間がカットされているのを見ても、嘆かないようになった。だが、削除されたポーとのやりとりは、いまでも忘れられない。削られるセリフは日ごとに、いや、時々刻々と増えていった。心温まるシーンはなくなり、楽しみながら暗記したセリフも消された。すべてが手ごろな予算で、適度な長さの、すばらしい映画を作るためだ。とはいえ、脚本にあった感動的な瞬間があまりに容赦なく切り落とされてくよくよすることもあったが、常によりよいシーンがそれに取って代わる。やがて私はクリスとJ・Jが大変な思いをしてひねりだした思慮深いリライトや追加に、感謝するようになった。次々にショットを撮りながら、キャラクターどうしが交わす遊び心あふれたテンポのよいやりとりに、なんともいえず嬉しくなった。

私たちの広大な遊び場は、警備の一環として道路わきにいる警察官や兵士たちに守られていた。荒れ地では注意深く進まねばならない。離れた場所を矢印で示す曖昧なコードネームが、砂のなかに道しるべとして立っていた。カンデラブラ(燭台)。XY。カラードサンズ。ニューオーリンズ。ベーカーズフィールド。峡谷あり…止まるな、シップロック——そこを探索するのは、スケールの大きな宝探しのように実にわくわくする体験だった。

〝ニューオーリンズ〟では、自分の人生を考える時間がたっぷりあった。次のショットに備えてスーツを着けてもらったとたん、砂嵐に襲われたからだ。四十年ほどまえエルストリーで作りだそうとした嵐よりも、はるかにすごい。クルーはあわてて物陰に散った。私たちはみな、ほんの数分で通りすぎるだろうと、軽く考えていた。私はひとりで突きだした岩の上に立ち、ジョーとソフィーは安全なテントのなかからこちらの様子をうかがっている。どうやら、私のスーツを脱がせにいくために思い切って嵐のなかを横切るべきかどうか話し合っているようだ。3POが彼らに向かって親指を立て、大丈夫だ、と手を振ると、ふたりともほっとした顔になった。

不思議なことに、3POのスーツのなかにいると守られている気がした。風が吹き抜ける箇所はいくつかあったが、砂はほとんどスーツのなかには入ってこない。風がうなりをあげて通過するなかで、砂嵐に背を向けて立ち、それが収まるのを待ちながら、ふと嵐の海を救命ボートで航海し、無事に生還したアーネスト・シャクルトン(注…イギリスの極地探検化)のことが頭に浮かんだ。

少なくともエルストリーでは、彼らはファンのスイッチを切り、風を〝切る〟ことができたが、ここでは風の勢いが衰え、やむまでに一時間もかかった。一時間がこれほど長く感じられたことはなかった。やがてクルーが近くにあった隠れ場所から這いでてきて、まるで何事もなかったかのように撮影を再開した。

毎日、運転手のモハメッドが古都アカバの高級ホテルと洗練された通りから砂漠へと、四輪駆動車で私を運んでくれた。彼は腕のいい運転手だったが、痰《たん》の絡んだ咳と、携帯の四トーンの着信音が絶えず聞こえる。私が顔をしかめるのに気づいてからは、携帯の呼び出しに応えなくなったため、着信音は鳴りつづけ、彼は咳こみつづけた。しかし、朝の祈りの時間だと告げる祈祷時刻告知係の理解不能な声が車を満たすと、どちらの音もそれにかき消された。古代の宗教は告知にアプリを使うらしい。

プロデューサーたちがアカバで、関係者全員に感謝を表する大々的なパーティを催してくれた。アルマナラホテルの海に面した広いテラスが、撮影予定の半分が終わったことを祝う豪華なパーティ会場に早変わり。ご馳走がふるまわれ、ダンサーや音楽と、ドラマティックな照明が雰囲気を盛りあげた。巨大な映像がホテルの壁と入り江の向こう岸の砂岩造りの建物に投影され、最後に、盛大な花火が頭上の空を彩り、湾の向こうのエジプトとイスラエルを照らしだした。本当に寛大な贈り物だった。しかし、それから数日後の夜、もっとすばらしい贈り物を受けることになる。

ヨルダンの国王であるアブドゥッラー二世とラーニア女王の晩餐に招待されたのだ！　彼らの家族の二人を含め四人が、私たち十四人を宮殿の円卓でもてなしてくれた。思いがけない招待に、手持ちの服で失礼にあたらないだろうかと心配になった。美しいドレスを着た女王は目が覚めるほど美しく、陛下は私と同じジーンズとセーター姿で歓迎してくれた。ふたりとも気どらず、チャーミングで、気さくなホストだった。セットの食事も悪くないが、その夜の手の込んだ料理の豪華さときたら。あれは一生の思い出だ。会話も弾み、ひどい害をもたらした洪水から、古代の日本文学の研究、ヨルダンの盛況な映画産業まで幅広い話題で盛りあがった。アブドゥッラー王はその前日ヘリコプターでセットを訪れており、スター・ウォーズ映画が自国で撮影されているのを見て手放しで喜んでいた。翌朝早く、私たちはロケ地に戻った。

それまでの撮影は少人数のヒーローだけだったが、突如として、奇妙な種族が一気に増えた。その多くが少しのあいだ軍務を離れた兵士たちだった。彼らが〝ドレスアップ〟して意気揚々と歩きまわり、クリーチャーに命を吹きこんだため、撮影現場には雑多な種族があふれ、とたんに賑やかになった。それから、私は迷子になった。

ポーたちは、常に3POよりも速く歩くことができる。平らな地面でランニング用の装備をしていれば、彼らを追い越すこともできるかもしれないが、この状況では絶対に無理だ。ポーたちは、カラフルなコスチューム姿の、頰が垂れたアキ＝アキたちのあいだを縫っていく。私は必死についていこうとした。しかし、金属スーツを着けた体では、思うように速度がでない。ふと気づくと、彼らを見失っていた。私は漂うように動いているアキ＝アキの海のなかで途方に暮れ、友人たちの姿を探してぐるりと見まわした。レイはどこだ？　フィンは？　チューイは人ごみのなかでも目立つはずだ。おお、いたいた、彼はあそこだ。

ヨーナスが毛むくじゃらのビーコンのようにそそり立っている。私は再び一行に加わるため、そちらに向かった。リハーサルのときとは違うルートを歩いているせいで、何人かにぶつかった。謝罪の言葉をつぶやいたが、アキ＝アキたちは古代のビートにのって体を揺らし、踊っていたから、おそらく聞こえなかったと思う。

少し離れたところから見ると、丘の上にたどり着くのはかなり難しそうだった。このショットは、スタントマンのマイケルに任せたほうが賢明だろう。最初はそう思ったが、時間のかかるセットアップを待つあいだに、気が変わった。3POのスーツを脱ぐのが間違っているような気がしたのだ。危険な演技は喜んでマイケルに譲るが、これは違う。カメラと〝シップロック〞のあいだの足跡を避けるため、ぐるりと回ってみた。近くで見上げると、それほど急な傾斜には見えない。私は彼の仕事を取りあげたことをマイケルに詫びた。いいよ、のんびりしているから、彼はそう言った。ソフィーにビキニ・バージョンのコスチュームを着せてもらい、私は勇んで上りはじめた。この格好なら、3POだって岩の表面をすばやく跳ねあがることができる。まあ、跳ねるとまではいかないが。

結局、旗のポールまではたどり着けなかった。

ヨルダンで、途方もなくユニークな眺めを背景に撮影を行った日々の、なんとすばらしかったことか。オフのときには、崖の狭間の谷沿いにドライブしたり、ペトラをハイキングしたりしてロケ地の自然を満喫した。だが、悲しいかな、古巣に戻るときがきた。キング・フセイン国際空港では、チャーター機が待っている。私たちはVIP扱いで、二百人のクルーと列に並ぶ代わりに、丁重にVIP専用入り口へと誘導された。板ガラスの向こうで警備員がガラスの壁を差し示す。私たちはそれを押したが何も起こらなかった。横に滑らせてもだめ。思い余って叩いてもみたが、やはりガラスの壁は開かない。警備員はまだ手で示している。これのどこがVIP待遇だ？　癪《しゃく》だから、なんてことないさ、というふりをしながら、私たちはVIPではない列でスムーズにチェックインしていくクルーに丸見えのところで、直射日光のなか、立ち尽くしていた。

すると、いきなりガラスが開いた。その向こうには驚きを浮かべた警備員がふたり。さんざんすったもんだしたあげく、私たち――デイジー、ジョン、オスカーたち――は、殺風景な四角い部屋に案内された。そこにいた男がしぶしぶとコーヒーを淹れ、水を差しだす。私たちもいやいやパスポートを渡した。そして突然、国籍を持たない身になった。

時間が過ぎていった。

美しい第二ユニット監督のヴィクトリア・マホニーが、閉じこめられたことに腹を立て、とうとうカフカの小説に出てきそうな通路に出ていった。勇敢な女性だ。私たちは水やコーヒーを飲みながら、ひたすら待ちつづけた。再びヴィクトリアに会えるだろうか？　緊急の場合に備えて、国王の電話番号を訊いておけばよかったかもしれない。その緊急の場合がいまにも起こりそうだ。

ドアが開き、ヴィクトリアがにこやかな笑顔を浮かべ免税品を手にして戻ってきた。彼女は〝向こう側〟に至る通路を見つけたのだ。部屋を出て左に進み、二番目の通路を右に曲がると、ようやくターミナルらしきものが見えてきた。私たちはほっとしてヴィクトリアのあとを追いかけ、ようやくVIPラウンジという名の独房から解放された。ラウンジに到着した私たちを見て、クルーはせせら笑いを浮かべたりはしなかった。まあ、笑みは浮かべたかもしれないが、せせら笑ったわけではないと思う。

ロンドンに戻ったときはショックだった。ヨルダンではクリスマスらしき飾りをほとんど目にしなかったが、イギリスではあらゆる場所が花綱で飾られ、豆電球や飾り玉できらめいていた。しかし、休暇を楽しむ前に、びっしり詰まった仕事をこなさなくてはならない。翌朝、私たちは、いつもより遅めにBステージにある雑然とした小さな屋内セットに集まった。あたり一面、物がひしめいていたが、なかでもとくに興味深いエリアがひとつあった。祭壇のように見えるが……まあ、そのうちはっきりした説明があるはずだ。しかし、夜の撮影では、その狭いセットとは正反対のものが私たちを待ち受けていた。夜の撮影で使ったのは、スタジオの向こう側、つまり外だった。なんと驚くべき違いだ！

彼らはバックロットに実にリアルな環境を作りだしていた。キジミである。危険きわまりない場所だが……すごい！　精巧なデザインと出来栄えに感心しながら、違う惑星の都市を探索するのは、子どもでなくてもわくわくする体験だ。プロダクション・チームは、このシーンのために驚異的なセットを作っていた。しかし、黄昏が夜になると、十二月の寒さが身に沁みてきた。

大きな特殊効果ユニットが四方八方から雪混じりの風を吹きつけるとあって、そうでなくても厳しい寒さがいっそう募る。私たちは神経を張り詰め、敷石の通路をしのび足で歩いていった。レン騎士団が付近を見回っているとあってはなおさらだ。夜は暗く、周囲の光景は危険をはらみ――心臓がどきどきした。すると、ケリー・ラッセルが現れた。六か月前にロンドンのレストラン、アイヴィで初顔合わせをしたときとはまるで違う恰好で。かわいそうに、体にぴったりしたゾーリのスーツでは、さぞ寒いだろう。ブリキのヘルメットが多少は寒さを防いでくれるといいが。

テイクの合間に湯たんぽをつかむ〝ヒーロー〟や私の姿は、滑稽に見えたにちがいない。私には震えるほどの寒さだったが、砕け散る大波を背景に、まもなくアダム・ドライバーと対決するデイジーにとっては、さほどでもないようだった。やがて実際に天候が悪化し、激しい雨が周囲を沼に変えた。エキサイティングだったとはいえ、午後十時に撮影が終わったときには全員がほっとした。午後十時は、近隣の人々を苛立たせないための消灯時間なのだ。私たちは広大な銀河のエキゾチックな惑星にいるというのに、隣の建物に住む人々の迷惑にならぬよう心配しなくてはならない。そうした些細なことが、地球のものでもこの銀河のものでもない魔法の瞬間は、ロンドンの南西部からわずか数キロのところで映画制作者たちによって作りだされていることを思い出させてくれる。キジミのシーンの最後の日は、実は十一時まで働いたが、みんなとても静かに演技をした。

再び屋内。赤い砂の帯を見た瞬間、過ぎし日がよみがえった。ヨルダンから持ち帰った砂を、服のひだや靴の縫い目からようやく落としたばかりの私は、かすかな苛立ちを感じながらも、すばらしい時を思い出させる、ざらざらした土産を見つめた。ここパインウッドで、クルーは砂の床だけでなく、ぎらつく砂漠の光までも再現していた。忘れがたい中東での体験がまざまざとよみがえるような、とてつもなくリアルな複製だ。だがそこには、新しいものもあった。

埃だらけのみすぼらしい宇宙船だ。それはクルーが嬉しそうに身に着けている滑稽なクリスマスのトレーナーやサンタの帽子とは対照的だった。残念ながら私はきらきらのクリスマス・セーターを一枚も持っていないが、周囲の奇抜な服装を楽しんだ。なかでも最近3POの世話係に加わったサイモン・ホワイトの装いは、とりわけ目立つ。どうやら彼には、献身的、情熱的に私の安全を守る気概と同じくらい、ぞっとする服を堂々と着られる勇気があるようだ。セットはまるで学期末のようなお祭り気分だった。いや、撮影はこの日で一時中断、それぞれ家に帰って休暇を楽しむことになっていたから、実際そのとおりだったのだ。

休暇後、サンタの帽子は跡形もなく消えた。私たちは魅力的ながらくたで構成された精巧なセットに戻り、クリスマスイブに中断した箇所から撮影を再開した。小道具係がまたしてもすばらしい仕事をやってのけた。昔見た小道具がいくつもあったから、〝おい、あれは○○じゃないか？〟と指を差したい衝動を抑えるのがひと苦労だった。隅に放置された懐かしいドロイドに敬意を表しながら、ふと思った。すべてのドロイドが、最後はこんなふうに捨てられるのだろうか？　それがドロイドの運命なのか？　ガラクタに満ちたこのセットを作りだすために、いったいどれだけの忍耐強い作業が必要だったことか。

しばし撮影が止まった。待てよ。コスチュームの継続性に大きな誤りがある。ありがたい（サンク・ザ・メイカー）、誰かが注意深く観察し、覚えていたおかげで、まもなく正しいコスチュームが届き、カメラが回りだした。

突然、セリフがスムーズに出てこなくなった。自分なら選ばない言葉が使われているせいか、暗記するのがとても難しい。そこでポストプロダクションで置き換えられるように、いくつか代わりの言葉を口にした。私のパートタイム救急隊員である親愛なるデイジーとジョンは、この日、いつにも増して陽気だった。俳優には、テイクに備えるそれぞれのやり方がある。私は次のシーンが何で、どこで、どう展開するのかを、何分か静かに考えるタイプだ。そのため陽気にはしゃぐキャストのなかで集中するのに苦労していると、カメラが私のクローズアップを撮るために動きはじめた。3POにとっては重要な瞬間がやってきた、突然、私はスター・ウォーズ映画における3POの最後のセリフを口にしていた。撮影が終了するわけではないが、私にとっては複雑に入り組んだスケジュールのなかで、永遠に沈黙させられる時が来たのだ。

最後の自分を見たことも聞いたことも忘れ、翌日は別のセットで、ふだんどおりの撮影を行った。もちろん、いまの時点では順序はばらばらだが、最終的な編集のあとは、昨日撮ったショットが映画全体の最後のシーンになる。あれは個人的に、とくに感動的な経験だった。自分の未来が変わっていくのが見えるような気がした。最後の三部作の結末として、このシーンは正しい、満足のいくエンディングに思える。クリスとJ・Jは前八作が残した断片を集め、独自のミステリーを織りあげた。そして、独創的な語り口で、誰にとっても満足のいくすばらしい結末を達成したのだった。

一週間の始まりの月曜日の夜、ついに旅の終わりがやってきた。3POの最後のシーンは、彼の好きな人間の相棒ふたりと一緒だったから、彼がひと言もしゃべらないのは、皮肉としか言いようがない。オリジナルの『スター・ウォーズ』では、物語で最初のセリフを口にした3PO、常に多弁でくどいくらいだった3POが、最後はついに言葉を失うとは。

つらい瞬間が刻々と迫っていた。J・Jとクルーが最後のシーンを撮り終えたオスカーに暖かい別れの言葉をかけている。ねぎらう人々の輪に加われないのは残念だったが、まだ、ソフィーとジョーが3POのスーツを剥がしている最中だった。ようやくふたりは、私にトレーニングウェアとトレーナーを差しだした。これが本当の最後だ。私は注意深く靴の紐を結んだ。四十年以上のあいだ慣れ親しんだ場所の、このセットを下りていくときに、うっかり紐を踏んで階段を転がり落ちるのはごめんだ。ステージの周りには奇妙な静けさが漂っていた。すっかり静まり返っているようだ。私が通りすぎるとき、ＡＤのひとりが無線に向かってこう言うのが聞こえた。

「彼が来ました」

私は不安にかられた。この日が来ることはわかっていたが、それがついに来た。まるで処刑の時を迎えたような気分だ。長いこと予期し、心のなかで打ち消しつづけてきた――これがその〝終わり〟だった。彼らは私の場所を空けてくれていた。Ｊ・Ｊがマイクに向かって話し、暖かい声がスタジオを満たす。私がひとりで歩いてくるのにクルーたちが気づく。もう逃げられない。私はその場所に立った。Ｊ・Ｊが私に対してやさしく、思慮深い、すばらしい言葉をかけてくれたが、言葉は耳に入らず、私は彼の暖かい声だけを聞いていた。彼はしゃべりつづけた。もうやめてほしい、そのまま立っていられる自信がなくて私はそう思った。目頭が熱くなるのが自分でもわかった。３ＰＯを演じているときは、感情的になるのを恥ずかしいと思ったことは一度もない。だが、私が称賛し、愛し、尊敬する人々の前で、このとき胸を震わせていたのは素の私だった。どうか、もうやめてほしい。

この願いが届いたかのようにＪ・Ｊのスピーチが終わり、私たちは抱擁を交わした。彼はマイクを私の手に押しつけ、ボタンを押すように言った。監督に最後の指示を与えられた私は、ボタンを押し、どうにかこの三度目のエンディングについて語り、ジョーとソフィーにふたりの忍耐と親切を、クルーに彼らの支援と理解を感謝した。こみあげてくるほろ苦い感情で言葉に詰まり、焦ってそれを隠そうとしていたせいで、トミー・ゴームリーに感謝するのを忘れてしまった。

セットでは常に穏やかに、思いやりをもって指示をだしてきた第一ＡＤのトミーは、理解不明のグラスゴー訛《なま》りにもかかわらず、すべての進行状況、準備状況を確認して、日々の撮影がスムーズに運ぶように、巧みに陰で段取りをしてくれた。キャシーと彼女の同僚のプロデューサーたち、カラム・グリーンとミッチェル・レジャンにはお礼を言ったのに、いったいどうしてトミーに感謝するのを忘れたりしたのか？

だが、目の前には、私の灯台でありビーコンであり、ウェイファインダーである男が立っていた。映画作りが、真の喜びになりうると示してくれた人物――。

J・Jが。

## 61 マエストロ

巨大なインペリアル・スター・デストロイヤーが大きなスクリーンを満たすあの瞬間は、あらゆる人々の記憶に焼きついている。

最初に見たときは、思わず首を縮めたものだ。そういう反応を示したのは私だけではないと思う。あれこそまさに、映画の魔法の真髄だった。けれども、あれは最初のドラマティックな瞬間でも、最初の衝撃的な場面でもない。その数分まえに、オーケストラの演奏で高らかに鳴り響くスター・ウォーズの主題曲は、たちまちにして不滅のシンボルとなった。

私がジョン・ウィリアムズに初めて会ったのは、一九七七年に、「交響曲によるスペース・ミュージックのゆうべ」を宣伝する手助けをしてくれないか、と頼まれたときだった（口絵参照）。私たちはロンドンのロイヤル・アルバート・ホールの外で落ちあった。季節は冬、寒さの真っ盛りで、３ＰＯの目の内側のゼリーが、吐く息のせいで曇ったのを覚えている。何十年もあと、雪が降りしきる恐ろしいキジミの通りで、私は同じ不自由を味わうが、それはさておき、ジョンの顔はぼんやりとしか見えなかったものの、宣伝写真の私たちの姿は申しぶんなかった。全席完売のにぎやかな祝典になるだろう。

　その前日、私はふだんの格好で指揮台に立ってみた。オーケストラを前にして立つのは、初めての体験だ。有名なロンドン交響楽団（ＬＳＯ）の団員だというのに、ずいぶんだらしない格好だな、内心そう思った。（ＬＳＯは『新たなる希望』のスコアを演奏した）。世界でも指折りの演奏家たちが期待するように私を見て、待っている。

　音楽は大好きだが、自分では楽器を演奏しない私は戸惑った。まあ、これはスター・ウォーズの主題曲、行進曲だから、拍をとるのはそれほど難しくないはずだ。なんとか指揮を執れるだろう。しかし、いつ終わるべきかを、どうやって知るのか？　最後の和音をいつ断ち切ればいいのか？　〝最後の小節（バー）を何度か繰り返してもらえないだろうか？〟私がそう頼むと、楽団員は驚いたような顔をした。ステージの裏ではまるで違うバーが開いていた。どうやら演奏とは喉が渇く仕事らしい。

　これはすべて、前日のことだ。

　いま、私は金色のスーツを着け、緊張しながら中央のステージドアの後ろに隠れていた。音楽とスター・ウォーズを愛する五千人を超える人々が、胸をときめかせ、自分の曲を指揮するジョンをうっとりと見ている。私はアンコールで出ていくのだ。

そのときが来ると案内係がドアを開け、私は広大な円形ホールのステージへと出ていった。とたんに轟くような歓声と拍手がホールを満たした。拍手は周囲から、はるか上からも聞こえる。私は勝利を勝ち取った剣闘士のような興奮を感じた。もっとも、私の〝闘い〟はまだ始まっていない。頭のなかが真っ白になり、リハーサルしたことがすっぽり抜けてしまった。私はそこに立ち尽くし、拍手を浴びていた。演奏家たちはみなスマートなタキシードやドレスに身を包んでいる。たくさんの花、真鍮《しんちゅう》の手すり、スポットライトのきらめき、そして喜びに満ちた暖かい雰囲気。めくるめく瞬間が過ぎ、私はちょこちょこと前に出ていった。

ジョンが手を取って指揮台へと案内してくれた。私は大勢の観客と彼らの盛大な歓迎に応えると、くるりと向きを変え、オーケストラに向き合った。割れるような拍手が唐突にやみ、しんと静まり返る。この場を支配する力を握っているのはこの私だ。とてつもない力が体にみなぎる。が、それを感じたすぐあとで、パニックに襲われた。指に貼り付けられた指揮棒を振りおろせば、九十人の団員が演奏を始める。いったん始まったら、決して止めることはできないし、やり直すこともできない。私は思い切って指揮棒を振りおろした。

なんと心躍る瞬間、大音量のスリル満点な体験だったことか。もちろん、オーケストラの面々はファースト・ヴァイオリンのパートリーダー、つまりコンサートマスターの指示に従っている。私はただ音楽に合わせて腕を振り、指揮をしているふりをしているだけだ。この息のつけないドキドキする経験は永遠に続くかと思ったが、ついに曲が終わった。全員の音が同時に消え、私は安堵の息をついた(口絵参照)。

今度の拍手はさらにすごかった。圧倒され、お辞儀をしたあと、コンサートでのエチケットを思い出し、オーケストラの団員に立つように合図した。全員が立ちあがり、おじぎをする。ひとり残らず、にこにこしていた。私はコンサートマスターと握手し、ほほ笑んだが、この笑顔は誰にも見えなかったと思う。そこには、ジョンもいた。彼の笑顔はよく見えた。

「もう一度やってはどうかな」

そこで私たちは同じ曲を繰り返した。観客は有頂天になって、さらに熱狂的な拍手を贈ってくれた。私はすっかり調子に乗り、ひと晩中でも指揮棒を振るえそうな気がしはじめた。力を行使するこの立場は、実にしっくりくる。しかも、この力はジェダイから得たわけではない。私はマスクのなかでつぶやいた。

「もう一度やりましょうか？」

「いや、もう十分だろう」

ジョンは微笑みながらそう言った。タイミングを読む勘は私より鋭いようだ。

そしてこの体験は終わった。

私は〝力〟を使い果たし、家に帰った。

あれは人生で最高の夜だった。

ジョンがボストン・ポップス・オーケストラの監督に就任したときも、私たちは同じことをした。長年のあいだには、ジョンがロンドンで行った映画スコア録音に立ち会うという幸運に恵まれ、彼がＬＳＯを前にして、巧みに彼らを誘導し、自作の曲を仕上げていくのを見守った。ときどき彼は演奏を止め、長調を短調に変えたり、四分音符を八分音符に変えたり、珍しい楽器を加えたりした。ジョン・ウィリアムズは真に卓越した音楽家だ。

ジョージは自分の映画に電子音楽を使いたがらなかった。宇宙を想起させる奇妙な惑星を前にした観客は、伝統的なスタイルの音楽、ベートーベンやホルストが作曲したような、明確な構造を持つ曲を聴くとほっとするだろう、というジョンの提案に従ったのだ。初期の有名な映画音楽作曲家のひとり、エーリヒ・コルンゴルトの影響も受けているジョンの音楽は瑞々しく、豊かで、複雑な構造を持っていて、浸りやすい感動的なメロディでありながら、わくわくするほどドラマティックだ。音符のひとつひとつが聴く者の感情をゆさぶり、ベイダーやプリンセス・レイアといったすばらしいキャラクターの魅力に匹敵する力で演技の水準を高めてくれる。ジョンは時を越えていまなお愛されるクラシック音楽と自らの優れた才能をかけ合わせ、スクリーンで描かれるジョージのビジョンを強化し、完成させたのだ。

長い年月が過ぎ、私は〈スター・ウォーズ in コンサート〉と呼ばれるイベントの司会として、世界の大都市を回っていた。そしてコンサートのたびに、ジョンのすばらしい曲に繰り返し胸を高鳴らせた。《アナザー・プラネット》という、実に相応しい名の自社を通じてこの魔法のようなイベントを作りだしたのは、カリフォルニア出身の伝説的音楽プロデューサー、グレッグ・パーロフだ。全世界にまたがる大規模なこのプロジェクトを実現させようという彼の努力は、様々な大陸の何千、何万という音楽ファンを喜ばせることで実を結んだ。

二〇一一年六月四日、土曜日。その夜、私はハリウッドボウルのステージに立ち、またしても完売したイベントの司会を務めていた（口絵参照）。すると、なんとも嬉しい驚きに見舞われた。われらがマエストロでありツアー・コンパニオンのディルク・ブロッセが、特別ゲストに心からの敬意をこめて指揮棒を渡したのだ。

自分を迎えた観客の熱狂ぶりに、ジョン・ウィリアムズはただただ驚き、呆然としているように見えた。彼が大いに愛され、尊敬されているのは明らかだった。私がこのサーガを通して出会った多くの人々のなかでも、ジョンはとりわけ控えめで、忍耐強く、親切で、思慮深い人物だ。彼は指揮台に上がり、オーケストラが彼の曲を演奏した。

一九七七年のロンドンで、私はジョンのアンコールを飾った。今夜はハリウッドの有名なコンサート会場ハリウッドボウルで、ジョンが私のアンコールを飾る。すばらしい。名誉なことだ。

かすかな悲しみが、ちくりと胸を刺した。

ジョージは一度も、私の友である3POのテーマを作曲してくれとジョンに頼んではくれなかった。

## 62 友人

私はファン主催のイベントに出席し、ストームトルーパーのアーマーを着たグループが存在することを知って驚嘆した。

彼らは趣味でトルーパーに扮しているのだった。やがてこの活動は、公式に〝コスプレ〟と呼ばれるようになる。彼らの姿は圧巻だった。白いプラスチックのアーマーが、『新たなる希望』の脅威を呼び起こす。このストームトルーパーたちは誰も傷つけてはいないようだが、その気になればけがをさせることもできるんだぞ、という迫力があった——もちろん、ブラスターを正確な狙いで撃つことができるようになれば、だが。コスチュームが彼らの恐ろしさを物語っている。とはいえ悪玉に扮するのを楽しみながらも、彼らは子どもを怖がらせないように細心の注意を払っていた。子どもたちは彼らに夢中になった。

アーマー姿の彼らがファンと交流する様子は、見ていてほほえましかった。彼らの影響力のすごさにはほとほと感心させられる。私は大胆にも、姿勢や態度についていくつか教示したことがある。すると、彼らの演技はぐんと向上した。〈アート・オブ・スター・ウォーズ展〉で司会を頼まれた私は、当時ルーカスフィルムの特別企画部長だったキャスリーン・ホリデイに電話を入れ、このストームトルーパー軍団も参加させられないかと打診した。すると、嬉しいことに、彼らの参加が決まった！　白いアーマーのトルーパーたちが、ロンドンのバービカンで催された展示会のオープニング・イベントを大いに盛りあげてくれたことは言うまでもない。それ以降、『スター・ウォーズ』のイベントには必ずといっていいほど、501軍団が登場することになった。『ローグ・ワン』のプレミアでも、大いに驚かされた。ロンドンの近現代美術館テート・モダンの広大なホールに入っていくと、青い通路には、白いアーマー姿の兵士たちが下から照明で照らしだされ、微動だにせず立っていたのだ。この演出は大成功だった。実にプロフェッショナルな彼らは、実際、楽しむためにこれをやっていた。様々な〈セレブレーション〉で、私はこの軍団に思わず見惚れてしまう。彼らはどこから見ても本物の軍隊のようだ。

けれど、ときにその規律が行き過ぎることもある。

一九九七年、私は「スター・ウォーズ 特別篇」の発表パーティで司会を務めた。ジョージは、新しく使えるようになった（かなり費用もかかった）デジタル技術で改良を加え、ほとんどCGを使わぬシンプルなオリジナル作品を作り変えた。すべての人々が出来上がった改訂版に好意的だったわけではなく、DVDなどの媒体で再リリースされたこの旧三部作は、ファンの意見を二分することになった。個人的に言えば、私は〝誰が最初に撃ったか〟という問題が気になって夜も眠れない、などということはなかった。それはさておき、ロンドンのブリティッシュ・アカデミーで、マスコミ向け宣伝イベントが催されることになった。

ここでもストームトルーパーの一隊が、あっと驚かせてくれた。キャリーが来るから、楽しいパーティになること間違いなし。ステージでリハーサルをしていると、下の会場にトルーパーがひとり立っている。あれだけ目立つと、観客の気もそちらにそれてしまうにちがいない。私はステージから飛びおり、恐ろしげなそのストームトルーパーに声をかけた。

「よかったら、劇場の階段のいちばん上にある入り口に立っていてくれないかな。向こうだよ」

ヘルメットをつけた頭がゆっくり回り、黒っぽいレンズが無表情に私を見つめた。それから、くぐもった声がした。

「小隊長に許可を得る必要があります」

いやはや、ここまで任務に忠実とは。

逆らうと何をされるかわからんぞ。私はそろそろとあとずさった。

第501軍団は実にすばらしい組織で、大勢の仲間とともに活動を楽しみながら、友人の輪を広げ、ライブ・イベントに劇的な効果を加えている。彼らはチャリティの寄付を集めるし、定期的に病院にいる子どもたちを訪問し、元気づける。尊敬に値する人々だ。メンバーにはあらゆる職業、地位、背景の人々がいる。医者もいれば、トラックの運転手、気象学者、外科医、教師、海洋学者、学生、交通整理の警官、大工もいる。ふだん暮らしている世界から少しのあいだ距離を置きたい人々なら誰でもなれる。もちろん、どんな体形でも、身長でも歓迎される。ストームトルーパーだけではない、そびえるようなイウォークもいれば、小柄なベイダーたちもいる。そのすべてが〝創造主（メイカー）〟への敬意を忘れずに、楽しんでいる。これはすでに書いたが、ジョージはファンが自分の砂場で遊ぶことを歓迎し、映画を通して自分が与えたインスピレーションをもとに、ファンが想像力を思う存分遊ばせるのをよしとしている。

一九七五年に戻ると、私はジョン・スティアーズと彼の有能なチームが、エルストリー・スタジオで初期のR2ユニットを造る過程を目にすることができた。工房の壁には、ヒューイ、デューイ、ルーイの写真が資料として貼ってあった。『サイレント・ランニング』は私の好きな映画のひとつだったし、いまでもそうだ。R2はたしかに、あの映画に出てくるずんぐりトリオと似たようなタイプに見える。R2は非常によくできたユニットだったが、ときどき――実を言うとほとんどいつも――故障するのですっかり有名になった。

長年のあいだに、私は多くのファンのイベントで手作りのR2を何体も見てきた。時の経過とともに、R2の数は増えつづけ、その性能も進歩した。ファンが造るR2は故障知らずで、初期のころには想像もつかなかったような面白い仕掛けが取り付けられていることも多い。そのほとんどが、ある意味、本物より出来がよい。どれひとつをとっても、愛情をこめて造られたことはたしかだ。世界中で催されるイベントで、〈R2ビルダーズ・クラブ〉の展示場を訪れるのは、楽しみのひとつでもある。プロデューサーのキャスリーン・ケネディが『フォースの覚醒』でふたりの会員を雇うと、このクラブのステータスは不動のものになった。そのふたり、リー・タワージーとオリヴァー・スティープルズは『フォースの覚醒』以降、このチビのアストロメク・ドロイドを造り、操作している。

それだけではない。第501軍団とビルダーズ・クラブのメンバーは、C-3POスーツのレプリカも造り、楽しみのためにそれを着ている。

多くのファンが、私にたくさんの体験談を打ち明けてくれる。そのひとつひとつがユニークな経験で、いつまでも特別なものだ。初めてスター・ウォーズ映画を観たのが何歳のときにしろ、それは重要な瞬間として記憶に刻まれているが、何より心に響くのは子どものころに観た映画の思い出であることが多い。

一家全員で大いに楽しんだ、というファンは圧倒的に多い。子どもたち、親たち、祖父母たちが、みな同じ冒険に胸を躍らせ、はらはらし、そのひとりひとりが自分だけの宝物を見つけた。ダークサイドに魅力を感じる子もいれば、プリンセスやルーク・スカイウォーカーに憧れた子もいる。なかにはもっと残念な理由で、このサーガに感情移入したファンもいる。誰もが理想の家族とともに育ってきたわけではないからだ。

ファンはよく、とても個人的な話をしてくれる。ひとりっ子だったから、ルークとレイアがずっとほしかった兄や姉、弟や妹に思えたという話もよく聞く。オビ＝ワンは父親のいない子どもの心を満たしてくれる存在であり、ハンは憧れの兄貴だ。このサーガが、家庭内の暴力や両親の離婚、様々なトラウマからの避難所になったという人々もいる。何か月も病院で化学療法を受けなくてはならない少女は、この冒険に心を奪われ、苦痛を感じていない銀河にいる自分を想像した。このサーガを観ることで、イラクで戦う恐怖のなかで正気を保つことができた、と私の肩で泣いた兵士もいた。「このシリーズであなたの存在が子どものころからのいじめと憂鬱な気分と闘う役に立ってくれた。私には友達がいなかったけれど、C－3POは、友達がいると感じさせてくれた」という、読むだけでつらくなるようなツイートもあった。

『新たなる希望』が最初に封切られたとき、私たちはそれを映画館でしか観られなかった。ジョージが創造した鮮やかなイメージは、スクリーンの大小はともかく、そこでしか披露されなかった。しばしば、煙に満ちた空気を明るい光の線に変えるプロジェクターのビームが、ライトセーバーのビームのように見えたものだ。スリル満点のアクション・シーンでは足りないとでもいうように、親たちはせわしなく煙草を吸っていた。あの映画にニコチンはいらなかったが、彼らは映画に夢中になっているあいだも、煙草を吸わずにはいられなかったのだ。まあ、吸わない人々もいたかもしれないが、とにかく映画を観るには、スクリーンのある場所に足を運ぶしかなかった。これはそれほど悪いことではなかったと思う。大勢が同じ場所で一緒に冒険を楽しむことで、興奮が倍増したからだ。友情が芽ばえ、しきりに意見交換がなされた。ダークサイドだろうがなかろうが、すばらしい仲間意識が生まれたのだ。

ビデオとDVD、ブルーレイにより、私たちは簡単に同じ映画を何度でも繰り返し観ることができるようになった。一時停止ボタンを押せば、どの瞬間も、そこだけ切り取ってじっくり吟味することができる。まあ、ときにはあまりに近すぎることもあるが、気に入ったシークエンスを何度でも再生できるし、さほど面白くないシーンは早送りにできる。少なくとも、DVDはテープのように摩耗しない。急速に発達したテクノロジーのおかげで、ファンは自分の好きな箇所を思う存分味わうことができるようになった。

感傷的な言い方かもしれないが、一九七七年は、『スター・ウォーズ』がもたらした影響に関して言えば〝イノセントな〟時代だった。その数年前に幕を閉じたベトナム戦争があらゆるものに暗い影を投げていた時期に、この映画は人々をあっと驚かせ、人々の心を明るくした。

私はドライブイン・シアターに行ったことは一度もない。いまでも、惜しい経験を逃したと思う。両親のセダンのちっぽけな安物スピーカーから流れてくるサウンドトラックに耳を傾け、外のスクリーンをもっとよく見ようと身を寄せ合っていると、やがて車の窓がファルコンのビューポートになって……。ファンが語る子ども時代のそんな思い出話は、私の胸を暖めてくれる。

一日中行方知れずになった少年を探すために警官が呼ばれたが、その少年は何事もなかったような顔で帰宅した、という話も面白かった。その子は映画館で一回目の上映を観たあと、すっかり興奮してトイレに隠れ、二回目、三回目、とうとう四回目も観てしまったのだった。残念ながら、心配させられた両親や捜索していた警官たちがなんと言ったかは聞かなかったが、たぶん彼らは少年の気持ちを理解したにちがいない。その子をあまり叱らず、許してあげたのだといいが。

ある若いファンにとっては、人生はそれまで以上に冒険に満ちたものになった。彼は映画館で『スター・ウォーズ』の世界に浸り、スクリーン上のキャラクターに感情移入した。そのあと夢心地で父親と車に乗り、雪道を帰宅する途中で、雪が降ってきた。車のスピードがあがると、フロントガラスにどんどん雪が吹きつけてくる。自分たちに向かって飛んでくる白い雪片が、まばゆいヘッドライトのなかに浮かびあがり……突然、彼は父親と一緒にコクピットに座り、超光速にジャンプしていた！

〈コンベンション〉でファンに会うのは楽しい。彼らの熱心さと忍耐力には本当に驚かされる。だが何よりも嬉しいのは、列に並んでいる見知らぬ者どうしのあいだに友情が生まれ、彼らが興味や意見を分かちあい、その場だけではない絆を作るのを目の当たりにするときだ。

ファンからは、子ども時代に楽しい思い出をくれてありがとう、と感謝されることが多い。彼らは父親や母親、友人と『スター・ウォーズ』を初めて観たときのことを思い出し、興奮して語ってくれる。『スター・ウォーズ』は彼らにとってひとつの避難所、ときにはインスピレーションの源だった、いまや永遠に、それは家族史の一部になった……こうしたすべての物語に、私は胸を打たれる。「子ども時代の楽しい思い出をありがとう」、この言葉を何度聞いても、私はこう言い返す。「こちらこそ、応援してくれてありがとう」と。

心からそう思っている。

## 63　ヒーロー

マークとは簡単に打ち解けることができた。

砂漠のロケ地で働く苦労と、チュニジアのホテルのぞっとすると同時に面白い体験が、ちょうど3POとルークの関係のように、私と彼を結びつけてくれたのだ。彼のカルフォルニアっ子特有の明るさと活発さはチャーミングで、こちらまでうきうきしてくる。いつでも元気いっぱいというのは、私にとっては未知の経験だった。私はそれまで、あんなふうに人とふざけ合ったことがあっただろうか？　それに、マークのごく自然な演技にはほれぼれした。カメラの前でも、少しも緊張しているようには見えない。ジョージの脚本にとくに指示がないときでも、暖かみが自然ににじみでていた。観客があの金色のドロイドはこの若者の仲間だと信じこめたのは、3POに対するマークの接し方によるところが大きいと思う。

チュニジアからイギリスに戻り、ハリソンに会えたことも嬉しかった。彼のきらりと光る知性、彼独特の、嫌みのないふてぶてしさは見ていて気持ちがよかった。私たちは地元のおいしくて安いインド料理店カーンズで、激辛のビンダルーや、いろいろなものが入ったナンを一緒に食べた。サー・アレックに招かれたときは、ラプールオポでもっと上品なフランス料理を楽しんだ。

サー・アレックは常にとても寛大かつ思いやりのあるホストで、こうした夕べは、昔の思い出や私たちの将来に関する質問で会話が弾んだものだ。しかし、ロンドンの居酒屋で食事をおごったときは、あとになって悔やんだかもしれない。私たちは踊ったり、皿を割ったりと少しばかり度を越して騒いでしまったから……。ギリシャ人でさえ、もうそういうことはやらないだろう。だが、あれはとても楽しかった。

ヒーローのグループに最後に加わったのは、もちろん、キャリーだ。イギリス文化にすっかりなじんだキャリーは、やさしくて、気さくで、礼儀正しくて、威勢がよくて、一緒にいるとそれはもう楽しかった。いいことづくめだったが、彼女が到着した直後から、私と彼らの関係は少しずつ変わりはじめた。

私にとっては、このチームの仲間に加わるのは難しかった。彼らは三人ともアメリカ人で、文化と、言語と、情報を共有している。それに、それぞれきちんとお互いの表情を見て、演技ができる。共通項がたくさんあるのだ。休憩のときも、彼らの衣装なら簡単にくつろいで一緒に過ごせる。彼らの髪型は常に直されてびしっときまっていたし、メーキャップのおかげもあって、一日中爽やかに見える。私はといえば、イギリス人で――些細なことが気になるタイプだった。着るにも脱ぐにも果てしなく時間のかかる、蒸し風呂のようなコスチュームのせいで、生きたまま茹ったように見える。私が汗びっしょりでよろよろと楽屋から出ていくころには、彼らは自分たちの車ですでに走り去っている、というのがお決まりのパターンだった。

私は彼らとのあいだの距離が広がっていくのをひしひしと感じた。あの三人は映画のなかでも実生活でもチームだった。存分に楽しんでいたし、陽気な仲間意識は週末や夜だけではなくセットでも続いた。ときどき、私はそれに気を散らされた。

彼らがしょっちゅうふざけているため、私は集中できなかった。ほかのキャラクターと面と向かって演技をするのに何が必要とされるにしろ、硬いスーツを着てごく限られた範囲しか見えない場合は、すべてがはるかに難しくなる。常にリハーサルし、様々なものが置かれている場所やほかのキャラクターがいる場所を正確に記憶しなくてはならない。おまけに奇妙なセリフを覚えなくてはならなかった。しかも、そのセリフはキャラクターのほかの誰よりも長く、簡単に暗記できないようなものばかり。とにかく、完全に集中する必要があったが、彼らは前夜のどんちゃん騒ぎの余韻がまだ残っているのか、少しばかり騒がしかった。それに、三人ともたいていは友好的で礼儀正しいが、様々な問題が生じてストレスを抱えているときは、そのかぎりではなかった。

あるときルーカスフィルムが、マークの案内でディズニーランドに行けるよう手配してくれた。私はアメリカの象徴ともいえるこのテーマパークを訪れることに興奮してはいたが、マークと再会するのが少し怖いような気がした。恐ろしい交通事故で、顔が傷だらけになった、と聞いていたからだ。幸い、彼が私を見つけるより先に彼に気づき、かすかな変化に気づいた自分の反応をすばやく隠すことができた。〈イッツ・ア・スモール・ワールド〉の眠くなるほど単純な歌に合わせて、くるくる回ったり、踊ったりする人形のなかを大笑いしながら進むあいだも、事故のことには触れなかったが、内心では笑みをたやさない彼の不屈の精神に心を打たれた。ディズニーランドで過ごした一日は、なんと楽しい思い出となったことか。このときはまだ私たちのどちらも、その後、ディズニーと深く関わることになるとは、まったく予想していなかった。本当に不思議な巡り合わせだが、そのまえに、私たちはたくさんの楽しいときを共有した。

前日譚を描いた新三部作の撮影は、それまでとは勝手が違っていた。昔のヒーローたちがひとりもいなかったからだ。スカイウォーカー家のサーガにとって最終章となる『スカイウォーカーの夜明け』の撮影ですれ違ったとき、私はマークをぎゅっと抱きしめた。マークがスタジオで過ごす最後の日、キャシーとＪ・Ｊは、集まったクルーの前で、マークに対して心のこもった感謝の言葉を伝えた。彼の出演するシーンはすべて撮り終えた。少なくとも映画の世界では、ルーク・スカイウォーカーとしての彼の役割は終了したのだ。マークはどんな気持ちでいるのか？　そう思いながらも、私は次のシーンへと急いで向かわなくてはならなかった。

その夜、私はもう少しきちんとした別れのメールを送った。

彼はこう答えてきた。

送信者：マーク・ハミル
宛先：アンソニー・ダニエルズ
送信日：二〇一八年十二月十九日水曜日、九時二十八分
件名：Re：今日

とても心温まる言葉をありがとう、トニー。このサーガで描かれてきたぼくたちの関係が大好きになっていたから、新たな三部作できみと切り離されていたのはつらかった。きみとR2はぼくの家族だった。ハンはチューイを取り上げられたりしなかったのに。ぼくはエピソード8の最初の脚本を読んで唖然とした。きみのことを見ようともせず、そばを通り過ぎるなんて！　少なくとも、ライアンが短いとはいえ、お別れのチャンスをくれてありがたかったよ。たとえそれが、会釈とウインクだけだとしても。案外それでいいのかもしれない。ルークがどれほど忠実な親友に感謝しているかを伝える言葉などないから。きみに対するぼくの感謝を表現できる言葉などないように。

生涯の楽しい思い出をありがとう、友よ。

Xoxo、mh

私と3POにとっては、何より心温まるメッセージだった。

## 64 幕引き

しばらくのあいだ、自分が一種の憤りと恨みのような感情を心に抱えていることは自覚していた。

「3PO役をもらえたのは、あの小さいコスチュームを着けられる体形だったからだろう?」

何度そう軽んじられたことか。しかも、そういう発言をするのは記者やレポーターだけではなかった。たいした俳優じゃないだとか、演技しているのはスーツのほうだと言われ、ドロイドと私になんの繋がりもないように扱われた。ほかの俳優の目に見える演技をべた褒めすることで、私が彼らと比べて劣っている、と感じさせられたことも多々ある。私個人にはなんの価値もない、と。

一作目で味わった苦い経験で、私の自信は粉々に砕け、代わりに怒りがその空白を満たした。もちろん、天才と一緒に仕事をする類まれなるチャンスを得たことは、私にもわかっている。ジョージ・ルーカスは人づきあいが苦手で、監督業もスムーズにできるとはいえず、俳優を褒めるのも決してうまくないとはいえ、疑いなく明確なビジョンを持った天才だ。彼は、われわれの時代に心を打つ深淵なる神話、誕生から数十年経ったいまなお人々の心に強く響いている伝説を創りだした。

彼は空想上のクリーチャーやドロイドに満ちたすばらしい銀河を創造した、想像力に富んだ天才だ。そういう天才でも、たとえば私のような繊細な人間を、ひどく軽んじられたと落ちこませることができるのだ。

『新たなる希望』が公開された何か月もあと、私は彼に話がしたいと申し出た。すると、彼はロンドンで朝食に誘ってくれた。お気に入りのハードロック・カフェの近くにある、ピカデリーのカフェ、リシューで、私たちはテーブルに着いた。メニューを見て、お互いクロワッサンをひとつずつ注文する。ここに来たのは、食べるためではなく、話をするためだ。

私は映画であれほど熱心に3POを演じたのに、自分が無視されていると感じる理由を説明しはじめた。

そのときのジョージの答えは、どうしても思い出せない。たしか、3PO、つまり私と一緒に仕事をするのは大変だった、みたいなことだった気がする。私は雷に打たれたような衝撃を受け、傷ついた。あなたは砂漠の寒さのなかやエルストリーの暑さのなかで、あの苦痛をもたらすファイバーグラス製のコスチュームを着たことがあるんですか？　私はおそらくそう思ったにちがいない。

「それに、私の演技に関して褒めてくれたことは一度もなかった」

私が非難すると、ジョージがぼそっとつぶやいた。

「すばらしかったよ」

なんだって？

「あの、いまなんて……？」

彼はもう少し大きな声で繰り返した。

「すばらしかったよ」

私はびっくりして、ありがとう、とつぶやいた――それから、ウェイターが邪魔に入った。さきほどのメニューは古いものでした。この週末からクロワッサンは一ペニー値上げされたんです、と。映画の外、現実の世界はこんなものだ。

私がどれほど傷つけられたにせよ、ジョージ・ルーカスの生みだしたインスピレーションなしでは、この本を書くことすらなかったろう。これは疑いようのない事実だ。彼は、その日以来ずっと親切に接してくれた。私はそれを心から感謝しているが、最初からそうやって尊敬の念を示してほしかったと思ったとしても、無理はないだろう。でも、その朝ジョージは、このクロワッサンは私がおごる、と言ってくれた。

サー・アレックが、自分がオビ＝ワンとしてしか言及されていないことに、少しばかり反発していたのは周知の事実だ。あの役は舞台および映画における彼の活躍をすっかり覆い隠してしまった。スリルに満ちた役、感動的な役、大胆な役の数々をこなしてきた彼の多彩な才能が、すべてローブをまとった老導師の演技の陰に隠れてしまった。『スター・ウォーズ』は多くの喜びをもたらしたとはいえ、それまでの功績が忘れられてしまったことを彼は悔やんでいた。アレックはたくさんのすばらしい達成を成し遂げた。そのすべてを人々に覚えていてほしかったのだ。彼の気持ちはよくわかる。もちろん、彼のすばらしい才能にははるか及ばないが、私も私なりに彼に共感を覚えた。

時が過ぎ――。

私の気持ちは、少しずつ、少しずつ、変化していった。まず、自分がいかに幸運だったかに気づきはじめた。当初この冒険に携わることをためらったものの、その後私を謙虚な気持ちにさせてくれるような、すばらしい結果が得られたからである。まず、私は自分の職業であり情熱でもある俳優としての技能を生かし、この世界で愛されているシンボル的な存在を創りだす機会を与えられた。そして世界中の数百万人の人々の人生に触れ、彼らにインスピレーションを与え、彼らの心をひとつにした。たったひとりの人間がなりうるよりもはるかに大きなものの一部となった。私が探し求めていた〝承認〟は、日々、ファンと観客から得ることができた。彼らは私が差しだすたったひとつのもの、つまり3POを愛した。私はほとんどの人がチャンスさえ与えられないような偉業を達成したのだ。そのことは、心の底から永久に感謝しつづけるだろう。

ニューヨークを走るリムジンのなか、テレビのチャンネルを変えていると、〝ウィンナソーセージが五百グラム三十九セント！〟という鬱陶しいスーパーマーケットの宣伝が流れてきた。

それから、突然、特報が入った！

「オビ＝ワン・ケノービを演じた英国人俳優、サー・アレック・ギネスが八十六歳で死去しました」

私は深い悲しみに襲われた。

アレックはいつもやさしく私を励ましてくれた。私がいちばん必要としている時に、穏やかな友情で支えてくれた。彼とメルーラと、ふたりの犬と山羊と一緒に、ふたりの田舎の別荘で週末を過ごしたこともあった。ディナーや朝食を食べながら、大笑いしたこともあった。『スター・ウォーズ』はほかとは違うプロジェクトだ、と説明してもらったこともあった。ほかの映画は違う——もっといい、と感じるはずだ、と。彼は絶妙なタイミングで、真顔で辛辣な皮肉を言う、やさしく寛大なおじのような人物だった。

けれど長い年月のあいだに徐々に連絡が途絶えていった。友情というのは、生活環境が変化し、良きにつけ悪しきにつけ様々な出来事が起こるあいだに、静かに消えていく。『スター・ウォーズ』に登場するドアのように、開いては閉まるものなのだ。アレックと楽しい時間を過ごせたのは本当に光栄なことだったが、彼はこの世を去った。私はようやく妥協と理解の境地に達しかけているが、彼はそこに達するまえに死んでしまった。それを思うと胸が詰まる。

私は否定的な浅瀬を這い進んだとはいえ、岸に上がることができるほど長く生き延びることができた。私の3POの演技が、たくさんの世代の多くの人々に楽しんでもらえたことを本当に嬉しく思っている。出会ったことがあろうとなかろうと、ファンは私の友人となった。彼らは3POを好きになったし、私も3POが好きだ。

彼と知り合えたことを誇りに思う。

「あのコスチュームのなかって暑いの？」

「うーん、これまで訊かれたことのない質問をしてもらいたいな」

「たとえば、どんな質問？」

賢い子だ。

それから――。

「3POって最後はどうなるの？」

これにはショックを受けた。

言葉がでてこない。

後期の映画で、形ばかりの出演を果たしたあと、私はJ・Jに、『スカイウォーカーの夜明け』で、3POに相応しい意味のある死を与えたらどうだろう、と提案した。溶かされる、というのはどうだろうか？　うっかりスクラップにされてしまうとか？　人間の表現で言うと、大義のために死ぬ、とか。Ｊ・Ｊは私を見てこう言った。

「ぼくが監督する作品では駄目だね」

もちろん、いつかこの舞台から退く日が来ることはわかっている。私が命を吹きこんだ３ＰＯが、ファンの愛情を糧に、私がいなくなったあともずっと生きつづけていくことを心に留めながら引退できたら、これほど喜ばしいことはない。

# droidography

## FILMS

1977 Star Wars: Episode IV – A New Hope (film)
1977 Star Wars: Episode IV – A New Hope: Deleted Scenes (film addition)
1980 Star Wars: Episode V – The Empire Strikes Back (film)
1980 Star Wars: Episode V – The Empire Strikes Back: Deleted Scenes (film addition)
1982 Return of the Ewok (short film)
1983 Star Wars: Episode VI – Return of the Jedi (film)
1983 Star Wars: Episode VI – Return of the Jedi: Deleted Scenes (film addition)
1996 Special Effects: Anything Can Happen (IMAX short film)
1999 Star Wars: Episode I – The Phantom Menace (film)
2000 Star Wars Episode II: The Saga Continues (film addition)
2002 Star Wars: Episode II – Attack of the Clones (film)
2004 The Characters of Star Wars (film addition)
2005 Star Wars: Episode III – Revenge of the Sith (film)
2008 Star Wars: The Clone Wars (animated film)
2012 Cosplaygirl (Short film)
2014 The Lego Movie (film)
2015 Star Wars: Episode VII – The Force Awakens
2016 Secrets of the Force Awakens: A Cinematic Journey (film addition)
2016 The Force Awakens: Force for Change (film addition)
2016 The Force Awakens: Building BB-8 (film addition)
2016 Rogue One: A Star Wars Story (film)
2017 Star Wars: Episode VIII – The Last Jedi (film)
2018 Solo: A Star Wars Story (film)
2018 The Director and the Jedi (film addition documentary)
2018 Ralph breaks the Internet (animated film)
2019 Star Wars: Episode IX – The Rise of Skywalker (film)

## TELEVISION

1977 The Making of Star Wars (TV movie documentary)
1977 Donny and Marie (TV series)
1978 The 50th Annual Academy Awards (TV special)
1978 The Star Wars Holiday Special (TV movie)
1980 The Making of 'The Empire Strikes Back' (TV movie documentary)
1980 The Muppet Show (TV series)
    The Stars of Star Wars (1980)
1980 Sesame Street (TV series)
    1364 (1980)
    1396 (1980)
1980 Star Wars Underoos (TV commercial)

1981 Multi-Coloured Swap Shop (TV series)
1983 Classic Creatures: Return of the Jedi (TV movie documentary)
1983 From Star Wars to Jedi: The Making of a Saga (TV movie documentary)
1984 Donald Duck's 50th Birthday (TV special short)
1985-1986 Star Wars: Droids (TV series)
The White Witch (1985)
Escape Into Terror (1985)
The Trigon Unleashed (1985)
A Race to the Finish (1985)
The Lost Prince (1985)
The New King (1985)
The Pirates of Tarnoonga (1985)
The Revenge of Kybo Ren (1985)
Coby and the Starhunters (1985)
Tail of the Roon Comets (1985)
The Roon Games (1985)
Across the Roon Sea (1985)
The Frozen Citadel (1985)
The Great Heep (1986)
1990 The Magical World of Disney (TV series)
Disneyland's 35th Anniversary Special (1990)
1996 Showbiz Today (TV series)
1997 Star Wars: The Magic and the Mystery (TV movie documentary)
1998 The Best of Hollywood (TV movie documentary)
1999 The Unauthorised Star Wars Story (video documentary)
1999 The Stars of Star Wars: Interviews from the Cast (video documentary)
2001 SF:UK (TV series documentary)
No More Heroes (2001)
2001 R2-D2: Beneath the Dome (TV special short)
2002 Hollywood History (TV series documentary)
2002 Star Wars: Connections (TV short)
2004-2005 Star Wars: Clone Wars (TV series)
Chapter 15 (2004)
Chapter 16 (2004)
Chapter 21 (2005)
Chapter 23 (2005)
2004 Empire of Dreams: The Story of the Star Wars Trilogy (video documentary)
2004 Ultimate Sci-Fi Top 10 (TV mini-series documentary)
2004 When Star Wars Ruled the World (TV movie documentary)
2004 The Story of Star Wars (video documentary)
2005 Science of Star Wars (TV mini-series documentary)
War, Weapons and the Force
Space Cowboys
Man and Machines

2005 Star Wars: Feel the Force (TV movie documentary)
2005 Only Human (TV series documentary)
2005 The 100 Greatest Family Films (TV movie documentary)
2005 Star Wars Heroes & Villains (documentary)
2005-2006 Jeopardy! (TV series)
2007 Star Wars at 30 (TV movie)
2008-2011 Star Wars: The Clone Wars (TV series)
Destroy Malevolence (2008)
Bombad Jedi (2008)
Trespass (2009)
Blue Shadow Virus (2009)
Hostage Crisis (2009)
Senate Spy (2009)
The Zillo Beast Strikes Back (2010)
Evil Plans (2010)
The Citadel (2011)
Mercy Mission (2011)
Nomad Droids (2011)
2009 The Star Wars Comic Con 09 Spectacular (TV special)
2009 The Making of Star Wars – In Concert (TV movie documentary)
2010 Robot Chicken: Star Wars III (TV movie)
2011 Lego Star Wars: The Padawan Menace (TV short)
2012 Lego Star Wars: The Empire Strikes Out (TV short)
2012 Star Wars: Detours (unreleased TV series)
2013 Words with Warwick (TV mini-series)
2013-2014 Lego Star Wars: The Yoda Chronicles (TV series)
The Phantom Clone (2013)
Menace of the Sith (2013)
Attack of the Jedi (2013)
Escape from the Jedi Temple (2014)
Race for the Holocrons (2014)
Raid on Coruscant (2014)
Clash of the Skywalkers (2014)
2014 Star Wars Rebels (TV series)
Droids in Distress (2014)
2014-2017 Rebels Recon (TV series)
Inside "Spark of Rebellion" (2014)
Inside "Droids in Distress" (2014)
Inside "Double Agent Droid" (2017)
2015 Star Wars Celebration 2015 (TV mini-series)
2015 Star Wars: The Force Awakens World Premiere Red Carpet (TV movie)
2015 Star Wars: Greatest Moments (TV movie documentary)
2015 Lego Star Wars: Droid Tales (TV mini-series)
Exit from Endor (2015)

Crisis on Coruscant (2015)
Mission to Mos Eisley (2015)
Flight of the Falcon (2015)
Gambit on Geonosis (2015)

2016 The Oscars (TV special)

2016 Lego Star Wars: The Resistance Rises (TV mini-series)
Poe to the Rescue (2016)

2016 Rogue One: A Star Wars Story – World Premiere (TV special documentary)

2016-2017 The Star Wars Show (TV series short)

2017 Star Wars Celebration 2017 (TV mini-series)
Day 1 (2017) Himself – Special Guest
Day 2 (2017) Himself – Special Guest
Day 3 (2017) Himself – Special Guest

2017 Science and Star Wars (TV series)

2017 Live from the Red Carpet of Star Wars: The Last Jedi (TV movie)

2017 The Oh My Disney Show (TV series)

2017 Star Wars: Forces of Destiny (TV series)
Beasts of Echo Base (2017)

2018 Star Wars Resistance (TV series)
The Recruit (2018)

## MUSIC

1977 The story of Star Wars (album)

1980 Christmas In The Stars (album)

## GAMES

1997 Monopoly Star Wars (video game)

1999 Star Wars: Yoda's Challenge Activity Center (video game)

1999 Star Wars: Pit Droids (video game)

2008 Star Wars: The Clone Wars – Lightsaber Duels (video game)

2009 Star Wars: The Force Unleashed – Ultimate Sith Edition (video game)

2015 Disney Infinity 3.0 (video game)

2015 Star Wars: Battlefront (video game)

2016 Lego Star Wars: The Force Awakens (video game)

## MISCELLANEOUS

1987 Star Tours (Disneyland ride short video)

2011 Star Tours: The Adventures Continue (Disneyland ride short video)

2015 BuzzFeed Video (internet series short)

**〈写真提供（picture credits）〉**

本書への写真掲載に際し、快く許諾頂いた以下の方々に感謝します。
略記号の意味：a＝上部；b＝下部／一番下；c＝中央；f＝その横；l＝左；r＝右；t＝一番上

p1 Dorling Kindersley / Lucasfilm Ltd. / Anthony and Christine Daniels(t); Dorling Kindersley / Lucasfilm Ltd. / Anthony and Christine Daniels (cl); Dorling Kindersley/Anthony and Christine Daniels (cr). p2 Lucasfilm Ltd. (t, c, b). p3 akg-images / Horst von Harbo Stiftung Deutsche Kinemathek / Walter Schulze-Mittendorff © WSM Art Metropolis (tl) ; Alamy Stock Photo: Keystone Press (tr) ; Lucasfilm Ltd. (bl, br). p4 Lucasfilm Ltd. (t, c, b). p5 Lucasfilm Ltd.(t); Anthony and Christine Daniels (cl) ; Dorling Kindersley / Lucasfilm / Anthony and Christine Daniels (cr) ; Lucasfilm Ltd. (b). p6 Lucasfilm Ltd. (t, cl, cr). p7 Lucasfilm (t, cl, cr, b). p8 Lucasfilm Ltd. p9 Lucasfilm Ltd. (tl, tr, c, b). p10 Lucasfilm Ltd. (t, cl, cr); akg-images: Album / Lucasfilm Ltd. / 20th Century Fox (bl); Anthony and Christine Daniels (br). p11 Lucasfilm Ltd. (t); Lucasfilm Ltd. / Anthony and Christine Daniels (c); Lucasfilm Ltd. (cr, br). p12 Lucasfilm Ltd. (t, b). p13 Photofest: (t); Anthony and Christine Daniels (cl); Getty Images: Sygma / Tony Korody (cr); Lucasfilm Ltd. / Anthony and Christine Daniels (bl). p14 ABC Photo Archives / Walt Disney Television (t); Dorling Kindersley / Meredith Corporation / Anthony and Christine Daniels / PEOPLE logo and cover design © 1977 TI Gotham Inc. PEOPLE and the PEOPLE logo are registered trademarks of TI Gotham Inc., used under license (cl); 20th Century Fox Television / Lucasfilm Ltd. / Anthony and Christine Daniels (cr); CBS Photo Archive (b). p15 Getty Images: ABC Photo Archives / Walt Disney Television (t); Anthony and Christine Daniels / Academy of Motion Picture Arts and Sciences (cl); Dorling Kindersley / Academy of Motion Picture Arts and Sciences (acr, cr); Lucasfilm (bl, abl, br).  p16 Alamy Stock Photo: United Archives GmbH (t); Disney / The Jim Henson Company (c) Sesame Workshop (br). p17 Lucasfilm Ltd. (tl, tr, cl, cr, b). p18 Lucasfilm Ltd. (tl, tr, c, bl, br). p19 Lucasfilm Ltd. (t); Dorling Kindersley / Lucasfilm Ltd. / Anthony and Christine Daniels (c, bl), Dorling Kindersley / Anthony and Christine Daniels (cr, br). p20 Dorling Kindersley /Lucasfilm Ltd. / Anthony and Christine Daniels (tl, c); Lucasfilm Ltd. (tr); Dorling Kindersley / Lucasfilm Ltd. / Anthony and Christine Daniels (b). p21 Dorling Kindersley / Disney / Anthony and Christine Daniels (tr); Disney (tl); Dorling Kindersley / Disney / Anthony and Christine Daniels (cl) Dorling Kindersley / RSO Records / Anthony and Christine Daniels (cr); Steve Smith (bl). U.S. National Library of Medicine, History of Medicine Division: Prints and Photographs Collection (br). p22 Lucasfilm Ltd. (tl); Lucasfilm Ltd. / Anthony and Christine Daniels (tr); Lucasfilm Ltd. (cl); Anthony and Christine Daniels (cr); Lucasfilm Ltd. / Anthony and Christine Daniels (bl); Dorling Kindersley / Lucasfilm Ltd. / Anthony and Christine Daniels (br). p23 Lucasfilm Ltd. (tl, tr, cl, cr, b). p24 Dorling Kindersley / Lucasfilm Ltd. /Museum of Science, Boston / Anthony and Christine Daniels (tl); The Powerhouse Museum: Museum of Applied Arts & Sciences (tr); The Barbican Centre (br); Alamy Stock Photo: Jonathan O'Rourke (bl). p25 Dorling Kindersley / Anthony and Christine Daniels/ United States Postal Service (tr); Dorling Kindersley / Anthony and Christine Daniels/ Royal Mail Group Limited 2017 (tl); Dorling Kindersley / Anthony and Christine Daniels / ©2019 The LEGO Group (bl); Anthony and Christine Daniels / Funko (br). p26 Dorling Kindersley / Anthony and Christine Daniels / Kellogg Company (tl, tr); Alamy Stock Photo: Aflo Co. Ltd. (cl); Nippon Airways Ltd. (cla); Anthony and Christine Daniels / Cliro Products (bl); Anthony and Christine Daniels / PEZ Candy Inc (c); Anthony and Christine Daniels / Sigma Japan (cr); Anthony and Christine Daniels / Kenner Products (br). p27 Lucasfilm Ltd. p28 Lucasfilm Ltd. (tl, cl, b); Dorling Kindersley / Lucasfilm Ltd. / Anthony and Christine Daniels (tr). p29 Lucasfilm Ltd. (t, cr, b); Anthony and Christine Daniels (cal); Getty Images: Disney / Alberto E. Rodrigue (clb). p30 Associated Newspapers (t); Rex by Shutterstock: Shutterstock / Sendtoppo (cl); Anthony and Christine Daniels (cr). p31 Lucasfilm Ltd. (tl); Getty Images: Dave J Hogan (tr); Getty Images: Barry Brecheisen (c); Anthony and Christine Daniels (b). p32 Lucasfilm Ltd. (t,c,b).

カバージャケット（表＆背）　Lucasfilm Ltd. Calligraphy Rachael Parfitt.
カバージャケット（裏）　Dorling Kindersley / Gary Ombler.
袖の著者紹介　Dorling Kindersley / Gary Ombler / Lucasfilm Ltd.

［著者略歴］
**アンソニー・ダニエルズ　Anthony Daniels**
舞台俳優として訓練を積んだアンソニー・ダニエルズは、四十年以上にわたり、あらゆる『スター・ウォーズ』映画と様々なスピンオフ作品に貢献を果たしていることで最もよく知られている。金色のドロイド、C-3POを演じてきた年月のほうが、ラジオやテレビ、舞台で活躍した年月をはるかに上回っている。ダニエルズはイギリスと南フランスで妻のクリスティーンと暮らしている。

ウェブサイト：anthonydaniels.com
ツイッター：@ADaniels3PO

［日本語版監修者略歴］
**高貴準三　Junzo Takagi**
早稲田大学卒。岩波映画製作所在職中より日本版シネフェックス（バンダイ刊、全12冊）の翻訳監修や翻訳を手掛け、出版に専念してからは、ゴジラやガンダム、ウルトラマン、バットマン、エイリアン、MARVELなど、数多くのSF映画タイイン本に携わり、300冊以上のスター・ウォーズ関連書籍（映画パンフレット含む）を編集、執筆、監修。主な共著書に、豪華本『スター・ウォーズ・クロニクル』シリーズ3冊（竹書房、ソニー・マガジンズ、学研プラス）がある。

[訳者略歴]

**富永和子　Kazuko Tominaga**

30年まえに、ティモシイ・ザーンのスローン3部作でスター・ウォーズの魅力に取り憑かれて以来、数多くのスター・ウォーズ小説の翻訳を手掛けてきた。主な訳書に『ギャング・オブ・ニューヨーク』（早川書房）、『完璧な家』（ハーパーコリンズ・ジャパン）、『スター・ウォーズ/ダース・プレイガス』（KADOKAWA）、『スター・ウォーズ/帝国の後継者』ほか(竹書房、講談社)、『スター・ウォーズ/レジスタンスの復活』（ヴィレッジブックス）などがある。

[訳者略歴]

**富永晶子　Akiko Tominaga**

英国王立音楽大学大学院卒。主な訳書に『スター・ウォーズ/スカイウォーカーの夜明け ビジュアル・ディクショナリー&クロスセクション』（共訳／世界文化社）、『ファースト・マン オフィシャル・メイキング・ブック』（DU Books）、『ボヘミアン・ラプソディ オフィシャル・ブック』（竹書房）、『Queen in 3-D クイーン フォト・バイオグラフィ』（NHK出版）、『ディズニー・シネストーリー アラジン』（講談社）などがある。

# 私はC-3PO

発行日　2020 年 4 月 10 日　初版第 1 刷発行

著　者：アンソニー・ダニエルズ
訳　者：富永和子、富永晶子
日本語版監修者：高貴準三

発行者：秋山和輝
発　行：株式会社世界文化社
〒102-8187 東京都千代田区九段北 4-2-29
電話 03（3262）5118（編集部）
電話 03（3262）5115（販売部）
印刷・製本：中央精版印刷株式会社
編集担当：大森春樹

装　幀：安藤正剛（アスールプランニング）
製　版：株式会社アドクレール
校　正：株式会社円水社



ISBN978-4-418-20404-5

Printed and bound in Japan